Rückkehr
nach Beuteland

1. Auflage April 2023

Copyright © 2023 bei
Kopp Verlag, Bertha-Benz-Straße 10, D-72108 Rottenburg

Lektorat: Christina Neuhaus
Umschlaggestaltung: Nicole Lechner

Bildnachweis:
© *AdobeStock:* S. 8: route55, S. 44: stokkete, S. 70: paul craft,
S. 98: Sarah, S. 140: Flavius, Oier, S. 178: Grecaud-Paul, S. 216: buyman,
S. 254: Pavlo Vakhrushev
© *Shutterstock:* S. 254: Achim Lammerts

ISBN: 978-3-86445-926-9

Gerne senden wir Ihnen unser Verlagsverzeichnis
Kopp Verlag
Bertha-Benz-Straße 10
72108 Rottenburg
E-Mail: info@kopp-verlag.de
Tel.: (0 74 72) 98 06-10
Fax: (0 74 72) 98 06-11

Unser Buchprogramm finden Sie auch im Internet unter:
www.kopp-verlag.de

Bruno Bandulet

Rückkehr nach

BEUTE
LAND

Deutschland und
das Spiel um Macht,
Geld und Schuld

KOPP VERLAG

Inhalt

Vorwort

2016 erschien die erste Auflage meines Buchs *Beuteland*. Es wurde zum Klassiker. Als es 6 Jahre später immer noch auf das Interesse neuer Leser stieß, war eigentlich eine umfassende Aktualisierung fällig. Stattdessen erscheint nun ein ganz neues Werk inmitten der dreifachen Krise, die Deutschland seit 2022 heimsucht: In Europa tobt der erste große Krieg nach 1945, die weitgehend unkontrollierte Einwanderung hat die Rekordzahlen von 2015/2016 übertroffen, die Rückkehr der Inflation enteignet die Sparer und verschärft die Wohlstandsverluste. Weil die Welt 2022 zu einer anderen wurde als die von 2016, musste ein neues, weitergehendes Buch konzipiert und geschrieben werden.

Der Titel *Beuteland,* der im Jahr 2021 in der 4. Auflage erschienen ist, bleibt im Sortiment des Kopp-Verlages. Nur dort findet der Leser meine detaillierte Darstellung der ersten Nachkriegsjahre, der versteckten Reparationen nach 1945, des deutschen Aufstiegs aus den Ruinen, des langen Kampfes um Selbstbestimmung und Souveränität, des geheimen, bis heute gültigen Fahrplans der deutschen Politik seit der Wiedervereinigung.

Das jetzt vorliegende Buch *Rückkehr nach Beuteland* profitiert von meiner langen Mitarbeit beim Monatsmagazin *eigentümlich frei*, der Wochenzeitung *Junge Freiheit* und der Zeitschrift CATO. Sie bieten mir eine Plattform, die ich sehr schätze. Vor allem aber danke ich meiner Frau für ihre bewundernswerte Geduld und kritische Mitarbeit.

Bad Kissingen, im März 2023

Bruno Bandulet

Kapitel 1
Migration

Erschöpftes Land: Wie das Volk das Vertrauen in Regierung und Parteien verlor

»Liberale sind Optimisten«, sagte der 2010 verstorbene Ökonom Herbert Giersch, »Konservative haben Angst vor der Zukunft, Sozialisten wollen sie planen.« Das ist nicht ganz falsch, hilft aber auch nicht weiter. Denn Optimismus ist dann unangebracht, wenn er Illusionen nährt und auf dem Prinzip Hoffnung beruht. Sozialisten müssen scheitern, weil man eine Zukunft, die niemand kennt, nicht planen kann. Und den Konservativen ist zu empfehlen, die Angst abzulegen und nicht an dem zu hängen, was gestern war, sondern aus dem zu leben, was immer gilt.

In der multiplen Krise, in der Deutschland steckt, sieht man klarer mit dem französischen Sozialphilosophen Georges Sorel (1847–1922). Die natürliche, sich von selbst einstellende Tendenz der Welt, erkannte er, sei der Verfall. Und: »Die Bewegungen gegen die Größe hin sind immer erzwungen, und die Bewegungen dem Verfalle zu sind stets natürlich.« Damit meinte er, dass es dauernder Anstrengung bedürfe, um den einmal erreichten kulturellen Stand auch nur zu erhalten, und dass nicht zu handeln Abstieg bedeutet.

Der deutsche Soziologe Helmut Schelsky (1912–1984) führte Sorels Gedanken fort und rief dazu auf, Konflikte nicht durch Anpassung und Kompromisse zu vermeiden, auch wenn die Benennung von Gefahren beunruhigend wirke. Die pessimistische Ansicht der sozialen Entwicklung sei bei Weitem die wissenschaftlichere gegenüber der utopischen. Eine Einsicht, die begleitet werden müsse von dem Entschluss: »Wir wollen doch mal sehen, ob das nicht zu ändern ist.«

Nicht erhalten, sondern geändert werden müsste einiges in Deutschland. Das ist das Anliegen dieses Buches, ausgehend von einer realistischen Darstellung der innen- und gesellschaftspolitischen, der außen- und europapolitischen Verhältnisse. Die in Berlin und anderswo zuständigen Politiker sehen das natürlich anders. Liberal sind sie längst nicht mehr, dafür pflegen sie die Masche des Utopismus, des Zusammenhalts und eines hohlen Optimismus. Deutschland solle sich »unterhaken«, wünschte sich Bundeskanzler Olaf Scholz am Silvesterabend 2022. Nordrhein-Westfalen sei ein »Land der Gemeinsamkeit«, beteuerte CDU-Landeschef Hendrik Wüst. »Wir lassen Sie nicht im Stich«, versprach Manuela Schwesig den Mecklenburgern und Vorpommern. Der Vorsorgestaat, so lautet die Botschaft, kann alles, lindert alles und zahlt alles. Und wenn die ohnehin hohen Steuereinnahmen nicht ausreichen, dann werden verfassungswidrige Extraschulden gemacht. Sie heißen skurrilerweise »Sondervermögen«. Denn Vermögen klingt besser als Schulden. Neu ist der Trick nicht, seit 2008 kamen auf diese Weise Kreditermächtigungen in Höhe von 1,5 Billionen Euro zusammen. Die junge Generation wird es abzahlen. Ihr dilettierender Teil aber stört sich nicht daran, weiß davon nichts und stellt lieber das Personal für die Klimakleber.

Und die anderen? Sie kassieren die kleinen Geschenke und großen Subventionen des paternalistischen Staates, sind aber nicht beeindruckt vom Polittheater. Die Umfrage, die vom Meinungsinstitut Forsa in der ersten Januarwoche 2023 veröffentlicht wurde, fiel katastrophal aus. Gefragt wurde nach dem Vertrauen, das zehn Institutionen in Deutschland genießen. Der Bundespräsident kam noch am glimpflichsten davon, das Vertrauen in ihn sank nur um 12 auf 63 Prozent. Sein Spitzenplatz erklärt sich wohl damit, dass er für nichts verantwortlich gemacht wird, weil er keine konkrete Verantwortung trägt. Das Vertrauen in den Bundeskanzler hingegen implodierte innerhalb eines Jahres von 57 auf 33 Prozent, das der gesamten Bundesregierung auf 34 Prozent. Auf die letzte Stelle abgerutscht sind die Parteien. Nur noch 17 Prozent der Deutschen vertrauen ihnen. Das liegt gefährlich nahe bei null, es passt nicht zu einer lebendigen Demokratie.»Die Deutschen sind es erkennbar leid«, kommentierte dazu die NZZ am 4. Januar 2023,»mit inflationär hinausposaunten moralischen Aufrufen abgespeist zu werden, während die Dysfunktionalität des Staates zunimmt.«

Manches funktioniert noch, zu vieles nicht oder nicht gut. Weltmeister aller Demokratien freilich bleibt Deutschland in Bezug auf die Größe seines Parlaments. Nur im chinesischen Volkskongress sitzen mehr Abgeordnete. Deutschland kann auch stolz sein auf ein Bundeskanzleramt, das dreimal so groß ist wie der Elysée-Palast, achtmal so groß wie das Weiße Haus in Washington und zehnmal so groß wie Downing Street 10 in London. Das reiche nicht, befand schon die Regierung Merkel. 2023 sollen die Handwerker wieder loslegen: Die Fläche wird auf 50 000 Quadratmeter verdoppelt, 400 neue Büros entstehen, dem Kanzler wird noch eine Wohnung spendiert, und zu den dreizehn schon bestehenden Wintergärten kommen weitere neun. Veranschlagt wurden zuletzt 777 Millionen Euro an Baukosten – in diesem Fall außerhalb der Sondervermögen. Da fällt es wirklich nicht mehr ins Gewicht, dass Robert Habeck für 100 000 Euro jährlich einen eigenen Hoffotografen suchte, weil die Bilder der Pressefotografen unvorteilhaft ausfallen könnten. Oder dass sich seine Kollegin Annalena Baerbock eine Stylistin für 7500 Euro im Monat leistet. Weil die regulären Bezüge dafür nicht hoch genug sind, muss der Steuerzahler einspringen.

Apropos Bundestag: Positiv wird allgemein vermerkt, dass das 2021 gewählte Parlament das jüngste ist, das es je gab. Die»Gen-Z« hat in dem Hohen Haus Platz genommen. Das ist die nach 1997 geborene Generation, darunter die 22-jährige Emily Vontz aus Saarlouis, die mit 16 Jahren den Jusos beitrat, nie einen Beruf ausübte und zuletzt im vierten Semester Politologie und Französisch an der Universität Trier studierte.

Fachkräftemangel nicht nur an der Spitze der Exekutive, zunehmend auch in den Parlamenten. Die Grünen-Chefs Ricarda Lang und Omid Nouripour haben ebenso wenig ein Studium abgeschlossen wie Kevin Kühnert, der Generalsekretär der SPD. Warum sollten sie auch? So leicht wie im Bundestag verdient sich das Geld in der freien Wirtschaft nicht. Außer der Kostenpauschale und der monatlichen »Abgeordnetenentschädigung« von gut 10 000 Euro winkt ein monatlicher Pensionsanspruch von 250 Euro für jedes Jahr, das sie im Bundestag sitzen. Verständlich, dass diejenigen, die einmal drin sind, gerne drinbleiben wollen. Und es gibt kein Thema, zu dem sie nichts zu sagen hätten. Kühnert hatte sogar eine Idee, wie der oft beklagte Wohnungsmangel zu beheben wäre. Und zwar, indem jeder maximal nur den Wohnraum besitzt, »in dem er selbst wohnt«.

Selbstverständlich sitzen im Bundestag auch Leute, die ihr Geld wert sind. Würde er um die Hälfte verkleinert und würden die Abgeordneten doppelt so gut bezahlt, wäre er vielleicht attraktiver für Selbstständige, Handwerker, Facharbeiter und mittelständische Unternehmer. Dann könnte er vielleicht dank Kompetenz und Erfahrung ein Gegengewicht zur Regierung bilden. Dann wäre die Gewaltenteilung wieder intakt. Aber ist das erwünscht? Volksvertreter, die alle 4 Jahre um die Wiederwahl und die 10 000 Euro und die Pension bangen müssen, sind für die Fraktions- und Parteiführung leichter zu handhaben. Man muss sich nur einmal vorstellen, was passieren würde, wenn sie über ein von Brüssel nach Berlin übermitteltes Gesetz mit Nein abstimmten. Da funktioniert das

Beutesystem (im Englischen »Spoil« genannt) im Sinne seiner Profiteure besser. Es wuchert mit der Kraft eines unterirdischen Pilzgeflechts.

Nicht nur in den Parlamenten, überall im Land ist Beute zu verteilen: bei staatlichen und halbstaatlichen Agenturen, in den Rundfunkräten und öffentlich-rechtlichen Redaktionen, an externe Berater, ohne die die Regierung nicht mehr regieren kann, und an das Heer der politisch vernetzten Lobbyisten, die dafür belohnt werden, dass sie der Partei zugearbeitet haben. So etwa Jennifer Morgan, die nach mehreren Jahren an der Spitze von Greenpeace als verbeamtete Staatssekretärin in Baerbocks Auswärtigem Amt unterkam, oder Patrick Graichen, bis 2021 Direktor der Denkfabrik Agora Energiewende, der es zum Staatssekretär bei Robert Habeck brachte. Graichen ist der Bruder von Verena Graichen (Öko-Institut e. V.), und diese ist mit Michael Kellner, dem früheren Bundesgeschäftsführer der Grünen Partei verheiratet – und der wiederum wurde von Habeck als Parlamentarischer Staatssekretär ins Ministerium geholt. Kellner und Graichen beteuerten, es gebe keine Vetternwirtschaft. Nie macht das Beutesystem mehr Spaß, nie wird mehr verteilt als nach einer gewonnenen Wahl.

Gegen Kritik immunisiert wird der Betrieb mit dem schnell erhobenen Vorwurf der »Delegitimierung« des Staates, wenn jemand den Mund aufmacht, auch wenn er weit davon entfernt ist, den Staat als solchen infrage stellen zu wollen und nicht mehr will, als Defizite aufzuzeigen. Missstände existieren eben erst dann, wenn darüber gesprochen wird. Politik und Gesellschaft arbeiten daran, sich den Meinungspluralismus abzugewöhnen. Gabor Steingart, langjähriger Chef des *Handelsblatts* und jetzt Herausgeber der Nachrichtenplattform *The Pioneer*, schrieb am 19. Dezember 2022: »Es gibt viele Methoden, ein Land zu erschöpfen. Das symbiotische

Zusammenspiel von Regierung und Medien ist eine der wirkungsvollsten. Nicht nur der Energiespeicher des Landes, auch der Vertrauensvorrat einer Gesellschaft kann sich erschöpfen.« Wenn das Vertrauen in die Unabhängigkeit der Medien erodiere, dann entweiche die demokratische Energie einer Gesellschaft.

Steingart fuhr fort: »Das oft marionettenhafte Sprechen von Spitzenpolitikern, das routinierte und vorsätzliche Missverstehen des Andersdenkenden, das Abriegeln des öffentlichen Raumes mit Tabuzonen sind die Symptome eines Krankheitsbildes.« Die Leitmedien, so Steingart, würden nicht mehr als Leuchttürme, sondern als Irrlichter wahrgenommen. Und: »Viele Journalisten wollen nicht die ungeschminkte Wahrheit zeigen, sondern ihre Haltung.«

Tabus sind dadurch gekennzeichnet, dass man nicht darüber sprechen darf. Manche haben sich mit der Zeit erledigt, andere sind an ihre Stelle getreten. Fast schon tabu ist es, den auch in Deutschland zu beobachtenden Judenhass Muslimen zuzuordnen. Denn: Islamfeindlichkeit ist tabu. Zwecks Aufrechterhaltung des Tabus meldete das Bundesinnenministerium Anfang Mai 2021 einerseits die Zunahme der antijüdischen Straftaten um 15,7 Prozent und andererseits, dass 94,6 Prozent davon dem rechtsextremistischen Spektrum zuzurechnen seien. Dass die Realität völlig anders aussieht, war der FAZ vom 6. Mai 2021 zu entnehmen. Zitiert wurde eine Studie der Universität Bielefeld, die das Naheliegende getan hatte, nämlich die jüdischen Opfer zu befragen. Danach gehen mehr als 80 Prozent der antijüdischen Angriffe in Deutschland von Muslimen aus. Wie der Leser im Kapitel über Propaganda sehen wird, wird nachweisbar Falsches als richtig wahrgenommen, wenn es oft genug wiederholt wird.

Silvester 2022: Wenn Rettungskräfte Schutz suchen

Könnte es sein, dass die Verfallszeit von Tabus kürzer wird? Als an Silvester 2015 Nordafrikaner auf der Kölner Domplatte über deutsche Mädchen und Frauen herfielen, dauerte es noch Tage, bis der ganze Horror ans Licht kam. Das Fernsehen konnte die Taktik, nicht zu berichten und so das Geschehene ungeschehen zu machen, schließlich doch nicht durchhalten. Als alles ans Licht kam, war das Entsetzen so groß, dass die Willkommenskultur kippte.

Unmittelbar nach den Silvesterunruhen 2022 kam derselbe Modus Operandi zum Einsatz. Die Reflexe waren schließlich eingeübt. In der *Tagesschau* wurden die Angriffe auf Polizei und Feuerwehr als »gruppendynamische Prozesse« gedeutet. Der Reporter Thomas Rostek kommentierte:»Von den Tätern zu sprechen, ist in solchen Kontexten ein bisschen schwierig.« Es habe ein »gesamtgesellschaftlicher großer Druck« geherrscht. *Tagesschau.de* meldete, die meisten Täter seien Deutsche gewesen. In den *Tagesthemen* wurde das Interview mit einem betroffenen Feuerwehrmann an der Stelle abgeschnitten, als er sagte, dass Migranten ihn angegriffen hätten – die vollständige Version war nur auf einem Regionalsender zu sehen. Auch die mit Steuergeldern ausgestattete Amadeu Antonio Stiftung erledigte brav ihre Hausaufgaben. Die Ausschreitungen, beklagte sie, würden für »rassistische Stimmungsmache« genutzt. Die Stiftung kann nicht anders – das auf ihrer Internetseite definierte Feindbild ist klar genug:»Ziel ist die Stärkung einer demokratischen Zivilgesellschaft, die sich konsequent gegen Rechtsextremismus, Rassismus und Antisemitismus wendet.«

Was war an Silvester 2022 geschehen? Was war in der ersten Januarwoche in den Zeitungen zu lesen? In Bonn wurden die Einsatzkräfte in einen Hinterhalt gelockt und mit Silvesterraketen und

Steinen angegriffen. Im Essener Stadtteil Freisenbruch wurden Feuerwehrleute, die brennende Mülltonnen löschen wollten, mit Pyrotechnik beschossen. In Hagen errichteten Vermummte Straßenbarrikaden, steckten sie in Brand und zielten mit Feuerwerkskörpern auf die eintreffenden Rettungskräfte. Gewaltexzesse auch in Gelsenkirchen und Duisburg. Nach Angaben der Polizei bestand ein Großteil der Angreifer in den nordrhein-westfälischen Großstädten aus Türken und Libanesen mit doppelter Staatsbürgerschaft. Das NRW-Innenministerium berichtete über 258 Festnahmen. Auch an Hamburger »Brennpunkten« waren Polizei und Feuerwehr die Opfer, mehr als zwanzig Tatverdächtige wurden festgenommen.

Den Spitzenplatz belegte wieder einmal Berlin, wo die Polizei in den von Arabern und Türken kontrollierten Vierteln nur noch sporadisch vorbeischaut, weil sie sich mit deren rechtsfreiem Status abgefunden hat oder abfinden musste. In Berlin wurden 145 Personen, darunter hundert Ausländer aus achtzehn verschiedenen Nationen, festgenommen – und wieder freigelassen, weil keine Untersuchungshaft angeordnet wurde. Später wurde die Zahl seltsamerweise auf 38 korrigiert. Über fünfzig Polizisten und Feuerwehrleute wurden verletzt. 355 Straf- und Ordnungswidrigkeitsverfahren wurden eingeleitet. Um sich ein vollständiges Bild von der Lage in den akut gefährdeten deutschen Großstädten zu machen, muss man wissen, dass viele Einsatzkräfte Attacken erfahrungsgemäß nicht anzeigen (so NRW-Innenminister Reul) und dass die Gewalt seit Jahren immer wieder aufflammt, nicht nur am 1. Mai und zum Jahresschluss. Es ist 20 Jahre her, dass in Berlin-Moabit junge Männer (»mit Migrationshintergrund«) auf Feuerwehrleute losgingen, als diese die Bewohner eines Hauses (ebenfalls »mit Migrationshintergrund«) aus den Flammen retteten. Schon damals war von den Einsatzkräften zu hören, das sei kein Einzelfall, sondern Alltag. Seit mindestens 20 Jahren schauen die in Berlin regierenden Parteien weg.

Wie zu erwarten, unterblieb auch nach Silvester 2022 jegliche ernsthafte Ursachenforschung. Vom stellvertretenden Vorsitzenden der SPD-Bundestagsfraktion wurde auf »mangelnde gesellschaftliche Teilhabe« und »Fehler bei der Integration in einigen Stadtteilen« verwiesen. Was meint er damit? Die Straftäter sind doch längst integriert. Einerseits in den Sozialstaat, der sie aushält, andererseits in ihre Parallelgesellschaften mit ihren eigenen Gesetzen und Gebräuchen. Von den jungen Afghanen und Syrern beispielsweise, die in Berlin ihren Hass auf die Mehrheitsgesellschaft austobten, ist nicht bekannt, dass sie in ihren Heimatländern gewagt hätten, Feuerwehr und Sanitäter anzugreifen. Dort sind die Verhältnisse anders. Hierzulande müssen die Einsatzkräfte vor den Schutzsuchenden Schutz suchen.

Die rührendste Reaktion kam von Berlins Regierender Bürgermeisterin Franziska Giffey, einer ebenso harmlosen wie inkompetenten SPD-Parteisoldatin. Sie monierte »massive Respektlosigkeit«, ein interessantes Codewort für Kriminalität, und kündigte einen »Gipfel« gegen Jugendgewalt an – ein Code dafür, dass sie nicht wirklich etwas gegen diese Zustände zu tun gedenkt.

Überhaupt ist Berlin ein Spezialfall unter den deutschen Großstädten. Markus Söder sagte, Berlin entwickle sich »leider zu einer Chaosstadt«. Das trifft den Kern des Problems nicht ganz. Chaos wechselt sich mit längeren Perioden der Ruhe ab, aber auch dann bleiben Verwaltung und Politik dysfunktional. In Berlin ist zu besichtigen, wie sehr Georges Sorel recht hatte: Der Verfall ist das natürliche Resultat des Fehlens von Anstrengung. Als zu Weihnachten 2022 sogenannte Klimaaktivisten mit einer Hebebühne zum Brandenburger Tor fuhren, vor der großen Nordmanntanne Stellung bezogen und den Christbaum enthaupteten, sahen die Polizisten nur zu – sie wollten sich nicht aufreiben. Die grüne Bezirksbürgermeisterin von Friedrichshain-Kreuzberg tat andererseits durchaus etwas. Sie rühmte sich der Errichtung einer Öko-Bedürfnisanstalt mit drei Kabinen, darunter eine Unisex-Toilette am Kottbusser Tor, einem der beliebtesten Drogenhandelsplätze der Hauptstadt. Die grün angestrichene Holzhütte kostete 56 600 Euro. Die illegalen Bedürfnisse werden geduldet, die unvermeidlichen ökologisiert.

So sind eben die Prioritäten in Berlin. Der kleinere Teil der Bevölkerung, der arbeitet und Steuern zahlt, reagiert mit Wurstigkeit und Apathie. Die Hauptstadt-CDU liegt bei den Wahlen weit unter der alten Marke von 40 Prozent und macht auf grün, um nach mehr als 20 Jahren Linksregierung, einer Garantin des Verfalls, irgendwann doch noch an der Macht teilhaben zu dürfen. Berlin, dank Finanzausgleich nach wie vor der größte Kostgänger der noch funktionierenden Bundesländer, bringt das Kunststück fertig, als einzige nennenswerte europäische Hauptstadt zum Bruttoinlandsprodukt nichts oder fast nichts beizutragen. Ob es in Bayern gelungen wäre, eine Weihnachtstanne an einem prominenten Platz abzusägen, fragte die NZZ am 22. Dezember 2022. Sie meinte: »Höchstwahrscheinlich nicht.«

Wie alles begann:
Von den Gastarbeitern zur Ideologisierung der Migrationspolitik

Dass die Einwanderung außer Kontrolle geraten könnte, dass Ausländer ganze Straßenzüge als ihr Hoheitsgebiet betrachten würden, dass sich in Deutschland rund vierzig mafiose Großfamilien und Clans etablieren würden, dass die irreguläre Migration Deutschland als intakten National- und Rechtsstaat infrage stellen könnte, dass zudem enorme finanzielle Kosten auflaufen würden – das alles war in den ersten Jahrzehnten der Einwanderung nicht absehbar. Mehr noch, es war unvorstellbar. Nicht vorstellbar war auch eine Finanzhilfe für illegale Immigration durch eine Bundesregierung. Eben das ist Anfang Januar 2023 in die Wege geleitet worden, als der Haushaltsausschuss des Bundestages auf Wunsch der Evangelischen Kirche, die nur noch Restbestände des deutschen Protestantismus verwaltet, 2 Millionen Euro an Steuergeldern pro Jahr für die kirchliche »Seenotrettung« im Mittelmeer bewilligte. Das Geld kommt dem Bündnis »United4Rescue« mit seinen drei Schiffen zugute.

Ein weiteres Mal verwischt die Bundesregierung damit die Grenze zwischen Staat und Nichtregierungsorganisationen (NGOs), ein weiteres Mal blockiert sie die seit Langem überfällige gemeinsame europäische Migrationspolitik, ein weiteres Mal brüskiert sie Italien, das dem Ansturm über die Mittelmeerroute ausgesetzt ist. Was als Seenotrettung ausgegeben wird, läuft auf eine Arbeitsteilung mit multinationalen Verbrecherorganisationen hinaus, die laut einer Titelgeschichte von *Newsweek* vom 19. Juni 2015 schon damals rund 6 Milliarden Euro umsetzten, nachdem sie den Menschenschmuggel als renditestarkes Geschäft entdeckt hatten. Die Syndikate organisieren für mehrere tausend Dollar pro Person die Schleusung aus dem inneren Afrikas nach Libyen, setzen die Migranten auf seeuntüchtige Boote, wofür sie noch einmal kassieren, und überlassen den Weitertransport Schiffen wie »Humanity 1« oder »Sea-Watch«, die unter deutscher Flagge fahren. Dabei erfüllen die Schiffe keine »christliche Uraufgabe«, wie sich der Flüchtlingsbischof Christian Stäblein rühmte, sondern sind mitverantwortlich für die andauernde Tragödie mit Tausenden von Toten im

Mittelmeer. Austrocknen lässt sich die Schleuserkriminalität so nicht.

Die Ampel-Regierung sende mit der Kofinanzierung der Schlepperschiffe ein »verheerendes Signal« an die EU und verschärfe die europäischen Spannungen, kommentierte die NZZ am 14. November 2022. Mehr noch: Sie signalisiert, dass Europa wehrlos ist und dass das Geschäft wie gewohnt weiterlaufen kann. Zum Vergleich: Australien hat es geschafft, mit klaren Ansagen (»No way in«) und harten Maßnahmen die illegale Einreise über den Seeweg zu unterbinden und damit zugleich Menschenleben zu retten. Verantwortungsethik gegen Gesinnungsethik. »Es gibt kein Migrationssystem in der Welt, das so tödlich ist wie das europäische«, sagte Professor Ruud Koopmans, einer der führenden Migrationsforscher. Daraus spricht Mitgefühl für die Bootsflüchtlinge. »Aber mein Freund, man kann nicht vollends leben ohne Mitleid«, sagte Dostojewski. Nur darf Mitleid nicht zum Denkersatz werden.

Dass Menschen nach Deutschland einwandern oder aus Deutschland auswandern, ist nichts Neues. Im 17. Jahrhundert wurden die Hugenotten vom Preußenkönig gerufen, brachten ihr Gewerbe mit und bereicherten das Land. Im 19. Jahrhundert emigrierten Millionen Menschen über die Nordseehäfen nach Amerika und hatten maßgeblichen Anteil am Aufstieg der USA. Vor dem Ersten Weltkrieg kamen regelmäßig Saisonarbeiter aus Osteuropa und halfen bei der Ernte. 1955 wurden die ersten Gastarbeiter aus Italien angeworben, obwohl damals in der Bundesrepublik noch 1,1 Millionen Arbeitslose registriert waren. 1960 folgten Verträge mit Spanien und Griechenland, 1961 ein Abkommen mit der Türkei, gefolgt von Portugal, Marokko, Tunesien und 1968 schließlich Jugoslawien. Irregulär war daran nichts. Der deutsche Staat war Herr des Verfahrens. Die Gastarbeiter wurden von der Bundesanstalt für Arbeitsvermittlung und Arbeitslosenversicherung direkt im Ausland angeworben. Die Aufenthalts- und Arbeitserlaubnis galt für 1 Jahr, später für 2 Jahre. Der deutsche Staat war völkerrechtlich noch nicht vollständig souverän, aber er definierte sich über sein Volk und über Grenzen, die nicht offenstanden, sondern bewacht wurden. Die Einwanderung in den Sozialstaat lag noch in ferner Zukunft.

Am Anfang standen ökonomische Überlegungen, die freilich nicht alternativlos waren. Es war die Wirtschaft, die die Politik zur Anwerbung ausländischer Arbeiter drängte. In einer Phase der Hochkonjunktur wählte sie den bequemeren Weg. Die Unternehmen hätten genauso gut die Löhne im unteren Segment erhöhen können, um die Arbeitsplätze für die Einheimischen attraktiver zu machen. Und sie hätten mehr automatisieren können. Allerdings wären die notwendigen Kapitalinvestitionen und eine höhere gesamtwirtschaftliche Lohnquote den Firmen teurer gekommen.

Im Fall der Türkei spielten politische Gründe die Hauptrolle. Die Wirtschaft brauchte keine Arbeitskräfte aus Anatolien, und die Politik wollte – zunächst – keinen Zuzug aus außereuropäischen Ländern. Die Haltung änderte sich, als die türkische Regierung mit Rückendeckung der USA Druck machte. Die Türkei war damals ein unterentwickeltes Land mit starkem Bevölkerungswachstum, hoher Arbeitslosigkeit und geringem Industrieanteil. Sie besaß aber strategischen Wert, weil sie die Südostflanke der NATO absicherte. Aus türkischer Sicht brachte das Anwerbeabkommen mit der Bundesrepublik doppelten Gewinn: Es entlastete den türkischen Arbeitsmarkt und versprach Deviseneinnahmen durch die Geldüberweisungen der Gastarbeiter in die Heimat. Die in Deutschland ankommenden Türken entstammten der konservativen bäuerlichen Gesellschaft Anatoliens, waren sehr fleißig und arbeiteten ohne Murren im Akkord, was öfters zu Spannungen mit den deutschen Kollegen führte. Kurz: Sie wollten möglichst viel Geld in möglichst kurzer Zeit verdienen.

Zum Einwanderungsland wurde die Bundesrepublik deswegen nicht. Es war auch nicht beabsichtigt, die Ausländer zu integrieren, denn sie sollten ja nur auf Zeit bleiben. Als die deutsche Konjunktur zum ersten Mal nach dem Krieg einbrach, kehrte 1966 und 1967 fast jeder zweite Gastarbeiter in seine Heimat zurück. 1973 wies die Bundesregierung die Auslandsdienststellen der Bundesanstalt für Arbeit an, die Vermittlung ausländischer Arbeitnehmer einzustellen – nur für Italien wurde eine Ausnahme gemacht. Doch schon 1974 forderten die Arbeitgeberverbände, nach Überwindung der konjunkturellen Schwäche, die Tore wieder zu öffnen. Aber selbst die Arbeitgeber, die nie politisch, sondern nur betriebswirtschaftlich dachten, hielten daran fest, die Aufenthaltsdauer zu begrenzen, keinen Familiennachzug zu gestatten und die Bewerber sorgfältig auszusuchen. Sie sollten anpassungsfähig und anpassungsbereit sein.

Eine deutsche Einwanderungspolitik gab es bis in die 1970er-Jahre nicht. Maßgebend waren die Belange der Wirtschaft, verbunden mit der Erwartung, je nach aktueller Lage die Arbeitsmigration steuern zu können. Die Erwartung trog. Der Prozess verselbstständigte sich, Verwandte und Familien begannen unabhängig vom Bedarf des deutschen Arbeitsmarktes nachzuziehen. 1975 sprach Josef Stingl, Präsident der Bundesanstalt für Arbeit, von einem gesellschaftlichen Problem und forderte die Politiker auf, die Weichen so zu stellen, »dass uns die nächste Generation kein Versagen vorwerfen kann«.

Als Helmut Kohl (1930–2017) 1982 die Macht übernahm, plädierte er in seiner Regierungserklärung vom 13. Oktober dafür, die Zuwanderung zu begrenzen und die Rückkehr zu fördern. Taten folgten den Worten nicht. Eine rationale, in sich schlüssige und konsequente Einwanderungspolitik brachte bis heute keine Bundesregierung zustande. Eine Gesetzesänderung folgte auf die andere, das Ganze war und ist ein bürokratischer Alptraum. Der Hinweis mag genügen, dass bereits am 1. Dezember 1986 eine »15. Verordnung zur Änderung der Verordnung zur Durchführung des Ausländergesetzes« in Kraft trat. Der juristische Dschungel und die Praxis des Ausländer- und Asylrechts sind auch für kundige Zeitgenossen längst nicht mehr überschaubar.

Bereits vor der Wiedervereinigung wurde die Interessenpolitik nach und nach von Ideologie überlagert. Antinationale Töne wurden laut. Heiner Geißler, Generalsekretär der CDU von 1977 bis 1989, äußerte sich nicht nur verächtlich über das deutsche Staatsgebiet (»Deutschland in den Grenzen von XYZ«), er stellte auch das Staatsvolk zur Disposition. Er wünsche sich, sagte er einmal, eine multikulturelle Gesellschaft. Die Ausländer müssten als »Bereicherung« angesehen werden. Geißler nahm vorweg, was die grünen Systemveränderer später predigen würden. »Unser Land wird sich ändern, und zwar drastisch. Und ich freue mich darauf«, begeisterte sich Katrin Göring-Eckardt am 20. November 2015 auf dem Parteitag der Grünen über die damalige Masseneinwanderung. Und am 18. September 2017 setzte sie nach: »Natürlich gehört der Islam zu Deutschland, und natürlich gehören Muslime zu Deutschland. Es wäre sehr langweilig, wenn wir nur mit uns zu tun hätten.«

Im Juli 2022 wurde dann Ferda Ataman zur Antidiskriminierungsbeauftragten der Bundesregierung ernannt. Als Kind türkischer Einwanderer wurde sie 1979 in Stuttgart geboren. Als Sprecherin eines Zusammenschlusses von 120 Migrantenverbänden hatte sie in einem Beitrag für den *Spiegel* Deutsche ohne Migrationshintergrund als »Kartoffeln« geschmäht. Über den CSU-Innenminister Horst Seehofer, der über Heimat gesprochen hatte, schrieb sie in einer Publikation der Amadeu Antonio Stiftung: »In diesem Kontext kann Heimat nur bedeuten, dass es um Blut und Boden geht.« Peinlich für die CDU, schließlich war es ihr gescheiterter Kanzlerkandidat Armin Laschet, der Ataman in seiner Funktion als damaliger NRW-Integrationsminister als seine Referentin eingestellt und ihre Karriere angestoßen hatte.

Wozu Ferda Ataman gebraucht wird, erschließt sich auch bei näherer Betrachtung nicht. Es gibt seit 2005 eine »Beauftragte der Bundesregierung für Migration, Flüchtlinge und Integration«. Früher einmal war das Amt für »ausländische Arbeitnehmer« und für »Ausländerfragen« zuständig und damit für einen konkreten Aufgabenbereich. Im Dezember 2021 hat unmittelbar nach dem Machtwechsel Reem Alabali-Radovan (SPD) im Rang einer Parlamentarischen Staatssekretärin den Posten übernommen. Zu ihren Tätigkeiten gehört es nicht nur, die Integrationspolitik der Bundesregierung zu unterstützen, sondern auch der Fremdenfeindlichkeit gegenüber den Ausländern und deren Ungleichbehandlung entgegenzuwirken. Sie muss außerdem bei Gesetzesvorhaben der Regierung frühzeitig beteiligt werden. Wie Alabali-Radovan ihre Funktion versteht, verriet sie im Januar 2023. Der CDU warf sie vor, die Debatte über die Silvester-Unruhen zu nutzen, um »rassistische Ressentiments« zu schüren. Überhaupt müsse Rassismus bekämpft werden, das sei »systemrelevant für unsere Demokratie«. Sie sucht Schuld und Integrationsversagen stets nur bei den Deutschen, nie bei den Migranten. Die »Kartoffeln« wiederum lassen sich beschimpfen und zahlen auch noch dafür.

Zahlen und Fakten:
Wie die illegale Einwanderung außer Kontrolle geriet

Man muss keine Verschwörungstheorie wie die vom »Großen Austausch« bemühen, um nachzuweisen, dass hinter der von einflussreichen internationalen Organisationen forcierten Migration postnationale und postdemokratische Motive stecken. Als repräsentativer Zeuge kann Peter Sutherland (1946–2018) dienen. Er war Chef des »Global Forum on Migration and Development« und hervorragend vernetzt, so mit der EU-Kommission und dem amerikanischen Council on Foreign Relations. In einem Interview mit dem *News Centre* der UNO vom 2. Oktober 2015 spielte er auf die niedrige deutsche Geburtenrate an. Sie erfordere es, »dass eventuell über eine Million Einwanderer pro Jahr im Verlauf der nächsten 30 Jahre herkommen«. Er bemängelte die Integrationsfähigkeit nicht etwa der Einwanderer, sondern der Einheimischen und behauptete, »dass Souveränität eine absolute Illusion ist, die wir hinter uns lassen müssen«. Um eine bessere Welt aufzubauen, müssten »einige alte historische Erinnerungen und Bilder unseres eigenen Landes abgeschafft werden«. Ein ungeschminkter Aufruf zur Kulturzerstörung und zur Destruktion all dessen, was Europa liebens- und lebenswert macht.

Der Zusammenhang mit dem Geburtendefizit ist freilich nicht aus der Luft gegriffen. Der Bevölkerungswissenschaftler Professor Herwig Birg, ein unermüdlicher Mahner, sprach schon vor 20 Jahren von einer »kompensatorischen Zuwanderungspolitik«. Damit meinte er die verdeckte Strategie gewisser Parteien und Regierungen, die eigenen Geburten durch Einwanderung zu ersetzen. Ein Weg, den bekanntlich Japan bewusst nicht gegangen ist. Gezielte Maßnahmen, um die Zahl der Geburten zu steigern, waren und sind tabu – es würde sich ja um Bevölkerungspolitik handeln. Eine Willkommenskultur für Kinder wie die für Fremde 2015 wurde nie proklamiert. Dabei, so Birg, handele es sich bei der kompensatorischen Zuwanderungspolitik auch um Bevölkerungspolitik. Nur, muss hinzugefügt werden, um eine mit internationalistischem Anstrich, um einen Schritt in die Weltinnenpolitik.

Herwig Birg fuhr fort:»Der Übergang der Politik von der Erneuerungsstrategie durch Geburten zur Kompensationsstrategie mittels Wanderungen wurde in keinem Land durch öffentliche Debatten vorbereitet und durch demokratische Entscheidungen eingeleitet, sondern stillschweigend und mehr oder weniger unreflektiert vollzogen.« Welche der von Birg aufgezeigten Alternativen die geringeren Kosten verursacht hätte, liegt auf der Hand. Am 21. Januar 2015 warb Göring-Eckardt für ihre Politik mit dem Argument, die Einwanderer würden die Renten derjenigen bezahlen, die gegen Einwanderer demonstrieren. Wie denn, rechnen konnten die Grünen noch nie. Dass die Migranten wegen ihrer meist geringen Qualifikation im Durchschnitt mehr Sozialleistungen beziehen als sie Steuern und Beiträge zahlen, ist eine unbestreitbare Tatsache.

2015 nannte Innenminister Horst Seehofer die Flüchtlingskrise »die Mutter aller Probleme«. Im Jahr 2010 wurden noch 48 589 Anträge auf Asyl gestellt, 2015 waren es 476 649, im folgenden Jahr 745 545. Danach ebbte die Einwanderung via Asyl ab, auch wegen Corona. 2022 wurden erstmals seit 2017 wieder mehr als 200 000 Anträge gestellt, nämlich 214 432. Familiennachzügler sind in der Statistik nicht enthalten, da diese keinen Antrag zu stellen brauchen. Europäer von außerhalb der EU machten unter den Asylantragstellern nur eine kleine Minderheit aus.

Zusätzlich erfasste das Ausländerzentralregister für 2022 mehr als eine Million Flüchtlinge aus der Ukraine, unter die sich schätzungsweise auch 5 Prozent Afrikaner und Asiaten gemischt hatten, die in der Ukraine gestrandet waren. Wie viele Ukrainer sich zu welchem Zeitpunkt in der Bundesrepublik aufhalten, ist auch weiterhin unklar, weil diese keine Asylanträge stellen müssen und weil ein Teil von ihnen – wie beispielsweise auch Asylanten aus Syrien und dem Irak – pendelt, um zwischendurch die Heimat zu besuchen. Der CDU-Vorsitzende Friedrich Merz kritisierte in diesem Zusammenhang den »Sozialtourismus« und musste sich schnell dafür entschuldigen.

Es fällt auf, dass auch 2022 sehr viele Asylbewerber aus Ländern kamen, in denen die USA jahrelang Krieg geführt hatten. An der Spitze stand Syrien mit 72 246 Bewerbern – ein früher wohlhabendes und jetzt ruiniertes Land, in dem Washington den Bürgerkrieg geschürt und verlängert hat und gleichzeitig einen Konflikt mit Russland führt, das die Assad-Regierung unterstützt. Aus Afghanistan suchten 41 171 Personen Asyl in Deutschland, aus dem Irak 16 628. In keinem der drei Staaten konnten die Amerikaner erreichen, was sie sich vorgenommen hatten. Die Schlussfolgerung drängt sich auf, dass die bitteren Folgen amerikanischer Politik, wenn sie scheitert wie in den oben genannten Fällen, zu einem erheblichen Teil vor der deutschen Haustüre abgeladen werden.

Mit dem Asylrecht geht Deutschland einen Sonderweg. Laut Artikel 16a des Grundgesetzes genießen politisch Verfolgte Asyl. Damit hat das Asylrecht nur in Deutschland Verfassungsrang als einziges Grundrecht, das ausschließlich Ausländern zusteht. Der Missbrauch und die endlosen Verfahren vor den Gerichten ließen sich nur eindämmen, wenn das Asyl aus der Verfassung herausgenommen und nur noch gesetzlich geregelt würde. Das wurde schon gefordert, ist aber offenbar nicht durchsetzbar. Dazu kommt, dass im Laufe der Jahre immer weniger der Asylanträge abgelehnt wurden. 2005 wurden noch 93,5 Prozent negativ beschieden, 2016 lediglich

37,6 Prozent und 2022 44 Prozent. Damit lag die sogenannte Gesamtschutzquote zuletzt bei 56 Prozent. Politisch Verfolgte, auf die das Grundgesetz abzielt, machten davon nur ein Prozent aus.

Davon abgesehen leistet sich die Bundesregierung einen ständigen Rechtsbruch. Nach Paragraph 18 des Asylgesetzes müssen Flüchtlinge an der Grenze zurückgewiesen oder nach Einreise abgeschoben werden, wenn sie aus einem sicheren Drittland kommen. Das ist immer dann der Fall, wenn sie den Landweg nehmen, da Deutschland von sicheren Drittstaaten umgeben ist. Die Zurückweisung ist kaum praktikabel, weil die Grenzen offen sind und weil die Schleierfahndung in Grenznähe einen schlechten Ersatz bietet. Abgeschoben wurden 2021 11 982 Personen. Demnach konnte der weitaus größte Teil der Flüchtlinge im Land bleiben – eine Gruppe, die nicht in der oben genannten Gesamtschutzquote enthalten ist. Es sind dies Personen, die weder als Asylberechtigte noch als Flüchtlinge anerkannt wurden, denen kein subsidiärer Schutz gewährt und für die kein Abschiebeverbot verfügt wurde. Sie hätten ausreisen müssen, blieben aber im Land.

Die laxe Praxis hat zur Folge, dass Ende 2021 rund 450 000 Ausländer in Deutschland lebten, die keinen »Aufenthaltstitel« hatten. Über die Dunkelziffer der untergetauchten Migranten kann nur spekuliert werden. Insgesamt lebten Ende 2021 11,8 Millionen Ausländer in Deutschland, davon 5,2 Millionen EU-Bürger, die nach EU-Recht keine Aufenthaltsgenehmigung benötigen.

Laut offizieller Statistik und dem Stand von Ende 2021 machen Personen mit Migrationshintergrund 27,2 Prozent der in Deutschland lebenden Bevölkerung aus, die dabei eingerechneten Ausländer 13,1 Prozent. Zu Panik besteht deswegen kein Anlass. Ohnehin sind kollektive Zuschreibungen immer mit Vorsicht zu genießen.

Auch der Vorwurf der Ausländerfeindlichkeit unterstellt ein Kollektiv, das nicht existiert. Die mehr als 22 Millionen Personen mit Migrationshintergrund, von denen ungefähr die Hälfte die deutsche Staatsbürgerschaft besitzt, könnten kulturell und ethnisch unterschiedlicher nicht sein. Viele passen sich an, andere nicht. Die größte Gruppe mit 3,5 Millionen stellen die Aussiedler und Spätaussiedler und ihre Kinder aus der untergegangenen Sowjetunion. Die meisten von ihnen wählen konservativ. Die zweitgrößte Gruppe mit Migrationshintergrund sind Türken und Deutschtürken. Entweder sie selbst oder ein Elternteil wurden als türkische Staatsangehörige geboren. Wie viele von ihnen einen Doppelpass besitzen, ist unbekannt. Loyalitätskonflikte sind programmiert. Die Staatsbürgerschaft allein sagt ohnehin wenig darüber aus, ob jemand an »Integration« interessiert ist. Als Erdoğan nach Oberhausen kam, jubelten Tausende ihrem Präsidenten zu. Türken mit Doppelpass müssen, auch wenn sie in Deutschland wohnen, in der Türkei Wehrdienst leisten oder sich mit 6000 Euro freikaufen. Sie dürfen in beiden Ländern wählen. In Deutschland entscheiden sich laut Umfragen zwischen 40 und 60 Prozent für die SPD. Dass eine SPD-Regierung gerne an ihre künftige Klientel deutsche Pässe verteilt beziehungsweise »verramscht«, wie die CDU kritisiert hat, liegt somit auf der Hand.

Pauschalurteile helfen auch deswegen nicht weiter, weil das alte Deutschland in der Provinz und in den meisten Kleinstädten gesellschaftlich intakt geblieben ist, in manchen Großstädten aber nicht. Dort von Überfremdung zu sprechen ist keine Übertreibung, es ist eine Zustandsbeschreibung. In solchen Städten wird die alte Mehrheit zur neuen Minderheit. Selbst in Frankfurt, das nicht für bürgerkriegsähnliche Zustände an Silvester bekannt ist, leben seit 2016 mehr Menschen mit Migrationshintergrund als solche ohne. An den Schulen stellen deutsche Kinder ohne Einwanderungsgeschichte nur noch 30 Prozent. Das Viertel um den Hauptbahnhof taugt schon lange nicht mehr als Visitenkarte der einst stolzen Stadt – es ist heruntergekommen und schäbig. Dass man auf Frankfurts Straßen 200 Sprachen hört, wie die Bürgermeisterin Nargess Eskandari-Grünberg (Grüne) in der FAZ vom 4. Januar 2023 lobend hervorhob, muss nicht von Vorteil sein. Auch nicht, dass sich die Bevölkerung Frankfurts statistisch alle 15 Jahre austauscht, wie die Bürgermeisterin verriet. Der Wertekonsens, auf den sie hofft und der die Gesellschaft zusammenbringen soll, wird sich so nicht einstellen.

Auch in Berlin nehmen besorgte Eltern ihr Kind von der Schule, wenn dort in der Pause kaum noch Deutsch gesprochen wird, und suchen sich anderswo eine bessere. Das gut situierte Bürgertum meidet die heruntergekommenen Stadtteile. Diejenigen Migranten, die sich den Umzug nicht leisten können und Wert auf Recht und Ordnung legen, sind die Opfer eines Senats, der wegschaut. Nicht die Provinz, sondern die Großstädte waren schon immer die Labore, in denen Zukunft gemacht wird. Sie setzen die politischen und gesellschaftlichen Trends. Wenn zugelassen wird, dass die beschriebene Entwicklung sich fortsetzt, wird es ungemütlich werden in Deutschland. 200 000 Migranten aus meist fremden Kulturen in einem Jahr entsprechen der Einwohnerzahl von zwei Großstädten.

Ein Viertel der deutschen Staatsverschuldung: Die ausufernden Kosten der Migration

Bevor sich an der verfahrenen deutschen Migrationspolitik etwas ändert, müssen Illusionen abgelegt und muss eine ehrliche Bilanz gezogen werden. Stattdessen legte die Ampelregierung noch 2022 ein Paket vor, das – unter Berufung auf den Koalitionsvertrag – Deutschland zu einem »modernen Einwanderungsland« machen und einen »Paradigmenwechsel« einleiten soll. Dorothea Siems schrieb dazu am 4. Dezember 2022 in der *Welt am Sonntag:* »Die Ampel baut sich ein Luftschloss.« So ist es. Die angeblich moderne Einwanderungspolitik hat zum Inhalt, dass Einbürgerung erleichtert wird – wobei auch das verlangte Sprachniveau geringer sein kann als bisher –, dass weiterhin die mehrfache Staatsangehörigkeit erlaubt wird, dass früher nur geduldete Migranten künftig langfristig bleiben können, dass sogenannte Fachkräfte mit einer »Chancenkarte« und abgesenkten Anforderungen ins Land gelockt werden sollen. Bisher kamen nur wenige, weil hochqualifizierte Kräfte Länder vorziehen, in denen die Steuern niedriger sind und in denen sie sich wohler fühlen.

Die SPD-Vorsitzende Saskia Esken freute sich schon darüber, »den konservativen Muff von diesem Land abzuschütteln«. Es sei nicht überraschend, dass die Union erst mal nicht einverstanden sei. In Wirklichkeit hat das Reformpaket nichts mit dem kanadischen Modell zu tun, das oft als Vorbild angeführt wird. Kanada wählt seine Einwanderer mit großer Sorgfalt und unter dem Gesichtspunkt aus, ob sie dem Land einen Mehrwert bringen. Wer kommt, wird freundlich empfangen und samt Familienangehörigen von Anfang an bei der Integration in die kanadische Gesellschaft unterstützt. Wer die Grenze illegal übertritt, wird unweigerlich ausgewiesen. Der Staat bleibt Herr des Verfahrens.

In Deutschland ist nicht einmal die Absicht erkennbar, Einwanderung zu steuern und zu kontrollieren. Während die Landkreise die ausufernden Kosten kaum noch stemmen konnten und viele Kommunen mit der Unterbringung der Flüchtlinge am Limit waren, fiel der Bundesregierung in ihrem ersten Amtsjahr nichts Besseres ein, als neue Aufnahmeprogramme für 40 000 Afghanen zu beschließen. Die Bundesländer wurden nicht gefragt.

Kein Thema ist in Berlin der unhaltbare Zustand, dass einerseits im Schengen-Raum die Grenzen offen sind und andererseits das Dublin-Verfahren schon lange nicht mehr eingehalten wird. Demnach sollten Asylbewerber normalerweise dort ihren Antrag stellen und gegebenenfalls Asyl erhalten, wo sie das Gebiet der EU betreten. Stattdessen wandern sie weiter in Richtung des attraktiveren deutschen Asyl- und Sozialsystems. Die eigentlich logische Konsequenz, die Grenzen wieder zu kontrollieren, solange Dublin (ein völkerrechtlicher Vertrag!) Makulatur ist, kommt in Regierungskreisen niemandem in den Sinn. Deutschland ist nach allen Seiten offen. Keine Spur von einem modernen Einwanderungsregime nach kanadischem oder australischem Vorbild. Dabei muss eingeräumt werden, dass Kanada und Australien – klassische, dünn besiedelte Einwanderungsländer – geografisch besser abgeschirmt sind. Sie sind ungleich schwerer zu erreichen. In Deutschland fehlt aber schon der Wille, sich mit den Ursachen einer chaotischen Migration zu befassen, die das Land überfordert. Während der Bundeskanzler sich nonchalant 400 neue Büros genehmigt, suchen die Kommunen händeringend nach Notunterkünften.

Der wohl wichtigste Grund dafür, dass die Bundesrepublik bevorzugt angesteuert wird, liegt in den überaus großzügigen Sozialleistungen. Sobald Migranten als Flüchtlinge und damit als Schutzbedürftige anerkannt werden, steht ihnen dieselbe Grundsicherung zu wie den Einheimischen. Und was geschieht mit den abgelehnten Asylbewerbern? Sie werden in der Regel geduldet und nach einem 18-monatigen Aufenthalt vom Sozialamt automatisch deutschen Sozialhilfeempfängern gleichgestellt. In Frankreich hingegen haben abgelehnte Asylbewerber keinen Anspruch auf Grundsicherung. In Luxemburg müssen sie sich mit kostenloser Unterbringung und Verpflegung begnügen. In den Niederlanden gilt seit Längerem das Programm »Bed, Bad, Brood«, womit die Bereitschaft zur Rückreise angeregt werden soll. In der Schweiz gibt es nur eine minimale Nothilfe, ähnlich wie in den Niederlanden. Die Situation in Griechenland sieht so aus, dass Einwanderer baldmöglichst weiterreisen, wofür die beiden Balkanrouten zur Verfügung stehen. Sowohl für anerkannte als auch für abgelehnte Asylbewerber gibt es keine Sozialleistungen mehr, sobald das Verfahren abgeschlossen ist. Weil das Gefälle zwischen den europäischen Ländern enorm ist, lädt es dazu ein, die Wanderung innerhalb des Schengen-Raums mit seinen offenen Grenzen fortzusetzen.

Auch bei Hartz IV, das in »Bürgergeld« umbenannt wurde, steigt der Anteil ausländischer Bezieher kontinuierlich. Damit sind sie um einiges besser gestellt als die Asylbewerber mit der Grundsicherung nach Sozialgesetzbuch II. Schon hat die Lobby »Pro Asyl« das neue Bürgergeld auch für Asylbewerber verlangt. Bereits 2021 überstieg die Zahl der neu hinzugekommenen ausländischen Hartz-IV-Bezieher die der neu hinzugekommenen Deutschen. In absoluten Zahlen lebten im März 2022 3,5 Millionen Deutsche und 1,9 Millionen Ausländer von Hartz IV. Es ist nur eine Frage der Zeit, bis sich das Verhältnis umkehrt. Aus all diesen Statistiken geht nicht hervor, wie viele der 3,5 Millionen einen Migrationshintergrund haben.

Das seit 2015 verbreitete Märchen von den Fachkräften und dem Gewinn für die deutsche Wirtschaft hat sich in Luft aufgelöst. Nach Angaben der Nürnberger Bundesagentur für Arbeit vom Januar 2022 betrug die Arbeitslosenquote unter den Flüchtlingen aus den acht Asylhauptherkunftsländern 40,9 Prozent. Und die Quote derer, die gemäß Sozialgesetzbuch II von der Grundsicherung oder von Hartz IV lebten, lag bei 50,7 Prozent. Seit der Flüchtlingskrise 2015 hat sich an diesen Zahlen kaum etwas geändert. Sie belegen die oft bestrittene Einwanderung in den Sozialstaat.

Bei dem bisher Gesagten sind die Flüchtlinge aus der Ukraine nicht berücksichtigt. Sie werden sofort in den deutschen Sozialstaat eingegliedert. Auch erhalten sie ihre staatlichen Zahlungen nicht nach dem Asylbewerberleistungsgesetz, weil sie nicht als Asylbewerber eingestuft werden, sondern gemäß den normalen Sätzen der Sozialhilfe. Denjenigen, die nicht zurückkehren und arbeiten wollen, steht später der Weg in das Bürgergeld offen. Zusammen mit den Ukrainern kamen 2022 mehr Ausländer neu nach Deutschland als im Rekordjahr 2016.

Der oft zitierte »Pull-Faktor« ist unbestreitbar. Das englische Verb »to pull« heißt »ziehen«; gemeint ist also, dass der deutsche Sozialstaat Interessenten aus aller Welt anzieht. Deswegen kann man den Migranten keinen Vorwurf machen. Sie reagieren nur nachvollziehbar auf die Anreize, die vonseiten der Politik in Deutschland geschaffen werden. Sie haben in der Regel auch gute Gründe, ihre Heimat zu verlassen. Politische Verfolgung gehört fast immer nicht dazu. Die Frage ist nur, wie lange sich der ständig expandierende Sozialstaat diese Großzügigkeit noch leisten kann. Denn Deutschland ist mitnichten ein reiches Land; es lebt auf Pump. Der unvermeidliche Zielkonflikt zwischen Sozial- und Migrationspolitik könnte die SPD eines Tages zerreißen.

Ein vollständiger Überblick über die Kosten der Migration ist von offizieller Seite nicht erhältlich. Die »flüchtlingsbezogenen Ausgaben« des Bundeshaushaltes machten im Zeitraum 2016–2021 genau 131,8 Milliarden Euro aus. Dazu kamen die Ausgaben der Länder und Kommunen, die nicht vom Bund erstattet wurden, die aber nur geschätzt werden können. Professor Fritz Söllner, der an der TU Ilmenau Volkswirtschaft lehrt, schätzt für die Jahre 2015–2021 eine Größenordnung von etwa 230 Milliarden Euro, die insgesamt von der öffentlichen Hand getragen werden mussten. Das sind allerdings nur die kurzfristigen Kosten. Selbst unter optimistischen Annahmen sei damit zu rechnen, dass jeder Flüchtling im Laufe seines Lebens den Staatshaushalt mit 207 700 Euro belastet. Dabei bezieht sich Söllner auf Professor Bernd Raffelhüschen, den Rentenexperten und Begründer der Generationenbilanz. Die Summe kommt zustande, wenn der durchschnittliche Flüchtling mehr Leistungen in Anspruch nimmt, als er Steuern und Abgaben zahlt. Weil von 2015 bis 2021 1,92 Millionen Flüchtlinge nach Deutschland kamen oder hier geboren wurden, summiert sich das auf 397 Milliarden. Beide Summen zusammen ergeben 627 Milliarden und damit ein Viertel der Staatsverschuldung Ende 2021.

Es entstehen aber auch schwer bezifferbare nicht finanzielle Kosten: durch die Zunahme der Straftaten, die schlechteren Unterrichtsbedingungen an den Schulen, die Belastung des Wohnungsmarktes durch den Zuzug. Aber auch durch den Verlust an »Sozialkapital«, wenn das Zusammenleben in der Gesellschaft umso schwieriger und konfliktträchtiger wird, je mehr sie an Gemeinsamkeiten einbüßt.

Ausländerkriminalität verschwindet nicht dadurch, dass zunehmend seltener und wenn, dann ungern, darüber berichtet wird. Sie verschwindet auch nicht, wenn mehr eingebürgert wird – dann fällt sie lediglich aus bestimmten Statistiken heraus. Asylanten sind laut Sprachregelung »Schutzsuchende«. Sie machen mit oder ohne Aufenthaltstitel nur einen sehr kleinen Teil der in Deutschland lebenden 84 Millionen Menschen aus und nur einen relativ kleinen Teil der Migranten und Ausländer. Wie erklärt sich dann, dass laut Bundeskriminalamt im Jahr 2021 ihr Anteil bei Mord 16,3 Prozent betrug, bei Totschlag 15,4 Prozent, bei schwerer Körperverletzung 13 Prozent und bei sexualisierter Gewalt 6,5 Prozent, immer bezogen auf alle Tatverdächtigen in Deutschland? Auch wenn jede Per-

son als Individuum gesehen und beurteilt werden sollte und nicht
als Angehöriger einer Gruppe, ändert das nichts daran, dass diese
Art von unkontrollierter Einwanderung die innere Sicherheit ver-
schlechtert. Kurzum: Sie ist nicht gut für das Land.

Für das Staatsversagen und die Ausbeutung des Sozialstaats lassen
sich viele Beispiele anführen, die »falschen Väter« sind nur eines
davon. Normalerweise würde kein Mann die Vaterschaft für ein
Kind anerkennen, das nicht seines ist. In diesem Fall funktioniert
es so, wie die NZZ vom 2. Januar 2023 berichtete: Ein mittelloser
Mann, leicht zu finden in einer örtlichen Trinkhalle, bekommt
5000 bis 20 000 Euro bar auf die Hand und erklärt sich dazu bereit,
das Kind einer ausländischen Mutter als sein eigenes auszugeben.
Er geht mit ihr auf die zuständige Behörde, unterschreibt – und
schon haben die Mutter und alle ihre Kinder Anspruch auf sämtliche Sozialleistungen. Die Kinder erhalten die deutsche Staatsangehörigkeit, und der Mann hat keine weiteren Verpflichtungen,
weil bei ihm nichts zu holen ist. Im Durchschnitt sind es fünf Personen, die mittels einer einzigen falschen Vaterschaftsanerkennung
in den deutschen Sozialstaat einwandern. Das kostet am Beispiel
einer großen Kommune jährlich 5 Millionen Euro, verriet der Bürgermeister einer westdeutschen Großstadt mit 300 000 Einwohnern der NZZ. Seinen Namen wollte er nicht gedruckt sehen, er
könnte sonst der Ausländerfeindlichkeit bezichtigt werden. Bei ge-
legentlichen Hausbesuchen sei zu sehen, wie die Familien dicht gedrängt im Unrat hausen, wie Drogen offen konsumiert werden.
Und die Kinder besuchen keine Schule. »Es ist eine bestimmte Per-
sonengruppe aus einer bestimmten Gegend Europas«, sagte ein
Mitarbeiter der zuständigen Sozialbehörde. Anderswo sind es andere Herkunftsländer, so in Bremen Migranten aus Afrika. Typisch
für Deutschland ist, dass diese Zustände seit 20 Jahren andauern
und bekannt sind, dass aber weder die Regierung noch der Gesetz-

geber etwas unternehmen, um den Missbrauch abzustellen. Der im Zweifelsfall ausländerfreundliche Staat kapituliert. Er lässt sich ausbeuten. Er zeigt sich machtlos.

Vermögen, Löhne, Renten: Die Legende vom reichen Land

Es greift eben zu kurz, nur die finanziellen und ökonomischen Vor- oder Nachteile zu sehen. Gutes Leben besteht nicht nur aus Wohlstand, sondern auch aus subjektivem Wohlbefinden. Es ist legitim, wenn jemand Einwanderung strikt begrenzen will, weil er auf die vertraute Umgebung Wert legt und die Heimat bewahren will – selbst wenn er dafür Abstriche an seinem Lebensstandard machen müsste. Nicht legitim ist es, wenn eine herrschende Minderheit auf Distanz zum eigenen Volk geht und Fremde bittet, sie nicht mit den Deutschen allein zu lassen. Die Internationalisten betrachten Deutschland wie ein herrenloses Territorium. Sie stellen nicht einmal die Eigentumsfrage. Nicht anders als in Italien oder Frankreich sind die öffentlichen Güter – die Kathedralen, die Verkehrswege, die Universitäten, die gesamte Infrastruktur – auch hier das Erbe und die Leistung von Generationen, die bis in das Mittelalter zurückreichen. Es liegt an den Besitzern, das alles mit Fremden zu teilen oder auch nicht. Der Privatbesitz steht ja auch nicht jedermann zur Verfügung.

Thilo Sarrazin wurde zur Persona non grata, als er in seinem Bestseller *Deutschland schafft sich ab* Sätze wie diesen geschrieben hatte: »Wenn wir den Zuzug nicht steuern, lassen wir letztlich eine Veränderung unserer Kultur, unserer Zivilisation und unseres Volkscharakters in eine Richtung zu, die wir gar nicht wünschen. Es würde nur wenige Generationen dauern, bis wir zur Minderheit im eigenen Land geworden sind.« Er fügte hinzu, das betreffe nicht nur Deutschland, sondern alle Völker Europas. Wenn die EU sich

nicht einmal diesem vitalen Problem stellt, sondern einer Bevölkerungspolitik mit umgekehrten Vorzeichen Vorschub leistet, verliert
sie ihre Existenzberechtigung. Dann sollte sie sich darauf beschränken, Wirtschaftsgemeinschaft und Freihandelszone zu sein.

Um die finanziellen Lasten der Eurozone, die Öffnung des Sozialstaats nach außen und die fast grenzenlose Toleranz gegenüber allen möglichen Zumutungen zu rechtfertigen, wird einerseits das
deutsche Schuldbewusstsein bemüht, andererseits wird ständig
propagiert, Deutschland sei ein reiches Land. Daran ist richtig, dass
auch hier reiche und sehr reiche Leute leben, die übrigens jederzeit
auswandern könnten. Es trifft auch zu, dass der deutsche Staat unter dem Verdacht des Reichtums steht, weil er eine niedrigere offizielle Staatsverschuldung aufweist als andere und sich folglich noch
mehr verschulden kann, um Kredite auszureichen und Wohltaten
zu verteilen.

Nur deswegen ist er immer noch in der Lage, den Euro zu stützen,
einen großen Teil der europäischen Schuldenprogramme zu stemmen und der EU eine Bonität zu verleihen, die sie ohne Deutschland nicht hätte. Wird aber sauber bilanziert, werden die künftigen
ungedeckten Rentenverpflichtungen und die als Sondervermögen
verschleierten Schulden eingerechnet, dann stellt sich heraus, dass
die sogenannte implizite deutsche Staatsschuld mehr als das Doppelte selbst der offiziellen griechischen mit 182 Prozent des BIP
ausmacht.

Würde der deutsche Staat wie ein Unternehmen bilanzieren, dann
müsste er auch künftige Zahlungsverpflichtungen in die Bücher
nehmen, vor allem die steigenden und ungedeckten Ausgaben für
die Renten und die Pflege, für die Krankenversicherung und die
Beamtenpensionen. Die Lasten der Zukunft sind demografiebe

dingt. Sie sind die Quittung für das Geburtendefizit. Das Freiburger Forschungszentrum für Generationenverträge bezifferte im Juni 2022 diese implizite Staatsverschuldung auf 327 Prozent des Bruttoinlandsproduktes. Zusammen mit einer offiziellen Staatsschuld von 71 Prozent des BIP macht das zusammen rund 400 Prozent der jährlichen deutschen Wirtschaftsleistung beziehungsweise 14 Billionen Euro. Da ein Schuldenstand von 400 Prozent illusorisch ist, weil der Staat schon vorher Konkurs anmelden müsste, bleibt ihm nur übrig, entweder die Sozialleistungen zusammenzustreichen oder die Steuern massiv zu erhöhen – oder eine Kombination von beiden Maßnahmen. Dann hat er die Wahl zwischen sozialen Unruhen und dem Ruin der öffentlichen Finanzen. Dann verliert die EU ihren Sponsor. Dann hat Beuteland ausgedient.

Wenn der deutsche Staat reich erscheint, dann auf Kosten seiner Bürger, die dafür mit hohen Steuern und vergleichsweise niedrigen Durchschnittsvermögen bezahlt haben. Im Mai 2022 veröffentlichte die Organisation für wirtschaftliche Zusammenarbeit und Entwicklung (OECD) eine Untersuchung, in der die Industrieländer verglichen wurden. Danach werden nur die Arbeitnehmer in Belgien höher mit Steuern und Sozialabgaben belastet als die in Deutschland. In Deutschland führen Doppelverdiener mit zwei Kindern im Schnitt 9,1 Prozent ihres Bruttogehaltes für Steuern und 20 Prozent für Sozialbeiträge ab, zusammengenommen also 29,1 Prozent. Die gleich große französische Familie zahlt nur 21 Prozent, die britische 19,5 Prozent, die niederländische 18,6 Prozent, die schweizerische 11,5 Prozent und die amerikanische 11,2 Prozent. Allein das erklärt, wer für ausländische Fachkräfte attraktiv ist und wer nicht. Wenn der Arbeitgeberanteil an den Sozialabgaben einberechnet wird, rangiert Deutschland zusammen mit Frankreich und Italien an zweiter Stelle nach Belgien, aber immer noch vor Euro-Krisenländern wie Portugal und Spanien, nicht zu reden von der Schweiz oder den USA. Zum Vergleich: Die für die Konkurrenzfähigkeit einer Volkswirtschaft wichtigen Gesamtarbeitskosten, wozu der Arbeitgeberanteil zählt, absorbieren in Deutschland 40,9 Prozent der Bruttoverdienste, in Großbritannien nur 27,2 Prozent. Egal, wie man rechnet: Die deutschen Arbeitnehmer schultern eine Spitzenbelastung.

Dafür, so ist oft zu hören, seien die Deutschen sozial besser abgesichert. Aber auch dieses Bild bekommt Kratzer, wenn man sich vor Augen führt, was auf die Rentner zukommt. Schon jetzt, so eine Berechnung des Bundesarbeitsministers vom Januar 2023, hat jede dritte Frau mit Vollzeitstelle nach 40 Arbeitsjahren eine Rente von weniger als 1000 Euro netto zu erwarten. Betroffen sind rund 2,7 Millionen Frauen. Für eine Monatsrente von glatt 1000 Euro netto hätten sie durchgehend 40 Jahre lang 2844 Euro brutto verdienen müssen. Wie kann das sein? Das passt nicht zur Erzählung vom reichen Land. 40–50 Prozent der Deutschen besitzen kein Vermögen und damit keine Rücklagen. Dabei ist das Geld, das sie erwirtschaftet haben, nicht weg – es haben nur andere.

Auch beim Vergleich der Vermögen schneidet Deutschland schlecht ab. Die verfügbaren Statistiken weichen voneinander ab, weil sie teilweise auf Schätzungen beruhen, widerlegen aber regelmäßig die Legende vom reichen Land. Eine hochwertige Empirie ist die der Großbank Credit Suisse. Ihr »Global Wealth Report 2022« berücksichtigt Immobilien und Finanzvermögen wie Wertpapiere und Bankguthaben abzüglich der Schulden. Die Vermögen werden pro Kopf und in US-Dollar angegeben. Für die Feststellung wird das aussagekräftigere Median-Vermögen ermittelt, um eine Verzerrung durch wenige sehr hohe Vermögen zu vermeiden. Es liegt genau in der Mitte zwischen den Vermögen der ärmeren und der reicheren Hälfte eines Landes.

Im Vergleich zu Lettland mit einem (abgerundeten) mittleren Vermögen von 42 200 Dollar pro Kopf sind die Deutschen mit ihren 60 000 Dollar relativ reich, jedoch relativ arm im Vergleich zu Italien mit 112 200 Dollar oder Spanien mit 104 400 Dollar, um zwei Euro-Krisenländer zu nennen. Die Griechen liegen mit 55 500 Dollar etwas unter dem deutschen Niveau, die Franzosen mit 139 900 Dollar komfortabel darüber. Warum Emmanuel Macron bei diesem Gefälle damit durchkommt, immer wieder Solidarität und Geld von Deutschland zu verlangen, ist verwunderlich. Viel reicher als die Deutschen sind übrigens die Australier mit 273 300 Dollar oder die Kanadier mit 151 100 Dollar. Die Schweizer kommen mit 168 800 Dollar fast auf das Dreifache der deutschen Vermögen.

Und die Aussichten sind nicht gut. Deutschland verzehre seine Substanz, schrieb Wolfgang Herles am 16. Juli 2022 auf *Tichys Einblick*, und falle im Standortwettbewerb aus hausgemachten Gründen zurück. Die verpfuschte Energiewende und die weltweit einzigartige Bürokratie seien »die beiden Hauptinstrumente derjenigen, die sich offenbar nichts sehnlicher wünschen als die Deindustrialisierung Deutschlands«. Verschärfend komme der Fachkräftemangel hinzu, »verursacht von einem Mix aus desaströser Bildungspolitik, einem ausbeuterischen Steuersystem, dysfunktionaler Sozialsysteme, falscher Einwanderungspolitik«.

Eine Studie des Leibniz-Zentrums für Europäische Wirtschaftsforschung in Mannheim, die im Januar 2023 veröffentlicht wurde, kam zu ähnlichen Ergebnissen. Untersucht wurde die Position von 21 Industrieländern im internationalen Wettbewerb. 2020 lag Deutschland noch auf Platz 14, 2022 auf Platz 18 der Rangliste, also ganz weit unten. Berücksichtigt wurden verschiedene Indikatoren. Besonders nachteilig wirkten sich die hohen Energiepreise und die hohen Steuern aus. Als erstklassig hingegen wird die öffentliche Finanzierungssituation beurteilt, womit gemeint ist, dass sich der Staat an den Finanzmärkten immer noch großzügig und günstig verschulden kann. Insofern scheint der schiefe Spruch vom reichen Staat und den armen Deutschen nicht ganz falsch zu sein.

In Wirklichkeit lassen sich beide ausbeuten: die arbeitende Bevölkerung und die mittelständische Wirtschaft vom Staat und der Staat von externen Anspruchstellern im Namen Europas und der viel beschworenen westlichen Wertegemeinschaft. Letzteres unter dem Vorwand der Solidarität und mit dem Verweis auf Bündnisverpflichtungen in einem Krieg, der seit 2022 in Europa tobt und auf dessen Ende die moralbewegte Regierung in Berlin ebenso wenig Einfluss haben wird, wie sie ihn auf seinen Anfang hatte. Das ist der rote Faden dieses Buches: die Lage Deutschlands, die ungeschminkt beschrieben werden muss, bevor sich etwas ändern kann.

Kapitel 2
Macht

Der Vormarsch der Berufspolitiker

»Alle Staatsgewalt geht vom Volke aus«, heißt es in Artikel 20 des Grundgesetzes für die Bundesrepublik Deutschland. Das ist gut und schön, klärt aber nicht darüber auf, wohin die Staatsgewalt geht, nachdem sie das Volk verlassen hat, wo sie bleibt und wer sie ausübt.

Einer, der solche Fragen immer wieder gestellt hat, ist Hans Herbert von Arnim, Jahrgang 1939 und emeritierter Professor für Öffentliches Recht und Verfassungslehre an der Deutschen Universität für Verwaltungswissenschaften Speyer. Er machte sich unbeliebt, als er den etablierten Parteien vorwarf, sie versuchten in ihrem Machtstreben, den Bürgern die Souveränität zu entwinden. Oder als er behauptete, es gehe ihnen um Posten, Geld und Privilegien. Oder wenn er in den »Kartellparteien«, so sein analytischer Begriff, »Machterwerbsorganisationen« sah. Natürlich wurde auch schon versucht, ihn in die rechte Ecke zu stellen, worauf er einmal so reagierte: »All diese Attacken kann man mental überhaupt nur durchstehen, wenn man dieses Spiel durchschaut und sportlich nimmt.«

Was aber ist Macht? Was bewirkt sie? Ganz einfach: Wer Macht besitzt, kann andere dazu zwingen, etwas zu tun, was sie freiwillig nicht tun würden. Zum Beispiel Steuern zahlen oder das großzügige Angebot einer Impfung annehmen oder die Ölheizung im Keller ausbauen und durch eine sündhaft teure Wärmepumpe ersetzen (nicht schon jetzt, aber es ist geplant).

Domizile der Macht befinden sich in Berlin und Brüssel, auch in Washington und Frankfurt, dem Sitz der Europäischen Zentralbank, vielleicht sogar (Achtung, Verschwörungstheorie!) im schweizerischen Davos, wo sich die Reichen und Mächtigen dieser Welt in der Regel einmal im Jahr treffen, um die Köpfe zusammenzuste-cken. Macht kann offen oder verdeckt ausgeübt werden, wozu dem Corona-Talkshow-Rekordhalter und Gesundheitsminister Karl Lauterbach folgende hochdialektische Formulierung einfiel: »Es wird ja niemand gegen seinen Willen geimpft. Selbst die Impfpflicht führt ja dazu, dass man sich zum Schluss freiwillig impfen lässt.«

Das Geflecht der Macht zu entwirren ist schwierig, aber niemand wird daran zweifeln, dass die politische Klasse an den sprichwört-lichen »Hebeln der Macht« sitzt. In seinem gleichnamigen Buch schreibt Professor von Arnim, die eigentlichen Akteure seien weni-ger die Parteien als Ganzes, sondern ihre Berufspolitiker. Er bezieht sich auf die Abgeordneten des Bundestages, der Landtage und des Europaparlaments sowie auf die Regierungsmitglieder und Parla-mentarischen Staatssekretäre in Bund und Ländern, nicht zu ver-gessen Tausende von staatsfinanzierten Mitarbeitern in den Frak-tionen und Parteien, dazu die Bürgermeister und Landräte.

Zu unterscheiden seien allerdings zwei Gruppen: die sogenannte politische Elite, die führt, und das Gros der politischen Klasse, wo-zu die Hinterbänkler zählen, die der Fraktionsdisziplin unterwor-fen sind und wenig zu sagen haben. Wenn einer ausschert, droht ihm der Parteiausschluss – so dem Tübinger Oberbürgermeister Boris Palmer (Grüne) oder der unangepassten Linksfrau Sahra Wa-genknecht oder dem nach jahrelangem Hin und Her tatsächlich aus der SPD geworfenen Thilo Sarrazin. Der jedenfalls sitzt schon seit Längerem nicht mehr an den Hebeln der politischen Macht, besitzt aber großen medialen Einfluss durch seine Bücher, die zu Bestsellern wurden und sich dadurch auszeichneten, dass sie den in der Bundesrepublik verlangten Konsens infrage stellten. Nur in seltenen Fällen werden originelle Figuren wie Wolfgang Kubicki (FDP) oder Widerspenstige wie Wolfgang Bosbach (CDU) doch noch geduldet beziehungsweise zur Talkshow eingeladen, um Meinungsvielfalt vorzutäuschen.

Im Vergleich zum Bundestag, der 2021 gewählt wurde, glänzte das 1949 gewählte Parlament durch Eloquenz, Volksnähe und ein unglaublich breites Meinungsspektrum. Mit der Zeit wurde der Bundestag immer größer, bis er schließlich in Köpfen gemessen gleich hinter dem chinesischen Volkskongress rangierte, während die Qualität des Personals am Durchschnitt gemessen sukzessive abnahm – ein Fall von negativer Korrelation.

Gleichzeitig nahm der Anteil an Berufspolitikern ständig zu. In einem 1994 gehaltenen Vortrag schätzte Ute Scheuch, dass mindestens 70 Prozent der Politiker im inneren Zirkel der Macht reine Berufspolitiker waren, also »Politiker ohne Kenntnisse der Welt außerhalb der Politik«. Anfang der 70er-Jahre seien es nur etwa 30 Prozent gewesen, darunter Leute wie Helmut Kohl (CDU) oder Oskar Lafontaine (SPD). 60 Prozent der Politiker seien ebenfalls frühzeitig einer Partei beigetreten, seien aber erst nach einer beruflichen Karriere im Alter von etwa 40 Jahren in die Politik gewechselt. Dr. Ute Scheuch zählte zusammen mit ihrem Mann, dem Soziologen Professor Erwin Scheuch, und Hans Herbert von Arnim zu den deutschen Wissenschaftlern, die das System immer wieder kritisch durchleuchtet haben.

Dorothee Bär und die ungefährliche Seite der Macht

Von der Politik lässt sich nicht schlecht leben, nur der Einstieg kostet Geld. Die Kandidatur in einem Wahlkreis bedingt eine finanzielle Eigenbeteiligung, auch »Brautgeld« genannt. Marion Reiser, eine Politologin an der Universität Lüneburg, hat dazu eine empirische Studie vorgelegt. Danach muss ein hoffnungsvoller Bewerber einen höheren fünfstelligen Betrag investieren, zum Beispiel 50 000 Euro, »nicht selten« auch 70 000 Euro. Ein potenzieller Kandidat, der für die CSU in den Bundestag einziehen wollte, erzählte der FAZ vom 27. April 2017, die Funktionäre vor Ort hätten ihm wiederholt deutlich gemacht, dass er mit 150 000–200 000 Euro Wahlkampfkosten rechnen müsse und dass sich die Partei nicht an den Ausgaben beteiligen werde. Schließlich versprach er auf der Delegiertenversammlung: »Ich bringe 80 000 Euro mit.« Die Delegierten wählten dann doch nicht ihn, sondern einen Unternehmer und damit immerhin keinen Berufspolitiker.

Der Soziologe und Nationalökonom Max Weber (1864–1920) nannte drei Qualitäten, die für den Politiker vornehmlich entscheidend seien: Leidenschaft, Verantwortungsgefühl und Augenmaß. Mit Leidenschaft meinte er die glühende Hingabe an eine Sache, aber nicht im Sinne eines Gebarens, das sich als sterile Aufgeregtheit äußere. Zweitens solle der Dienst an einer Sache, auch die Verantwortlichkeit gegenüber eben dieser Sache, der Leitstern seines Handelns sein. Und das Augenmaß bezeichne die entscheidende psychologische Qualität des Politikers: die »Fähigkeit, die Realitäten mit innerer Sammlung und Ruhe auf sich wirken zu lassen, also: der Distanz zu den Dingen und Menschen«. Distanzlosigkeit, so Weber, sei eine der Todsünden eines jeden Politikers. Und weiter: Der bloße Machtpolitiker »mag stark wirken, aber er wirkt in der Tat ins Leere und Sinnlose«.

Wo solche Tugenden oder Untugenden personifiziert sind, mag jeder Leser selbst entscheiden. Wir dürfen ohnehin nicht alle Politiker über einen Kamm scheren.

Zwei Charaktere, die unterschiedlicher nicht sein könnten, finden sich in Nürnberg und im Wahlkreis Bad Kissingen. In Letzterem wurde Dorothee Gisela Renate Bär, Jahrgang 1978, erstmals am 27. September 2009 als Direktkandidatin in den Deutschen Bundestag gewählt und dann immer wieder, zuletzt 2021. Ein verdienter Lohn für die Absolvierung einer Ochsentour, die vom Eintritt in die Junge Union 1992 über den Vorsitz im Ring Christlich-Demokratischer Studenten in Bayern (ein bewährtes Sprungbrett) bis zur stellvertretenden Generalsekretärin der CSU führte, nicht zu nennen eine lange Reihe anderer Ämter in der Partei und außerhalb der Politik wie zum Beispiel bei der Wasserwacht oder dem FC Bayern München.

Das muss sie viel Zeit und viele Wochenenden gekostet haben, bis sie schließlich 2013 ins Kabinett Merkel einziehen konnte, wo sie zuletzt als Staatsministerin bei der Bundeskanzlerin und Beauftragte der Bundesregierung für Digitalisierung fungierte. Sie tat dort ziemlich wenig, auch weil ihr die nötigen Zuständigkeiten und Durchgriffsrechte nicht zugestanden wurden. Im Wesentlichen sprach sie nur über Digitalisierung, wenn sie nicht gerade in die Rolle einer Deutschen Imelda Marcos schlüpfte und der Presse von ihrer beeindruckenden Sammlung von High Heels erzählte. Dorothee Bär repräsentierte die vollkommen ungefährliche Seite der Macht. Sie verlangte nichts von ihren Wählern und kam stets gut gelaunt und sympathisch rüber. Nie unterstellte ihr jemand, Schaden anzurichten, und so passte die Rolle als Schirmherrin der Initiative »Digitale Empathie« am besten zu ihr. Weder die Wähler noch die Partei konnten sich beklagen. Als die Ludwig-Erhard-Stiftung, deren Mitglied sie war, endlich wieder auf Parteilinie gebracht werden musste, trat sie unter Protest aus, und schon einige Tage später musste der Vorsitzende der Stiftung, Roland Tichy, das Handtuch werfen. Schon geraume Zeit zuvor hatte Tichy seinen Posten als Chefredakteur der *Wirtschaftswoche* räumen müssen. Als dezidierter Merkel- und Euro-Kritiker hatte er den Zorn des

Machtkartells auf sich gezogen. Bleibt noch ein Fauxpas zu erwähnen, den sich Dorothee Bär leistete, als sie sich öffentlich über die
Wahl eines FDP-Mannes zum Ministerpräsidenten von Thüringen
mit Stimmen der AfD freute. Als überzeugte Christsoziale dachte
sie wohl, das Amt sei bei der FDP allemal besser aufgehoben als bei
der postkommunistischen Linkspartei. Von Südafrika aus, wo sie
gerade zu Besuch war, befahl die überzeugte Demokratin Merkel
dem Landtag von Thüringen, die Wahl zu annullieren.

Markus Söder: Profi und Verwandlungskünstler

Dass Bär über ihr Demokratieverständnis nur leicht stolperte, aber
nicht hinfiel, hatte sie ihrem Landsmann Söder zu verdanken, der
sie als Gefolgsfrau zu schätzen gelernt hat. Der ist, ebenfalls Berufspolitiker, aus ganz anderem Holz geschnitzt. Wer wissen will, wie
Politik in Deutschland funktioniert, muss Markus Söder studieren.
Lange Zeit machte er Karriere als konservativer Flügelmann der
bayerischen Staatspartei: 1994, als er es unter rastlosem Einsatz
schaffte, einen schwierigen Nürnberger Wahlkreis zu erobern und
in den Bayerischen Landtag einzuziehen; 1995, als er den Landes-
vorsitz der Jungen Union übernahm und die ersten Netzwerke
knüpfen konnte; 2003, als ihn sein Gönner Edmund Stoiber zum
Generalsekretär der CSU beförderte; und dann ab 2017, als er
nacheinander drei Ministerämter bekleidete.

Markus Söder hat oft und gerne erzählt, dass Franz Josef Strauß
(1915-1988) sein großes Vorbild war und dass über seinem Bett ein
Strauß-Poster hing, als er mit 16 in die CSU eintrat. Man könnte
ihn als deutsche Version des Engländers Boris Johnson durchgehen
lassen. Dies nicht nur in Bezug auf die Gabe zur Selbstinszenierung
oder die Fähigkeit, mit voller Überzeugung morgen etwas ganz anderes zu sagen als gestern. Sondern auch, was die Fixierung auf ein

zu großes Vorbild betrifft. Für Johnson ist dies Winston Churchill, über den er sogar eine Biographie verfasst hat, und für Söder eben jener Übervater der CSU, der allerdings nie glaubte, mit dem Zeitgeist gehen zu müssen, um die Macht zu erobern und zu halten. Strauß hat den Kulturkampf gegen die Linke gesucht und mit Leidenschaft geführt. Seine Epigonen haben diesen nicht einmal verloren, sie haben ihn einfach abgeblasen. Der Wille, das Land politisch und geistig zu prägen, ist in der Ära Merkel geschwunden. Geblieben ist nur der Wille zur Macht. »Söder riecht nach Macht«, erkannte Patricia Riekel, frühere Chefredakteurin der Illustrierten *Bunte*.

Die wundersame Wandlung des Markus Söder lässt sich an einem Tag festmachen: dem 14. Oktober 2018, als in Bayern ein neuer Landtag gewählt wurde. Die CSU verlor 10,5 Prozent und stürzte auf 37,2 Prozent ab, und die Grünen legten um 9 Prozent auf 17,6 Prozent zu. Da beschloss der Nürnberger, sich ein neues Image zuzulegen. Im Wahlkampf hatte er noch einen auffällig harten Kurs in der Asylpolitik gefahren. Er mied Wahlkampfhilfe vonseiten Merkels; das linke deutsche Feuilleton beschimpfte ihn als Scharfmacher. Auf die Idee, dass er mit einem lauen Wahlkampf womöglich noch schlechter abgeschnitten hätte, kam Söder nicht. Er bekundete »Demut« und schwenkte so sehr auf den Merkel-Kurs ein, bis kein Blatt mehr zwischen ihn und den linksgrünen Zeitgeist passte. Wer sich mit dem Zeitgeist vermählt, sagte Strauß einmal, kann schnell Witwer sein. Das wird mir nicht passieren, dachte sich Söder wohl, ich lasse mich besser vorher scheiden.

Zugegeben, die Coronajahre 2020 und 2021 waren fordernd und strapaziös für den Ministerpräsidenten. Noch im Frühsommer 2020 wurde er als Favorit für die Nachfolge Merkels im Kanzleramt gehandelt. In Bayern lobten 90 Prozent seine Arbeit in der Staatskanzlei. In deutschlandweiten Umfragen lag er weit vor Friedrich Merz und noch weiter vor Armin Laschet, und selbst Deutschlands Wirtschaftsbosse – auch sie Teil der Machtelite – bekundeten ihre Präferenz für den Mann aus Bayern. Dann verlor er den Machtkampf gegen Armin Laschet und gegen die CDU-Führung, und als Merz im Dezember 2021 sein Comeback erlebte, war die CSU in Bayern nach Auskunft der Demoskopen wieder deutlich unter die Marke von 40 Prozent gerutscht. Was ihm bleibt, auch dies eine Parallele zu Boris Johnson, ist sein hoher Unterhaltungswert. Er kultiviere, schrieb *Zeit Online* am 8. Januar 2022, eine spezifische Form des Post-Merkelismus. Er habe inhaltlich schon alles gegeben. »Doch im Gegensatz zum klassischen Opportunismus, wie er sich vielfach im demokratischen Betrieb findet, dreht Söder seine politischen Pirouetten noch ein entscheidendes Stück weiter. Obschon er zwar auch auf bestimmte Stimmungen reagiert, erscheint das Besondere bei ihm, dass er mittlerweile nicht nur nacheinander die Fähnchen im Wind wechselt, sondern durchgehend eine komplette Flaggensammlung im Sortiment hat, die er auch stets öffentlichkeitswirksam zu hissen bereit ist.«

Herrschaft durch Paragraphen: Das bürokratische System

Mit Demokratie, die bekanntlich vom Meinungsstreit und der Teilhabe einer informierten Öffentlichkeit lebt, hat das per se wenig zu tun. Was die Frage aufwirft, in welcher Art von politischem System wir leben. Max Weber unterschied noch zwischen bürokratischer, traditioneller und charismatischer Herrschaft. Da traditionsgebundene Macht, die der Monarchie zugrunde lag, aus der Zeit gefallen ist und charismatische Herrschaft als Idealtypus einen plebiszitär bestellten und legitimierten Staatschef voraussetzt und damit eine Art von »Führer-Demokratie« (Max Weber), bleibt in der Realität nur noch das bürokratische System als »reinster Typus« der legalen Herrschaft im Angebot.

Mit eben dieser Art von Machtausübung haben wir es zu tun. Von Paul Kirchhof, der sich seit seiner Zeit als Verfassungsrichter am System abarbeitet und vergeblich Reformen anmahnt, wissen wir, dass das deutsche Steuerrecht über 50 000 Paragraphen umfasst und dass zum Beispiel die Vorschriften für den Geschichtsunterricht in Nordrhein-Westfalen 363 Seiten lang sind. Oder dass die mit den Lobbyisten »kooperierenden Beamten« in manchen Behörden zu 80 Prozent Mitglieder einer Partei sind. Die wuchernde Staatsbürokratie, so Kirchhof in der FAZ vom 19. Dezember 2006, sei schon längst ineffizient und eigentlich überholt. Die Bürger würden »als Gemeinschaft der Hilfsbedürftigen definiert – und lassen es sich gefallen«.

Weniger Gesetze, ein einfaches Steuerrecht, saubere Gewaltenteilung, Zurückdrängung des Lobbyismus, Verwurzelung der Politiker in einem Beruf – all solche Reformen wären praktikabel und segensreich. Nur haben sie keine Chancen, realisiert zu werden, weil Kompliziertheit und Intransparenz Herrschaftsinstrumente sind und weil die Regierenden kein Interesse daran haben, Macht abzugeben. Bürokratie kann nicht schrumpfen, sie hat immer die Tendenz zu expandieren.

In der Ära Merkel wurden Tausende neue Stellen in den Ministerien geschaffen, während die einstmals vorbildliche deutsche Verwaltung zum Synonym für Ineffizienz geriet. Seit 2005, dem ersten Jahr der Kanzlerschaft von Merkel, genehmigte sich allein das Innenministerium 739 neue Vollzeitstellen. Das Familienministerium verdoppelte sein Personal, ohne dass die Familien deswegen größer wurden, und das Ministerium für Entwicklungshilfe wurde um 73 Prozent aufgestockt, ohne messbare Wirkung. Auch Merkel selbst umgab sich mit mehr Personal. Als sie abtrat, arbeiteten im Kanzleramt 280 Leute mehr als bei ihrem Antritt. Zusammen mit den dem Amt zugeordneten Behörden wie dem Bundespresseamt oder der Kulturabteilung von Monika Grütters (370 Mitarbeiter) zählte die Merkel-Truppe am Ende über 4000 Männer und Frauen. 1949 fing Adenauer mit 118 Stellen an. Als die NZZ (10. April 2021) nach den Gründen für die fabelhafte Stellenvermehrung fragte, antwortete das Kanzleramt, man benötige das zusätzliche Personal für die »Erschließung neuer Politikbereiche«. Die systematische, tendenziell totalitäre Politisierung nahezu aller Bereiche der Gesellschaft ist das Signum dieser neuen Art der Demokratie.

Mosca, Pareto, Michels: Erkenntnisse der Elitentheorie

Dahinter verbirgt sich die Macht einer Minderheit über die Mehrheit. Insofern ist das in der Demokratie nicht anders als in der Monarchie oder in der Aristokratie, um die zwei alternativen Staatsformen zu nennen. Es kann gar nicht anders sein, wie der in Palermo geborene Rechts- und Politikwissenschaftler Gaetano Mosca (1858–1941) herausfand. Als Kritiker der Parteiendemokratie stand er zugleich in Opposition zu Mussolinis Faschismus. Zusammen mit den Soziologen Vilfredo Pareto (1848–1923) und Robert Michels (1876–1936) gehörte er zu den Begründern der realistischen Elitentheorie. Der gebürtige Kölner Michels entdeckte das »eherne Gesetz der Oligarchisierung« selbst in einer Partei wie der SPD, die sich der »Gleichheit« verschrieben hatte und deren linkem Flügel er anfangs angehörte. Auf Pareto geht die Zwangsläufigkeit der »Elitenzirkulation« zurück. Es fällt auf, dass alle drei – der Italiener, der Franzose und der Deutsche – im 19. Jahrhundert geboren wurden und dass ihre Erkenntnisse bis heute die Grundlage für jeden bilden, der Politik verstehen will. Nicht zuletzt das von Michels entdeckte Gesetz, wonach die anfänglichen idealistischen Ziele am Ende immer dem Machterhalt einer Parteiclique untergeordnet werden.

Wer sich als Soziologe, Politikwissenschaftler oder interessierter Zeitgenosse mit dem Phänomen der Eliten beschäftigt, muss das ganz im Sinne Max Webers wertneutral tun. Übrigens sollte auch der Staat, sofern er liberal sein will, wertneutral bleiben. Er darf keine Ideologie beziehungsweise Weltanschauung vorschreiben – die sollte Privatsache der Bürger bleiben. Die Elitentheorie darf auch nicht als Absage an die Demokratie verstanden werden. Sie hilft nur, die jeweilige Spielart des Systems besser zu verstehen. Unter Eliten nur die besten und tadellosen Mitglieder einer Gesellschaft zu verstehen engt den Blickwinkel ein.

Betrachtet man die deutsche Geschichte, leuchtet es sofort ein, dass Paretos Erkenntnis vom ständigen Wechsel der Eliten, womit er nicht nur die politischen meinte, die Wirklichkeit abbildet. Der Wechsel kann sich evolutionär oder revolutionär vollziehen, Letzteres 1918 und 1933 und – unter anderen Vorzeichen – 1945. Dabei muss die alte Elite nicht vollständig verschwinden, sie kann auch von der neuen überlagert werden.

In der Bundesrepublik hat die kulturrevolutionäre 68er-Bewegung, damals eine Avantgarde, die Werteordnung der Gesellschaft radikal geändert und neues Personal in den Bildungsbetrieb, in die Medien und in die Politik gespült – jedoch nicht im Zuge einer blutigen Revolution wie 1776 in Amerika, 1793 in Frankreich oder 1933 in Deutschland, sondern in einem langen evolutionären Prozess, der sich in der Regierung Scholz/Habeck zu vollenden scheint. Es war der oft zitierte Marsch durch die Institutionen, an dessen Anfang der Terror der RAF als Katalysator stand. Dass sich jede neue

Elite auf das Volk oder die Massen beruft, ist ebenfalls bei Pareto nachzulesen. Dass sich die deutschen Grünen und ihr Anhang auf Minderheiten stützen würden, konnte er nicht ahnen. Er zählte nicht nur die Politiker, sondern auch Wirtschaftler und führende Figuren aus anderen gesellschaftlichen Gruppen zur Elite. Der Begriff »politische Klasse« wiederum wurde von Gaetano Mosca eingeführt.

Mosca schrieb: »In allen Gesellschaften, von den primitivsten im Aufgang der Zivilisation bis zu den fortgeschrittensten und mächtigsten, gibt es zwei Klassen – eine, die herrscht, und eine, die beherrscht wird. Die erste ist immer die weniger zahlreiche, sie versieht alle politischen Funktionen, monopolisiert die Macht und genießt deren Vorteile, während die zweite, zahlreichere Klasse von der ersten befehligt und geleitet wird.«

Der harte Kern der Machtstruktur

Auf Mosca komme ich im folgenden Kapitel zurück, wenn erklärt werden soll, warum und wie die Elite ihre Stellung mittels Propaganda rechtfertigt und absichert. Zunächst aber zu der Frage, wie weit der Elitenbegriff zu fassen ist. Die obersten Ränge der Verwaltung, das heißt der staatlichen Bürokratie, lassen sich ebenso zur Elite zählen wie die führenden Köpfe aus der Industrie, der Wirtschaft, den Wissenschaften, den Kirchen und dem Militär. Dass die beiden letztgenannten Gruppen stark an Einfluss verloren haben, muss nicht erläutert werden. Auch die Großbanken, die den Aufstieg Deutschlands zur führenden europäischen Industrienation seit dem Kaiserreich begleitet haben, spielen im deutschen Machtgefüge keine besondere Rolle mehr. Eine Persönlichkeit wie Hermann Abs von der Deutschen Bank, ein enger Berater Adenauers, ist nirgendwo in Sicht.

Elite genau zu quantifizieren, ist ein subjektives Unterfangen und objektiv kaum möglich. In dem bereits zitierten Vortrag beruft sich Ute Scheuch auf eine »Mannheimer Elite-Untersuchung«, die über 3000 auf Bundesebene einflussreiche Personen und innerhalb dieses Kreises 500 Top-Einflussreiche ermittelt hat. Von den 3000 seien etwa 15 Prozent Politiker und 10 Prozent Journalisten. Stärker gewichtet werden die Wirtschaft mit 23,4 Prozent und die Verbände mit 11 Prozent. Im zentralen Einflusszirkel hingegen, den 500, dominieren zwei Gruppen: die Politiker mit 40 Prozent und die Ministerialbürokratie mit 12 Prozent. Die Massenmedien, so der damalige, heute überholte Befund, seien im zentralen Elitesektor relativ schwächer vertreten. Sie rangierten erst nach der Wirtschaft.

Dr. Scheuch selbst schränkte die Aussagekraft solcher Statistiken ein. Sie verwies auf die Undurchsichtigkeit der Verhältnisse in den westlichen Industriegesellschaften und auf den Anreiz, die eigene Verantwortlichkeit zu verdecken. Selbstverständlich hat sich seit den 1990er-Jahren einiges geändert: An die Stelle einer starken Opposition im Bund ist in der Ära Merkel das Parteienkartell getreten; die Lobby der sogenannten Nichtregierungsorganisationen hat an Lautstärke gewonnen, auf dem Markt der Meinungen sind zum Missfallen der Regierenden die Sozialen Medien aufgetaucht, während das wöchentliche Erscheinen des *Spiegels* längst nicht mehr mit Spannung erwartet wird, seitdem er den Enthüllungs- durch den Haltungsjournalismus ersetzt hat.

Das ändert freilich nichts an der Symbiose zwischen Journalismus und Politik. Sie spielen sich mehr denn je die Bälle zu. Sie brauchen einander. Sie bilden den harten Kern der Machtstruktur: die Politiker, die sich ihre Botschaft zurechtlegen, und die Journalisten, die sie verkünden. Was wären die maßgeblichen Parteien ohne den öffentlich-rechtlichen Rundfunk? Die Zwangsgebühr nennen die

Sender nicht zufällig »Demokratieabgabe«. Wer sie nicht zahlt, riskiert die Beugehaft. Dabei hat wohl keiner von denen, die ungern zahlen, etwas gegen die Demokratie als solche. Denn sie ist nach Lage der Dinge die einzige Staatsform, die einen regulären, gewaltfreien Regierungswechsel ermöglicht – wenn auch nicht unbedingt einen echten Machtwechsel.

Übrigens ist es ein weitverbreitetes Missverständnis oder auch eine bewusste Täuschung, wenn deutsche Politiker die Begriffe Demokratie und Rechtsstaat synonym verwenden. Demokratie kann den Rechtsstaat schädigen oder sogar aushebeln, wenn sie ideologisch aufgeladen wird – dann erinnert sie an die Volksdemokratie kommunistischen Typs. Müsste man zwischen beiden wählen, wäre der Rechtsstaat der Demokratie vorzuziehen.

Bleibt als Fazit, dass das als Volk bezeichnete Kollektiv immer schon ein Kompositum aus den wenigen *(hoi oligoi)* und den vielen *(hoi polloi)* dargestellt hat. So jedenfalls formulierte es Peter Sloterdijk in der NZZ vom 3. Oktober 2019. »Es sind«, schrieb er, »auch in der Staatsform der Volksherrschaft einige wenige, die über die vielen anderen herrschen.« Die zwei wichtigsten Ausprägungen der real existierenden Demokratie seien derzeit die Oligokratie und die Fiskokratie mit dem Fiskus als »Zentralorgan aller modernen Staatlichkeit«.

Geld als zentraler Faktor, die Demokratie als Beutesystem, wobei nicht mehr Nachbarvölker oder reiche Kolonien ausgeplündert werden, sondern die sogenannten Leistungsträger. Sloterdijk meint, dass die wachsende Besteuerung, obwohl unbeliebt, hingenommen werde, weil sie unter dem Deckmantel der Umverteilung geschehe und sich als Mittel erweise, »die Schafe mit den längeren Haaren zu scheren«. Er übersieht möglicherweise, dass wir ohne die ganz und gar intransparente Umverteilung, die in Wirklichkeit dem Machterhalt der politischen Klasse dient, alle reicher sein könnten – und dass die Umverteilung von Geld und Reichtum auf europäischer Ebene mit der Einführung des Euro längst transnationale Formen angenommen hat. Kein Wunder, denn zusätzlich zur nationalen Machtelite hat sich eine europäische mit dem Steuerungszentrum Brüssel formiert. Beide überlappen sich, auch die deutsche singt das transnationale Lied.

Seltsame Urteile: Die Verfassungsrichter von Karlsruhe

Manchmal genügt eine einzige Nachricht, um Machtstrukturen blitzartig zu erhellen. So am 5. August 2021, als der Erste Senat des Bundesverfassungsgerichtes seinen Entscheid zur Klage der öffentlich-rechtlichen Rundfunkanstalten gegen das Land Sachsen-Anhalt bekannt gab. Grund der Verfassungsbeschwerde war gewesen, dass zwar die übrigen 15 Bundesländer dem »Ersten Medienänderungsstaatsvertrag« und damit der Erhöhung des Rundfunkbeitrages auf 18,36 Euro zugestimmt hatten, nicht jedoch der Landtag von Sachsen-Anhalt.

Karlsruhe entschied, dass Sachsen-Anhalt die Rundfunkfreiheit verletzt habe und dass die Beitragserhöhung mit Wirkung vom 20. Juli 2021 in Kraft treten müsse. Sachsen-Anhalt verlor mithin sein Vetorecht, und die Staatssender fanden einen Schutzpatron in Karlsruhe.

Es war ein skurriles Urteil, das eine Reihe von Fragen aufwirft. Wenn in den 16 Parlamenten nur zugestimmt, aber nicht abgelehnt werden darf, wozu dann noch eine Abstimmung? Bisher war das peinliche Prozedere nur aus dem Bundestag bekannt, wo die von der EU übermittelten Rechtsakte regelmäßig abgenickt werden.

Andere Frage: Wie kann es sein, dass das hehre Prinzip der Rundfunkfreiheit das Recht beinhaltet, einen bestimmten Geldbedarf
bei der von den Ministerpräsidenten ernannten Kommission (KEF)
anmelden zu können und dann auch noch genehmigt zu bekommen? Karlsruhe spricht denn auch, weil es so schön harmlos klingt,
von »Bedarfsanmeldung«. Seinen Bedarf einfach anmelden zu
können, das wäre wohl der Wunschtraum so manches Zeitungsver-
lages, der den unbequemen Gesetzen der freien Marktwirtschaft
ausgesetzt ist.

Die von Karlsruhe gepäppelte Konstruktion als solche ist verlogen,
weil es sich beim Rundfunkbeitrag in Wirklichkeit um eine Zwangs-
abgabe handelt, die auch von denen gezahlt werden muss, die ARD
und ZDF nicht nutzen. Und wer sie nutzt, müsste eine Gegenleistung verlangen können. Die sieht selbst laut Karlsruher Urteil so
aus, dass in Rundfunk und Fernsehen die »Vielfalt der bestehenden
Meinungen […] in größtmöglicher Breite und Vollständigkeit Ausdruck findet«, dass Fakten und Meinungen auseinandergehalten
werden und dass die Wirklichkeit nicht verzerrt wird.

Sehr witzig, denn davon sind die Sender weit entfernt. Noch am
Tag des Urteils monierte die NZZ deren »weltanschauliche Schieflage« und fragte, »warum alle zahlen sollen für den politischen
Spielplatz der wenigen«. Und: »Es gibt kein Mandat, die zahlende
Bevölkerung gegen deren Willen zu jenem Stummel- und Stamm-
meldeutsch umzuerziehen, das geschlechtergerecht sein soll und
nur sinnwidrig ist.«

Die Affäre ist entlarvend, weil sie drei Säulen der Macht in Deutschland beleuchtet: erstens das Parteienkartell, aus dem lediglich ein
Bundesland auszuscheren wagte; zweitens die mit mehr als 8 Milliarden Euro jährlich finanzierten Sender, die die Botschaft dieses

Kartells unter das Volk bringen und zusammen mit ihm einen politisch-medialen Komplex bilden; und drittens das Bundesverfassungsgericht, das die Machtverhältnisse – wieder einmal – legitimiert.

Von einem Kartell zu sprechen klingt unfreundlich, schließlich sind Kartelle in der Wirtschaft verboten, weil sie den Kunden schädigen. Den Begriff »Kartellparteien« verwenden aber auch Politikwissenschaftler wie Richard Katz und Peter Mair. Ihr Kennzeichen sei das gemeinsame Interesse der politischen Klasse, die eigene Existenz zu sichern und zu verbessern. Professor Hans Herbert von Arnim beschrieb in *Die Hebel der Macht*, wie die Parteiführer nach einer Wahl miteinander auskungeln, wer mit wem koaliert und warum es sich keine Partei mit der anderen verderben darf, damit man in alle denkbaren Richtungen koalitionsfähig bleibt.

Selbst die Linkspartei wird im Staatsfernsehen trotz ihrer Enteignungsfantasien wohlwollend und fast wie ein Teil des Kartells behandelt, ist aber aus außenpolitischen Gründen nur bedingt koalitionsfähig, weil sie Pazifismus predigt und von der NATO nichts hält. Die AfD bleibt ausgegrenzt, weil der in die Postdemokratie abdriftende Parteienstaat einen Feind und Sündenbock braucht. Dementsprechend werden in ARD und ZDF Interviews mit AfD-Politikern nicht als Gespräche, sondern als Verhöre inszeniert.

Wesentliches Merkmal eines Rechtsstaates ist die Gewaltenteilung. Zwischen den Medien als vierter Gewalt und der Politik ist sie in großen Teilen nicht mehr vorhanden, zwischen Bundesregierung und Bundestag nahezu aufgehoben, zwischen Exekutive und Judikative teils intakt, teils ausgehöhlt. (Erwähnt werden muss aber auch, dass es noch Zeitungen gibt, die den Regierenden auf die Finger schauen wie etwa *Bild, Die Welt* oder die NZZ und dazu alternative Medien in privater Hand.)

Auch das Bundesverfassungsgericht ist Objekt der für den Parteienstaat typischen Ämterpatronage. Die Verfassungsrichter werden je zur Hälfte von einem Ausschuss des Bundestages (also nicht etwa öffentlich im Plenum) und vom Bundesrat gewählt. Nur je drei Richter der beiden Senate müssen von einem anderen Bundesgericht kommen. Die übrigen zehn brauchen keine richterlichen Erfahrungen mitzubringen. Es genügt, dass sie die Befähigung zum Richteramt haben. So war es möglich, dass Peter Müller, der frühere CDU-Ministerpräsident des Saarlandes, mit einer Stelle in Karlsruhe versorgt wurde, oder dass Stephan Harbarth, früher stellvertretender Fraktionsvorsitzender der CDU im Bundestag und ein Mann Merkels, zum Vorsitzenden des Ersten Senats und zum Präsidenten des Verfassungsgerichtes aufsteigen konnte, wo er jetzt dieselbe Legislative kontrollieren soll, der er selbst angehört hat. Dass er wegen der Verwicklung seiner Kanzlei in die berüchtigten Cum-Ex-Geschäfte und wegen seiner extrem hohen Nebeneinkünfte als Abgeordneter früher ins Gerede gekommen war, spielte keine Rolle.

Selbst die Grünen gingen im Zuge des Postenschachers nicht leer aus. Auf deren Vorschlag hin wurde Susanne Baer nach Karlsruhe befördert, eine Lehrstuhlinhaberin für Öffentliches Recht und Geschlechterstudien und Chefin eines aus Steuermitteln finanzierten »GenderKompetenzZentrums«.

Dass Karlsruhe manchmal dazu neigt, im Sinne der etablierten Parteien und der Staatsideologie zu urteilen, wurde auch am 24. März 2021 deutlich mit dem Entscheid zum Klimaschutzgesetz. Eine mündliche Verhandlung fand nicht statt, Betroffene wie die Wirtschaftsverbände wurden nicht angehört, divergierende Meinungen von Wissenschaftlern nicht eingeholt. Das Urteil lag vollständig auf der Linie von »Fridays for Future«. Die Verfassungsrichter lieferten wie bestellt.

Unbelastet von jedem Sachverstand schrieben sie ganz einfach die utopischen Klimaziele der grünen Lobby in ihren Beschluss und verurteilten die deutsche Industrie, ohne sich dessen bewusst zu sein, zu kollektivem Selbstmord. Bis sich herausstellt, dass die Vorgaben aus Karlsruhe unrealisierbar sind, werden sie immensen Schaden angerichtet haben. Das deutsche »Kohlenstoffbudget«, von dem die Richter fabulierten, nannte Professor Hans-Werner Sinn in seiner Weihnachtsvorlesung 2022 »einfach Quark«. Das gebe es nicht. Den Karlsruher Spruch nannte er »eines der komischsten Urteile«. Weniger komisch war der Umstand, dass die Verfassungsrichterin Gabriele Britz mit dem Frankfurter Grünenpolitiker Bastian Bergerhoff verheiratet ist und dass dieser bereits im Dezember 2020 Sätze zum Klimaschutz veröffentlicht hatte, die später fast wortgleich im Karlsruher Urteil wieder auftauchten. Darunter die Berechnung des angeblichen CO_2-Budgets, das Deutschland noch zur Verfügung stehe.

Auch ein deutscher Sonderweg: Der Verfassungsschutz

In den späten Jahren der Ära Merkel wurden dann auch noch die Geheimdienste auf Linie gebracht. Ausgewechselt wurden die Chefs des BND, des Militärischen Abschirmdienstes und des Bundesverfassungsschutzes. Während alle Staaten Geheimdienste unterhalten, handelt es sich beim Verfassungsschutz um eine deutsche Besonderheit. Etwas Vergleichbares existiert in keinem anderen westlichen Land. Das Bundesamt geht zurück auf ein Schreiben der drei Militärgouverneure der westlichen Besatzungszonen vom

14. April 1949 an den Parlamentarischen Rat. Darin wurden die Aufgaben des künftigen Dienstes wie folgt beschrieben: »Der Bundesregierung wird ebenfalls gestattet, eine Stelle zur Sammlung und Verbreitung von Auskünften über umstürzlerische, gegen die Bundesregierung gerichtete Tätigkeiten einzurichten. Diese Stelle soll keine Polizeibefugnisse haben.« Letzteres gilt bis heute: Der Verfassungsschutz darf niemanden festnehmen und einsperren.

Dass Pläne und Vorbereitungen für einen Umsturz aufgedeckt und verhindert werden sollen, ist gängige Praxis in allen Regimen. Es gehört zu den Aufgaben des polizeilichen Staatsschutzes, der auch in der Bundesrepublik existiert. Der Verfassungsschutz ging jedoch im Laufe der Zeit immer weiter über das Mandat der Militärgouverneure hinaus. Er begann, jährliche Berichte zu veröffentlichen – eigentlich paradox, weil die Tätigkeit eines Geheimdienstes definitionsgemäß geheim bleiben sollte. Er begann, öffentlich zugängliche Meinungen aus Reden und Druckerzeugnissen zu bewerten, an denen nichts geheim war. Und er ließ sich schließlich von den herrschenden Parteien instrumentalisieren, selbstverständlich ohne diese jemals zu überwachen, obwohl jeder Machthaber ungleich mehr Gelegenheit hat, die Verfassung zu brechen als eine Oppositionspartei.

So rückte Thomas Haldenwang nach einer typischen Beamtenkarriere beim Innenministerium und ab 2009 beim Bundesamt für Verfassungsschutz am 15. November 2018 an die Spitze der Behörde, nachdem die SPD die Entlassung von Hans-Georg Maaßen durchgesetzt hatte. Zur Person Haldenwang, zu seinem Apparat und generell zur Umwandlung der Kulturnation Deutschland in einen multikulturellen Ideologiestaat hat Professor Martin Wagener mit *Kulturkampf um das Volk* ein materialreiches Standardwerk vorgelegt. Wagener ist Professor für Politikwissenschaft am

Fachbereich Nachrichtendienste der Hochschule des Bundes für öffentliche Verwaltung. Das erklärt den Vorzug seiner Arbeit gegenüber anderen Publikationen: Er weiß, wovon er redet. Martin Wagener verließ sich auf das Grundrecht der Meinungsfreiheit – und zahlte einen hohen Preis: Haldenwang rächte sich. Der Verfassungsschutz prüfte das Buch und bewertete einzelne Passagen als »extremistisch«. Im Mai 2022 wurde die Lehrtätigkeit Wageners in Berlin auf Anordnung von oben beendet.

Wagener konnte nachweisen, dass der neue Verfassungsschutzpräsident den eigentlichen Auftrag seiner Behörde – die Bekämpfung des nachweisbaren Extremismus – weit überschreitet; dass Haldenwang Deutungsrahmen, Narrativ und Assoziationen des Parteienkartells übernimmt; dass er sich in den »Kampf gegen rechts« einreiht und selbst »Europa-Skepsis« als typisch für Extremisten einordnet. Auch benutzt Haldenwang die Begriffe »rechts« und »rechtsextrem« synonym, so als ob die rechte Seite im Parlament leer zu bleiben habe. Er hält es für eine Verschwörungstheorie, dass das Deutsche Reich 1945 nicht untergegangen sei – dabei ist die Bundesrepublik laut Rechtsprechung des Bundesverfassungsgerichtes mit dem Reich als Völkerrechtssubjekt identisch. Und er macht den »Rechtsextremisten« zum Vorwurf, den 8. Mai 1945 nicht als »Tag der Befreiung« zu bezeichnen – eine Wortwahl, die auch von Konrad Adenauer und den damals maßgebenden Politikern vermieden wurde. Am 15. Januar 2019 erklärte Haldenwang die AfD zum »Prüffall«, was ihm am 26. Februar 2019 vom Verwaltungsgericht Köln untersagt wurde – Prüffall und Verdachtsfall als Surrogate für ein, wie er weiß, nicht durchsetzbares Parteiverbot, jedoch mit abschreckender Wirkung auf ängstliche Wähler.

Es dauerte, aber schließlich begriffen auch CDU und CSU, wessen Lied Haldenwang singt. Am 23. Dezember 2022 erschien in der

New York Times, dem Leitorgan der westlichen Wertegemeinschaft, ein auffallend wohlwollendes Porträt des deutschen Verfassungshüters. Er wurde vorgestellt als der Mann, der die deutsche Demokratie schützt. Aufgewertet wurde der Text mit einem Foto, das Haldenwang auf einer Podiumsdiskussion vor jungen Leuten auf dem Hambacher Schloss zeigte – ausgerechnet dort, wo sich deutsche Patrioten 1832 versammelt hatten, um Freiheitsrechte von der Obrigkeit einzufordern. Ausgerechnet an diesem Ort stellte sich Haldenwang vor die linksradikalen Klimaaktivisten der »Letzten Generation«. Er bagatellisierte deren Aktionen wie die Beschädigung von Gemälden und die Behinderung des Verkehrs. Ja, sie begingen Straftaten, sagte er, aber letztlich hätten sie doch Respekt vor der Demokratie: »Die sagen ›He, Regierung, ihr habt so lange geschlafen! Ihr müsst jetzt mal was tun!‹«

Respekt vor der Demokratie könne er bei der »Letzten Generation« nicht erkennen, konterte der bayerische Innenminister Joachim Herrmann. Sein nordrhein-westfälischer Kollege Herbert Reul (CDU) warnte Haldenwang davor, die Bewegung zu unterschätzen. Ins Nest gesetzt hatte das Kuckucksei freilich eine CDU-geführte Bundesregierung, nämlich die unter Angela Merkel.

Mehr Demokratie wagen: Das Modell Schweiz

Um die Verhältnisse in Deutschland einzuordnen, hilft ein Blick auf die Schweiz. Dort hat sich seit dem 19. Jahrhundert ein politisches System herausgebildet, das dem Ideal der Demokratie am nächsten kommt. Der Begriff Volk ist dort nicht tabuisiert, er wird ganz selbstverständlich von allen politischen Akteuren in den Mund genommen.

Die Architektur der Macht unterscheidet sich grundlegend von der in Deutschland. Ein Regierungschef mit den Attitüden des Alleinherrschers ist weder vorstellbar noch institutionell möglich. Damit wird willkürlichen Politikwechseln, wie sie für die Ära Merkel typisch waren, ein Riegel vorgeschoben. Der Bundesrat, die Exekutive, besteht aus lediglich sieben Mitgliedern, die den größeren Parteien angehören. Seit Längerem haben die nationalkonservative SVP, die Sozialisten und die Liberalen je zwei Sitze und die ehemaligen Christdemokraten einen. Sie arbeiten nach dem Kollegialprinzip. Der Vorsitz im Bundesrat wechselt jährlich; schon deswegen spielt der Regierungschef, der eigentlich keiner ist, nur die Rolle eines Primus inter Pares. Seine Kompetenzen sind ohnehin begrenzt. Irgendwelche Koalitionsausschüsse oder Parteigremien können dem Bundesrat keine Weisungen erteilen – eine klassische Gewaltenteilung zwischen Regierung und Parlament, die in der Bundesrepublik nur noch in Umrissen erkennbar ist. Die sieben Bundesräte werden vom Parlament gewählt. Sie sind während der Legislaturperiode nicht absetzbar, und in der Regel wird ihnen die Wiederwahl nicht verweigert.

Das letzte Wort aber gebührt dem Volk. Es kann auf dem Weg des Referendums jedes Gesetz nachträglich kippen. Und es kann per Initiative jederzeit etwas Neues fordern und durchsetzen, sofern die Mehrheiten zustande kommen. Angenommen wurden zum Beispiel 2009 die Volksinitiative gegen den Bau von Minaretten und 2014 die Volksinitiative gegen Masseneinwanderung. Dem Parlament obliegt dann nur die Entscheidung, ob das Begehren des Volkes im Rahmen der Verfassung bleibt.

Aus der Logik der Volkssouveränität ergibt sich, dass die Schweiz kein Verfassungsgericht kennt. Es könnte sich ja – ganz nach deutschem Muster – über den demokratischen Souverän und über die von ihm gewählte Legislative hinwegsetzen. Ebenso wenig existiert in der Eidgenossenschaft ein Bundesamt für Verfassungsschutz, das die Neigung entwickeln könnte, Meinungen zu zensieren und missliebige Parteien an den Pranger zu stellen. Für die Abwehr von Spionage und umstürzlerischen Aktivitäten ist wie in jeder anderen westlichen Demokratie ein Inlandsgeheimdienst zuständig. So reduziert das Schweizer Modell die Gefahr der Machtkonzentration und der Machtanmaßung der Eliten auf ein Minimum.

In Deutschland dagegen lassen sich zwei Behörden, Verfassungsschutz und Verfassungsgericht, dazu instrumentalisieren, das Parteienkartell und eine spezifische Ausprägung von Demokratie abzusichern und vor Konkurrenten zu schützen. Beschädigt wird dabei die freiheitlich-demokratische Grundordnung.

Nicht einmal über einen so grundlegenden Souveränitätsverzicht wie die Einführung des Euro, der gleichzeitig in die Eigentumsrechte aller eingriff, wurde ein Referendum zugelassen. Die Folge ist eine um sich greifende Politikverdrossenheit, die sich aus den demokratischen Defiziten erklärt, nicht etwa aus einer Abkehr vom Prinzip der Demokratie. Bei den Bundestagswahlen 1983 konnten CDU und CSU mit 48,8 Prozent noch fast die Hälfte der Wähler hinter sich versammeln. 2021 waren es gerade noch 24,1 Prozent. Ähnlich miserabel schnitt die SPD ab. Wer mit wem koalieren würde, blieb dem Wähler bis zum Abend der Stimmenauszählung am 26. September 2021 verborgen. Er hatte die Katze im Sack gekauft. Am Ende kam eine rot-grün-gelbe Regierung zustande, obwohl die nicht zum linken Spektrum zählenden Parteien die Mehrheit im Bundestag stellten. Sind die Wahlen erst einmal vorüber, haben die Wähler wieder zu schweigen. Verständlich, dass die politische Klasse Deutschlands und die der EU sich mit einem Schweizer Modell nicht anfreunden können.

Kapitel 3
Propaganda

Fallstudie Maaßen:
Wie jemand gehen musste, weil er nicht lügen wollte

Es war ein surrealer, in der Geschichte der Bundesrepublik einzig-
artiger Vorgang: die Affäre um Hans-Georg Maaßen, seit 2012 Präsident des Bundesamtes für Verfassungsschutz.

Der Auftakt des Dramas fiel auf den 26. August 2018, als am Rande
eines Stadtfestes in Chemnitz der Deutsch-Kubaner Daniel Hillig
von Asylbewerbern durch Messerstiche getötet und zwei weitere
Männer schwer verletzt wurden. Die Geschichte endete am 5. November 2018, als Maaßen von Innenminister Horst Seehofer in den
einstweiligen Ruhestand versetzt wurde.

Dass die Ereignisse, die sich seitdem um die Chiffre Chemnitz ran-
ken, etwas mit Propaganda zu tun haben könnten, erschließt sich
nicht auf den ersten Blick. Und doch eignen sie sich hervorragend
für eine erste Fallstudie zum Thema. Wie sonst hätte es sein können, dass die FAZ noch am 13. September 2018 meldete: »In der
Sicherheitsgemeinde ist man sich weitgehend einig: Einen so guten
Präsidenten wie Maaßen habe der Verfassungsschutz lange nicht
gehabt, wenn denn überhaupt schon.« Um dann später, am 21. Februar 2020, zu dem Schluss zu kommen: »Der Haken bei Maaßen
ist, dass er bloß noch rechtsextrem ist.« Der FAZ-Autor namens
Edo Reents fügte hinzu: »Man muss gar kein Verschwörungstheo-
retiker sein, um der Auffassung zuzuneigen, dass mit einem Land,
in dem so ein Mann Verfassungsschutzpräsident sein konnte und
hinterher fast noch zum Staatssekretär befördert worden wäre, etwas nicht stimmen kann.«

Dass Maaßen, ein beamtenmäßig trockener und zur Polemik un-
fähiger Mann, zum Paria werden konnte, hatte mit einem 19 Se-

kunden langen Video zu tun, dessen Urheber im Dunkeln blieben. Sie nannten sich »Antifa-Zeckenbiss«. Auf dem Filmchen ist zu sehen, wie eine Person von anderen Personen über eine Strecke von 5 bis 7 Metern verfolgt wird. Der Anlass, vermutlich eine vorausgegangene Auseinandersetzung, ist nicht erkennbar.

Einen Tag später, am 27. August, begab sich Regierungssprecher Steffen Seibert zur Bundespressekonferenz und erklärte den versammelten Journalisten: »Was gestern in Chemnitz zu sehen war und stellenweise auf Video festgehalten wurde […] das hat in unserem Rechtsstaat keinen Platz. Solche Zusammenrottungen, Hetzjagden auf Menschen anderen Aussehens und anderer Herkunft – das nehmen wir nicht hin.« Die Version muss mit der Kanzlerin abgestimmt gewesen sein. Am nächsten Tag erklärte Angela Merkel höchstpersönlich: »Wir haben Videoaufnahmen darüber, dass es Hetzjagden gab.«

Der Begriff stammt aus der Jägersprache. Hetzjagden sind in Deutschland verboten. Bei dieser Jagdtechnik wird das Wild zu Fuß oder mit einem Fahrzeug verfolgt und gehetzt, bis es tot zusammenbricht. Hetzjagden, bei denen keine Schusswaffen zum Einsatz kommen, sind in der Kultur der San gebräuchlich, einem indigenen Volk im südlichen Afrika. Sie dauern manchmal einen ganzen Tag lang. Das Wild wird so getrieben, dass es keine Wasserstellen erreicht und schließlich vor Durst zu Boden geht.

Am Freitag, dem 3. September, gab Maaßen der *Bild* ein Interview, das ihm letzten Endes den Kopf kosten sollte. Es lägen »keine belastbaren Informationen« darüber vor, sagte er, dass tatsächlich Hetzjagden stattgefunden hätten. Er wagte es mithin, der Kanzlerin zu widersprechen. Noch am gleichen Tag forderten Politiker von SPD, von den Grünen und der Linkspartei Maaßens Rücktritt oder

Entlassung. Er betreibe »das Geschäft der rechtsradikalen Verfassungsfeinde« und gebe den »AfD-Versteher«, äußerte sich Linkspartei-Chefin Katja Kipping. Tatsächlich hatte sich Maaßen stets auf den Standpunkt gestellt, dass es sich bei der AfD in ihrer Gesamtheit nicht um eine rechtsextreme Partei handle, auch wenn einzelne Mitglieder vom Verfassungsschutz beobachtet würden. Außerdem hatte er sich so wie Innenminister Seehofer und führende Personen anderer Sicherheitsbehörden kritisch über Merkels Flüchtlingspolitik geäußert.

Ebenfalls am 3. September erklärte Seehofer, Maaßen habe sein volles Vertrauen. Er als Innenminister verfüge über denselben Informationsstand wie der Präsident des Verfassungsschutzes. Auch in einer Medieninformation der Polizeidirektion Chemnitz vom 26. August war zwar von »Personenansammlungen« die Rede, nicht aber von »Hetzjagden« oder »Zusammenrottungen«. Dann meldete sich auch noch der sächsische Ministerpräsident Michael Kretschmer zu Wort: »Klar ist: Es gab keinen Mob, es gab keine Hetzjagd, es gab keine Pogrome.« Worte, die in den Wind gesprochen waren. Merkel und die Linksparteien setzten sich durch, Seehofer musste Maaßen entlassen, nachdem er vergeblich versucht hatte, den missliebigen Geheimdienstchef in seinem Ministerium unterzubringen.

Definitionen im Wandel der Zeit:
Herder 1907, Brockhaus 1941 und 1992, Jacques Ellul 1962

Bleibt zunächst festzuhalten, dass eine erfundene Version der Chemnitzer Ereignisse mit Hilfe der Medien zur Wahrheit erklärt und im öffentlichen Bewusstsein verankert werden konnte. Das scheint einem Grundsatz erfolgreicher, professioneller Propaganda zuwiderzulaufen, nämlich der Handlungsanweisung, auf Lügen zu verzichten, die widerlegt werden können. Dass Propaganda immer oder in der Regel lügt, ist ein weitverbreitetes Missverständnis. Wie übrigens auch die Annahme, Propaganda sei für totalitäre Regime charakteristisch, nicht aber für demokratische.

Wie alles unterliegt auch sie dem Wandel der Zeit. Sehr knapp ist der Eintrag in *Herders Konversations-Lexikon* aus dem Jahr 1907. Dort wird Propaganda als »Ausbreitung religiöser oder politischer Lehren und Grundsätze« definiert. Ausführlich erwähnt wird nur die Propagandakongregation des Vatikans. Im Lexikon findet sich zudem die »Propaganda der That« unter dem Stichwort »Anarchismus«, der im 19. Jahrhundert manchen Herrscherhäusern zu schaffen machte. Dass das Kaiserreich nach 1914 Kriegspropaganda betreiben würde, die normalerweise ganz anders gestrickt ist als Propaganda in Friedenszeiten, konnte 1907 niemand ahnen. Sie war freilich der skrupelloseren, besser organisierten Kriegspropaganda des englischen Feindes unterlegen.

Im *Neuen Brockhaus* von 1941 steht kurz und bündig: »Adolf Hitler hat die Propaganda als eine der wichtigsten Waffen des politischen Kampfes erkannt und mit ihr die größten Erfolge beim Aufbau der NSDAP. (sic!) und bei der Staatsführung erzielt. Reichspropagandaleiter der NSDAP. und zugleich Reichspropagandaminister ist Dr. Goebbels.« Dann folgt ein Hinweis auf die römische Sacra Congregatio de Propaganda Fide, gegründet 1622 von Papst Gregor XV.

Dass ein Regime sich offen zur Propaganda bekennt und auf Euphemismen wie Umerziehung, politische Bildung oder Demokratieförderung verzichtet, ist eher selten. Bürger, Bourgeois, Spießer, Arbeitermörder, Journaille – das waren Lieblingsschimpfwörter des Propagandaministers, der wegen seines Klumpfußes beliebtes

Objekt böser Flüsterwitze wurde. Seinen Jargon bereicherte er gerne mit Vokabeln aus der sozialistischen Agitation. Als er seine Zeitung *Der Angriff* mit 2000 geliehenen Mark gründete, entschied er sich für den Untertitel: »Für die Unterdrückten – Gegen die Ausbeuter!«

Umfassender wird Propaganda in der *Brockhaus*-Ausgabe von 1992 abgehandelt. Wir erfahren, dass das Wort vom lateinischen *propagare* (ausbreiten, fortpflanzen) kommt und auf die bereits erwähnte päpstliche Kongregation zurückgeht. Das Lexikon definiert Propaganda als »eine Form der Werbung, besonders für bestimmte geistige Ziele und politische, religiöse, wirtschaftliche, aber auch künstlerische oder auch humanitäre Ideen; allgemein die publizistische Beeinflussung, ihre Inhalte und Methoden«. Mit dem Aufkommen der Sozialdemokratie in den 70er-Jahren des 19. Jahrhunderts sei der Begriff der Agitation für alle politischen Tätigkeiten eingeführt worden. Der Leninismus hingegen habe die Agitation der Propaganda untergeordnet, und Letztere sei als wissenschaftliche Unterweisung in revolutionärer Theorie definiert worden.

Das erklärt manches, aber nicht alles. Wer tiefer in die Materie eindringen will, muss das 2021 auch auf Deutsch erschienene Werk *Propagandes (dt.: Propaganda. Wie die öffentliche Meinung entsteht und geformt wird)* des französischen Philosophen Jacques Ellul (1912–1994) zurate ziehen. Ellul promovierte 1936 in Rechtswissenschaften, war während des Krieges in der Résistance aktiv, rettete Juden vor der Deportation und lehrte von 1944 bis 1980 als Professor in Bordeaux. Propaganda, schreibt er gleich zu Beginn seines Vorwortes, sei zu einem weitverbreiteten Phänomen der modernen Welt geworden. Er fügt hinzu: »Die Unterschiede politischer Regime fallen in dieser Hinsicht kaum ins Gewicht, die Unterschiede auf gesellschaftlicher Ebene jedoch umso mehr, vor allem, welche Rolle Propaganda im Bewusstsein der jeweiligen Nationen spielt.« Es gebe drei große Propagandablöcke auf der Welt, die sich nach ihrer systemischen Kraft, ihrem inneren Zusammenhalt sowie ihrem Wirkungsgrad unterscheiden: die Sowjetunion, China und die USA. Länder wie die Bundesrepublik oder Frankreich hätten nur schwach entwickelte Propagandaformen ausgebildet, Länder wie Argentinien oder Italien praktisch überhaupt keine mehr. Obwohl Elluls unvergleichlicher Klassiker in der französischen Originalausgabe schon 1962 erschien, hat sich an diesem Befund bisher wenig geändert. Allerdings mit Ausnahme der Sowjetunion, deren Propaganda noch global ausstrahlte, wohingegen entsprechende Bemühungen des postkommunistischen Russlands weniger Wirkung entfalten.

Ellul warnt sodann davor, sich unter Propaganda etwas Schlechtes und Böses vorzustellen, »denn um das Phänomen korrekt zu analysieren, muss man sich jeden moralischen Urteils enthalten«. Ebenso falsch sei die Vorstellung, Propaganda bestehe hauptsächlich in der Verbreitung von Falschmeldungen und Lügen. Durch diese Einschätzung sei man dazu verdammt, das Phänomen »vollends zu verkennen«. In diesem Zusammenhang verweist er auf die Methoden des Joseph Goebbels.

Während Hitler die Meinung vertrat, je umfassender die Lüge sei, desto eher könne sie geglaubt werden, fürchtete Goebbels um seine Glaubwürdigkeit. Er empfahl Exaktheit immer dort, wo Fakten überprüfbar waren. Er hasste das Wort »Propaganda« und den ihm von Hitler aufgezwungenen Ministertitel. Laut Ellul bestand ein Fünftel der Vorschriften, die Goebbels zwischen 1939 und 1944 der Presse machte, darin, Stillschweigen zu bewahren – also, etwas wegzulassen, was bis heute den Vorteil hat, dass nicht gelogen werden muss.

Die Gegner im Zweiten Weltkrieg bedienten sich fast identischer Techniken. Eine Anweisung des Oberkommandos der Alliierten Expeditionsstreitkräfte (SHAEF) besagte, dass eine Tatsache dann veröffentlicht werden solle, wenn es keinen besonderen Grund gebe, sie zu verheimlichen. Weiter: »Durchschaut der Zuhörer Ihre Lüge, schwindet deren Macht. Äußern Sie deswegen niemals eine Lüge, die aufgedeckt werden kann.« Zwischen 1939 und 1942, so berichtet Ellul, seien vor allem im neutralen Ausland die deutschen Kommuniqués für wahrer gehalten worden als die der Alliierten, weil sie konziser, klarer und schnörkellos formuliert waren und weil die Deutschen die Neuigkeiten zwei oder drei Tage früher als die Alliierten veröffentlicht hätten. Ellul vergisst freilich zu erwähnen, dass für die Wehrmachtsberichte, auf die er anspielt, nicht Goebbels, sondern das Oberkommando der Wehrmacht zuständig war.

Jemand kann eben verlogen sein, ohne dass er gewohnheitsmäßig lügt. Auch ein totalitäres System propagiert Moral und Werte – jedenfalls das, was es dafür hält. Das wohl älteste Beispiel dafür dürfte die Phase der Terrorherrschaft während der Französischen Revolution sein. Jacques Ellul fasst es so zusammen: »So lügt Propaganda zwangsläufig, wenn sie von Werten, Wahrheit, Gutem, Gerechtigkeit und Glück spricht und wenn sie Tatsachen Deutung, Färbung und Bedeutung gibt. Sie ist hingegen korrekt, wenn sie rohe Fakten präsentiert, doch erwähnt sie das bloße Faktum nur, um einen Schleier zu errichten.«

Ellul geht sogar so weit, mitten im Kalten Krieg, nämlich 1962, die USA mit der Sowjetunion zu vergleichen: »Wenn sich die USA bei jeder Gelegenheit als Verteidiger der Freiheit präsentieren, dann ist das ein System falscher Darstellung, ein System von Täuschung. Wenn sich die UdSSR als Verteidiger der wahren Demokratie ausgibt, dann ist das ein täuschendes System. Nur handelt es sich hier oftmals nicht um eine bewusst eingesetzte Lüge, sondern vielleicht um den Ausdruck einer Überzeugung guten Glaubens, der zu einer Lüge im Bereich der Absichten und Deutungen führt [...] Möglich ist, dass die USA, wenn sie Propaganda über die Freiheit betreiben, selbst glauben, diese zu verteidigen, und dass die UdSSR, indem sie sich als Verfechter der Demokratie geriert, von sich selbst das Bild hat, die Demokratie zu verteidigen. Doch diese Überzeugungen sind schlichtweg, teils aufgrund von Propaganda selbst, falsche Repräsentationen.«

Propaganda in der Demokratie: Der Aufbau des quartären Sektors

Dass demokratische, autoritäre und totalitäre Systeme gleichermaßen nicht ohne Propaganda auskommen, beinhaltet selbstverständlich kein Werturteil über diese Systeme. Richtig ist auch, dass in einer Demokratie praktizierte Propaganda schwerer zu durchschauen ist als die von Diktaturen. Warum? Weil sie sanfter und subkutan arbeitet; weil sie Zensur nicht verordnet, sondern nur empfiehlt und an andere delegiert; weil sie zwar einen undeutlich abgegrenzten Meinungskorridor festlegt, aber zugleich den Schein vollkommener Meinungsfreiheit wahrt.

Als Thilo Sarrazin seinen Bestseller *Deutschland schafft sich ab* veröffentlichte, verlautbarte Angela Merkel, sie habe das Buch zwar nicht gelesen (Abwertung 1), halte es aber für nicht hilfreich (Abwertung 2). Damit lieferte sie den Meinungsmachern eine Rezensionsvorlage – und mit der regierungsamtlichen Verdächtigung einen ungewollt verkaufsfördernden Verbotsersatz.

Demokratieübliche Propaganda ist auch deswegen schwerer zu erkennen, weil hier eine Vielzahl von Akteuren an der Arbeit ist, die jeden Propagandavorwurf entrüstet von sich weisen würden: moralaffine Lobbyorganisationen, »Aktivisten« der Zivilgesellschaft, eine mit Teilen des Parlaments kollaborierende außerparlamentarische Opposition, Presse, Rundfunk und Fernsehen und alle möglichen Meinungsschaffenden aus Gesellschaft und Kultur. Die Regierung selbst liefert dann notfalls nur noch die Stichworte und sorgt für die Finanzierung. Dem kritischen Selbstdenker bleibt allenfalls noch, auf gewisse Indizien zu achten.

Eine besonders beliebte Propagandatechnik ist das Prinzip des *pars pro toto:* Lediglich ein Ausschnitt, ein nicht repräsentativer Einzelfall wird gezeigt, nicht aber das ganze Bild. Zum Beispiel wird nicht etwa die Menge der ganz normalen Bürger ins Bild gerückt, die gegen die Coronapolitik der Regierung demonstrieren, sondern der Krawallmacher, der mitläuft. Wenn hauptsächlich junge Männer aus Afrika und dem Nahen Osten über die Grenze oder das Mittelmeer kommen, ist es zumeist die Frau mit Kindern, auf die sich der Fokus richtet. Kenner lesen ihre Tageszeitung mittlerweile unter dem Aspekt dessen, was unterschlagen wird: Wenn etwas *nicht* berichtet wird, liegt es beim Kritiker, den Vorwurf der Manipulation zu beweisen. Und wer eine TV-Talkshow, eine Art von Parlamentsersatz, einschaltet, wird feststellen, dass immer wieder dieselben Figuren auftauchen, dass Abweichler ungern eingeladen werden, und wenn doch einmal, dann als Alibigast und zwecks Vortäuschung von Ausgewogenheit. Dahinter steckt die Absicht, einen nicht vorhandenen gesellschaftlichen Konsens zu simulieren und die berüchtigte Schweigespirale in Gang zu setzen. Das nennt man Haltungsjournalismus, und es ist seitens der Akteure sogar positiv gemeint.

In der einen oder anderen Sendung, in einem bestimmten Leitartikel Propaganda zu sehen würde freilich zu kurz greifen. Gute Propaganda stellt höhere Ansprüche. »Propaganda gibt es nicht«, schreibt Ellul, »solange sie nur sporadisch und willkürlich, mal hier in einem Artikel, zwischendurch auf einem Plakat und dann dort in einer Radiosendung Verwendung findet«. Man könne nicht von Propaganda sprechen, wenn es sich nur um irgendeine zwei Wochen dauernde Wahlkampagne handle. Damit ließen sich keine Effekte erzielen. Der Aufbau von Reflexen, Mythen und Vorurteilen und einer bestimmten psychologischen Verfassung der Bevölkerung funktioniere nur über einen sehr langen Zeitraum hinweg. Ellul spricht von »unmerklicher Einflussnahme«, die durch Konstanz und Wiederholung ihre Wirksamkeit entfalte. Nicht von ungefähr sah auch »Großmeister« Goebbels in der permanenten Wiederholung das Erfolgsgeheimnis jeder Propaganda.

Ellul weiter: »Es geht darum, den ganzen und alle Menschen zu erreichen und einzubeziehen. Propaganda versucht, den Menschen durch alle möglichen Zugänge zu erfassen, sowohl durch Gefühle als auch durch Vorstellungen, durch Einwirken auf seine Absichten und seine Bedürfnisse, durch Zugriff auf das Bewusstsein und das Unbewusste, durch Eindringen in sein privates wie öffentliches Leben. Sie liefert ihm ein umfassendes Modell zur Erklärung der Welt und unmittelbare Handlungsmotive zugleich.«

Wenn wir Elluls Beschreibung mit aktueller Meinungsmache abgleichen, finden wir in der Klimapropaganda ein perfektes Beispiel. Sie begleitet uns Tag für Tag, auf allen Kanälen, in allen Medien, ja sogar in den Wetter- und Börsennachrichten, vom Kindergarten bis zur Uni. Niemand entkommt ihr. Und die permanente Wiederholung verleiht ihr eine fast unwiderstehliche Glaubwürdigkeit. Dem amerikanischen Publizisten Henry L. Mencken (1880–1956) fiel dazu Folgendes ein: »Praktische Politik hat nur einen Sinn, nämlich die breite Masse in Unruhe und Angst zu halten, sodass sie förmlich nach Sicherheit schreit. Und dazu bedroht man sie mit einer endlosen Abfolge von Schreckgespenstern, allesamt erfunden und erdacht.«

Propaganda, die wirkt, setzt immer Positionen der Macht und die Verfügbarkeit von Geld voraus. Im vorherigen Kapitel wurden drei Säulen der Macht erwähnt: das Parteienkartell, die mit Zwangsgebühren finanzierten Rundfunk- und Fernsehsender und das Bundesverfassungsgericht, das zunehmend die Machtverhältnisse legitimiert und in der Regel der von Berlin und Brüssel verfolgten Politik das Plazet erteilt. Vollständig ist die Aufzählung nicht, aber aussagekräftiger als die bereits erwähnte klassische Gewaltenteilung mit Legislative, Judikative und Exekutive.

Warum? Weil die Zuständigkeiten für die Gesetzgebung sowohl in Brüssel als auch in Berlin liegen, weil sie für die Öffentlichkeit kaum transparent sind und weil Bundestag und Landtage kein wirkliches Gegengewicht zur Exekutive (der Regierung und Verwaltung) mehr darstellen. Sie sind praktisch Bestandteile des Parteienkartells. Die Justiz bleibt weitgehend abhängig von der Regierung, abgesehen vom Verfassungsgericht, über dessen Besetzung die Parteien entscheiden, und der Staatsanwaltschaft, die politischen Weisungen unterliegt. Zweck der Gewaltenteilung ist bekanntlich die Begrenzung und Kontrolle von Macht. Denn Macht kann nur durch andere Macht eingedämmt und am Missbrauch gehindert werden.

Einen geradezu prophetischen Beitrag zur Soziologie der Macht hat der Publizist Johannes Gross (1932–1999) in seinem Buch *Phönix in Asche* geliefert. Er prägte den Begriff des quartären Sektors. Zur Erinnerung: Volkswirtschaftler bezeichnen die Landwirtschaft und den Bergbau als primären Sektor, Industrie und Handwerk als den sekundären und Dienstleistungen als den tertiären Sektor. Alle drei bieten Dinge an, die benötigt und freiwillig nachgefragt werden. Den quartären Sektor, so wie ihn Gross versteht, braucht im Grunde niemand.

Um der gesellschaftlichen Realität in der Bundesrepublik gerecht zu werden, schrieb Gross, müsse man den tertiären Sektor unterteilen: in den Bereich, dem alle sozial notwendigen und nützlichen Dienstleistungen angehören, und in einen anderen Bereich mit Dienstleistungen, nach denen auf dem Markt keine Nachfrage besteht, die aber gleichwohl bezahlt werden. Es lohnt sich, Gross ausführlich zu zitieren:

»Man denke dabei beispielweise an das Übermaß von neueren akademischen Disziplinen, für deren Absolventen es Unterbringungsmöglichkeiten in produktiven Berufen gar nicht gibt und gar nicht geben kann und die funktionslos, doch vom Staat alimentiert, durch die Gesellschaft wandern; heute gehören auch manche Theologen dazu. Ein gewisser Teil jener Studenten, die das 15. Semester hinter sich gebracht haben und zum dritten Wahlstudium übergegangen sind, rechnet sich gleichfalls hinein. Diese Gruppen bilden den quartären Sektor, der durch den Bildungsreform-Enthusiasmus vergangener Jahre zahlenmäßig sehr verstärkt wurde, nun ein beträchtliches Aggressionspotenzial beherbergt und nach sozialen Legitimationen sucht. Es ist in der Tat höchst unerquicklich für jemanden, vor sich selber eingestehen zu müssen, nicht gebraucht zu werden, nichts in der Welt zu bewegen und keinen Platz im Produktionsprozess zu finden. Da nun für die Angehörigen des quartären Sektors nirgends ein Platz vorgesehen ist, können sie sich nur einer Sache annehmen, nämlich der Gesellschaft selber, die sie indoktrinieren und verändern wollen. Der quartäre Sektor sorgt deshalb dafür, dass für alle möglichen Protestbewegungen und -gruppen ein personelles Reservoir von Leuten zur Verfügung steht, die sowohl über Zeit als auch einen hinreichenden Bestand an Grundnahrungsmitteln verfügen.«

Für das personelle Reservoir dieses Sektors, der Agitation und Propaganda zum Berufsbild gemacht hat, sorgen selbstverständlich weder Handwerker noch mittelständische Betriebe noch die Innungen. Das Reservoir speist sich aus den Universitäten und schwoll an mit dem Akademikerboom. Im Jahr 2000 waren noch 1,77 Millionen junge Frauen und Männer an den deutschen Hochschulen eingeschrieben. Zuletzt waren es fast 3 Millionen. Im Jahr 2000 trat ein Drittel der Schulabgänger ein Studium an, jetzt ist es mehr als die Hälfte.

Korrespondierend dazu ging die Zahl derer zurück, die sich für einen klassischen Ausbildungsberuf entschieden. Ende 2020 meldete das Handwerk nur noch 360 000 Lehrlinge – das waren 40 Prozent weniger als zur Jahrtausendwende. Andere Zahlen, die das Ausmaß des Fachkräftemangels erklären: Während sich heutzutage 20 000 angehende Soziologen, 23 300 künftige Sozialwissenschaftler und sage und schreibe 100 000 angehende Psychologen (dreimal mehr als im Jahr 2000!) mit einem Studium abmühen, wollen jeweils nur noch 8000 Azubis im Jahr Maurer oder Dachdecker werden.

Vom ersten Semester an trifft der quartäre Sektor in spe an den jeweiligen Lehranstalten auf ein überwältigendes Angebot. Da gibt es Lesegruppen, Workshops und Begrüßungsprogramme für Migrationshilfe, queeres Leben, gewaltbereiten Klimaschutz, Antirassismus, Antifaschismus, Anarchismus und in einem Fall sogar für libertären Kommunismus. Und wenn das Studium erst einmal abgebrochen wird, lockt eine kaum noch überschaubare Auswahl an beruflichen Chancen bei allen möglichen »zivilgesellschaftlichen« Organisationen und Lobbygruppen, die von der EU, der

Bundesregierung, den Landesregierungen und den Kommunen gefördert und finanziert werden – immer mit der beruhigenden Gewissheit, auf der richtigen Seite der Politik und der Geschichte zu stehen.

Besonders üppig dotiert ist ein Topf der Bundesregierung, der sich »Demokratie leben!« nennt. 2015 betrug das Budget des Förderprogramms noch 40,5 Millionen Euro, 2023 geht ein warmer Regen von 182 Millionen Euro auf die Nutznießer hernieder. Das Geld fließt, wie könnte es anders sein, vorzugsweise an linke und linksradikale Organisationen wie die Amadeu Antonio Stiftung, die ihren Bezug von Steuergeldern mittlerweile auf jährlich mehr als eine halbe Million steigern konnte. Da kann es schon einmal vorkommen, dass ein kleinerer Teil des Geldsegens bei Vereinen ankommt, die vom Verfassungsschutz als Gefahr für die freiheitlich-demokratische Grundordnung eingestuft werden. Bei den 600 Projekten, die allein »Demokratie leben!« betreibt, geht eben manchmal die Übersicht verloren.

Kaum jemand stört sich noch daran, dass sich die gerade herrschenden Parteien Hilfstruppen zugelegt haben, die damit befasst sind, die Propagandamaschine rundlaufen zu lassen und missliebige Meinungen zu überwachen und zu zensieren. Dabei stellt zivilgesellschaftliches Engagement, das vom Staat bestellt und bezahlt wird, einen Widerspruch in sich dar.

Umwertung der Werte: Schnell und ex nihilo funktioniert gar nichts

Zurück zu Jacques Ellul, der wie kein anderer den Mechanismus der Propaganda offengelegt hat. Er hat auch erkannt, dass wirksame Propaganda nicht von nichts ausgehen und nichts ex nihilo erschaffen kann, sondern vorhandenes Material verwenden muss. Sie muss an Aktuelles anknüpfen, ohne eine schon lange bestehende Meinung oder ein Stereotyp direkt zu attackieren. Stattdessen sollten die in einer Demokratie bereits vorhandenen Gefühle, Stimmungen und Vorstellungen stetig ausgehöhlt und ambivalent gemacht werden.

Die Abwertung der Familie, die ständige Ausdehnung staatlicher Zuständigkeiten, die Demontage der Marktwirtschaft zugunsten von Planwirtschaft, die Instrumentalisierung der Geschichte, die Ausdünnung traditioneller gesellschaftlicher Normen bis hin zur Ehe für alle und die freie Wahl des Geschlechts schon durch Kinder – all das benötigte einen jahrzehntelangen Prozess, der schließlich derart unwiderstehlich wurde, dass sich auch bürgerliche, einstmals konservative Parteien anpassten und eine Agenda übernahmen, die der politische Gegner aufgestellt hatte. Der Partei der Grünen, die erfolgreicher als andere den vermeintlichen Zeitgeist okkupiert hat, kam dabei zugute, dass sie – ganz im Sinne von Ellul – an tief verwurzelte Gefühle wie die Naturverbundenheit der Deutschen andocken und diese ausbeuten konnte. Aus dem Nichts hat sich auch hier nichts entwickelt.

Dabei fällt auf, dass die Umwertung aller Werte geografisch auf Nordamerika und Westeuropa beschränkt blieb und den größten Teil der Welt nicht erreicht hat: weder Afrika noch Asien und auch Osteuropa nur in Ansätzen, woraus der von der EU-Kommission angeheizte Kulturkampf in Ländern wie Polen und Ungarn resultiert. Einwanderer aus dem islamischen Kulturraum finden sich in der deutschen Gesellschaft schlecht zurecht, weil sie den hohen Stellenwert der Familie und der Religion mitbringen – mithin steigert sich ihre Ablehnung der Normen, die sie in Deutschland vorfinden, oft bis zur Verachtung.

Aber selbst die deutsche Gesellschaft zeigt sich in dieser Hinsicht nicht homogen. Die ideologischen Versatzstücke des linksgrünen Zeitgeistes prägen die Denkmuster der gesellschaftlichen Klassen umso mehr, je höher diese angesiedelt sind. Das zeigen alle Meinungsumfragen. Ganz oben im Konzert der öffentlichen Meinung rangiert der urbane, weltoffene, gut verdienende, moralisch bewegte, internationalistische und seinen Betroffenheitskult pflegende Akademiker. Der Arbeiter ohne Abitur und Studium erweist sich gegen Propaganda vergleichsweise immun. Das hat schon Jacques Ellul beobachtet. Eine Person, so fand er heraus, sei umso empfänglicher für Propaganda, je informierter sie ist (»will sagen, sie hat ›mehr‹, nicht ›bessere‹ Informationen«).

Ellul fährt fort: »Je weitgehender die Kenntnis politischer und ökonomischer Tatsachen, umso anfälliger, schwieriger und verwundbarer das Urteil. Der Intellektuelle lässt sich viel leichter durch eine bestimmte Art von Propaganda packen.« Denn erst die Information verschaffe der Propaganda die Grundlage an Tatsachen, ohne die gar nichts gehe. Die Leser von *Express*, *Figaro* oder *Observateur* könnten heutzutage, schrieb er 1962, als die der Propaganda am stärksten unterworfenen Leser gelten. Wenn Ellul recht hat, müsste dies auf die Gegenwart übertragen auch auf die Leser des *Spiegels*, der *Zeit* und der *Süddeutschen* zutreffen. *Totgedacht* lautet der dazu passende Titel eines Buches von Roland Baader, das der Frage nachgeht, warum ausgerechnet Intellektuelle häufig den falschen Ideen anhängen. Vom quartären Sektor, der keinen Platz im Produktionsprozess gefunden habe, sprach Johannes Gross.

Da Propaganda nie punktuell und kurzfristig sein darf, benötigt sie ein Narrativ, das als Große Erzählung zum Mythos werden kann wie beispielsweise derjenige vom Führer oder der Rasse in der Zeit des Nationalsozialismus. Gaetano Mosca, ein bereits zitierter Begründer der Elitentheorie, kommt zu ähnlichen Schlussfolgerungen. »In allen größeren Staaten von einer gewissen Kulturhöhe«, schreibt er, »rechtfertigt die politische Klasse ihre Macht nicht einfach durch deren faktischen Besitz, sondern durch gewisse in der betreffenden Gesellschaft anerkannte Lehren und Glaubenssätze«. Er nennt sie »politische Formeln«, die ein Bedürfnis der sozialen Natur des Menschen stillten, weil sich diese lieber auf Grundlage eines moralischen Prinzips regieren ließen.

Die Formeln legitimieren und befestigen die Macht der politischen Klasse. Büßen sie erst einmal Legitimität und Überzeugungskraft ein, wankt deren Stellung. Dann werden die alten Eliten entmachtet und durch neue Eliten ersetzt wie in Russland nach dem Sturz des Zaren oder während der iranischen Revolution von 1979. Auch der Populismus, eine Protestbewegung gegen das Establishment, schafft Herrschaft nicht ab. Er ist eine Erscheinung des Übergangs zwischen alten und neuen Verhältnissen und ein Katalysator des Elitenwandels.

Das Sprachregime:
Gefühlssprech, Antifaschismus, Kampf gegen rechts

»Das Terrorregime der NS-Diktatur war *auch* ein Sprachregime«, schrieb der Germanist und Philosoph Michael Esders. Hingegen sei der sich immer deutlicher abzeichnende smarte Totalitarismus »*vor allem* und primär ein Sprachregime«. Tatsächlich lässt sich nicht nur die *Lingua Tertii Imperii,* die Sprache des Dritten Reiches, beschreiben, sondern auch die Sprache der Bundesrepublik Deutschland. Sie hat sich grundlegend gewandelt. Die Sprache der 2 Jahrzehnte des Wirtschaftswunders nach dem Krieg war eine andere als diejenige, die sich irgendwann nach der Wiedervereinigung schleichend und fast unbemerkt eingenistet hat.

Der heutige Musterdeutsche setzt ein Zeichen, zeigt Zivilcourage und klare Kante, verachtet Grenzen, will sich nicht abschotten, sondern gibt sich weltoffen und tolerant. Letzteres freilich weniger gegenüber konträren Meinungen. Er hält sich für demokratisch, versteht allerdings unter Demokratie nicht so sehr ein System konkurrierender Parteien und Meinungen, sondern ganz bestimmte politische Inhalte. Dissidenten gelten als missliebig, weil sie »spalten« und den »Zusammenhalt der Gesellschaft« gefährden. Den im Grundgesetz verankerten Begriff des deutschen Volkes scheut der neue Musterdeutsche wie der Teufel das Weihwasser, glaubt aber gleichzeitig an eine Art von exklusiver Volksgemeinschaft, die Andersdenkende ausschließt. Deren Anhänger sind rechts, nationalistisch, antieuropäisch, faschistisch oder ganz einfach Nazis. Die Etiketten sind austauschbar und werden inzwischen nahezu synonym verwendet.

Einerseits wird hart ausgegrenzt, andererseits grassiert ein nerviges Gefühlssprech. Aus Flüchtlingen werden Geflüchtete und Schutzsuchende, auch wenn sie in der EU nicht mehr suchen als ein besseres Leben. Ihnen müssen Angebote gemacht werden, eine Willkommenskultur ist Pflicht derer, »die schon länger hier leben«. Ans Infantile grenzen in Gesetze gegossene Begriffe wie das »Gute-Kita-Gesetz« oder die »Respekt-Rente«. Nur selten punktet die Gegenseite mit Formeln wie »politisch korrekt«, »Gutmenschen« oder – primitiver – »Lügenpresse«. Immer geht es darum, was sagbar und denkbar ist. Sprache ist hochpolitisch. »Wie in der Politik etwas gesagt wird«, erklärte Robert Habeck, »entscheidet, was in der Politik gedacht und gemacht wird.«

So konnte die konfuse Energiepolitik der Bundesregierung nur durchgesetzt werden, weil zuvor konfus gedacht wurde. Die Erde mit ihrer Atmosphäre wurde zum Treibhaus, der Klimawandel zur

Klimakatastrophe. Aus dem Kohlendioxid, ohne das kein Leben möglich wäre, wurde ein giftiger Klimakiller.

Wenn schon Klimakatastrophe, Energiewende und der Kampf gegen CO_2 alle Kennzeichen einer langfristig angelegten Propagandakampagne aufweisen, dann lässt sich der sogenannte Antifaschismus eher als propagandistisch aufgeladene Staatsideologie identifizieren. Er häutete sich mehr als einmal. In der Epoche des Kalten Krieges zwischen Ost und West zeitweise in der Versenkung verschwunden, tauchte er wieder auf und setzte sich schließlich durch als vorherrschende Doktrin in der Blase der öffentlichen Meinung – auch dies ein deutscher Sonderweg.

In den 20er-Jahren des vergangenen Jahrhunderts waren es noch liberale und konservative Verfechter von Demokratie und Rechtsstaat, die nach der Machtergreifung Mussolinis in Italien Stellung gegen die neue faschistische Bewegung bezogen. In einer zweiten Phase sah die Kommunistische Internationale, zum Beispiel laut Beschluss vom Dezember 1933, im Faschismus die »offene terroristische Diktatur der am meisten reaktionären, chauvinistischen und imperialistischen Elemente des Finanzkapitals«. Zeitweise hielten die Kommunisten selbst die Sozialdemokratie für einen Flügel des Faschismus und bekämpften deren Anhänger als »Sozialfaschisten«. Dann kam Stalin auf die Idee der Antifaschistischen Volksfront – und in der waren auch bürgerliche, christliche und sozialdemokratische Antifaschisten willkommen.

Als die USA nach 1945 die Allianzen umkehrten, als die Sowjetunion vom Freund zum Feind mutierte, als Westdeutschland integriert und wiederbewaffnet wurde – da bot sich eine neue Doktrin an: die Doktrin des Antitotalitarismus. Damit konnten auch in Deutschland alle freiheitlichen Demokraten leben. Es wurde selbstverständlich, totalitäre Systeme jedweder Couleur abzulehnen, den gescheiterten Nationalsozialismus ebenso wie den bedrohlichen, hochgerüsteten Totalitarismus jenseits des Eisernen Vorhanges. Es war eine intellektuell saubere Äquidistanz, die aufgeweicht wurde, als die sich in den 1970er-Jahren formierende Neue Linke mit ihrer Polemik gegen den Antikommunismus erste Punkte sammeln konnte. Ein entschiedener Antikommunist wie der ZDF-Moderator Gerhard Löwenthal, jeglicher Sympathie für den Faschismus unverdächtig, wurde zunehmend angefeindet.

Bis dann der moralisch untadelige Antitotalitarismus dem moralisch dubiosen Antifaschismus mit seiner belasteten Vergangenheit Platz machen musste. Die neue, inzwischen unangefochtene Staatsideologie erlaubte es, DDR-Kritiker wie den Historiker Hubertus Knabe und andere kaltzustellen und eine aktuelle Variante der Volksfront zu etablieren. Die mit der SED rechtsidentische Linkspartei wurde salon- und koalitionsfähig.

Mit der Sozialdemokratin Nancy Faeser hat 2021 eine Antifaschistin ohne Fehl und Tadel mit dem Innenministerium eine Schlüsselstellung besetzen können. Kaum jemand kannte ihren Namen oder ihren Hintergrund, bis dann im Februar 2022 bekannt wurde, dass sie im Jahr zuvor einen Artikel im Magazin *Antifa* veröffentlicht hatte. Herausgegeben wird dieses von der »Vereinigung der Verfolgten des Naziregimes – Bund der Antifaschisten«. Laut bayerischem Verfassungsschutz ist die VVN-BdA die bundesweit größte linkextremistisch beeinflusste Organisation im Bereich des Antifaschismus. Der CDU-Innenexperte Christoph de Vries stellte denn auch die rhetorische Frage: »Wie sollen sich die Mitarbeiter der Verfassungsschutzämter fühlen, wenn ihre oberste Dienstherrin mit Verfassungsfeinden auf Tuchfühlung geht?«

Tatsache ist, dass die VVN-BdA von der DDR finanziert wurde. Nachvollziehbar, denn die DDR bezog ihre vermeintliche Legitimation aus dem Antifaschismus. Bei Nancy Faeser ist das nicht anders. In beiden Fällen handelt es sich eben nicht um einen freiheitlich motivierten Antifaschismus, sondern um die auf Stalin zurückgehende Volksfront-Variante. Um sich gegen die Kritik von CDU-Seite zu rechtfertigen, fiel der Ministerin nichts Besseres ein als zu beteuern, sie habe immer »klare Kante gegen den Rechtsextremismus« gezeigt, und im Übrigen seien die gegen sie erhobenen Vorwürfe »durchschaubar«. Damit war der Fall erledigt; sie war exkulpiert.

Das Sprachregime des Antifa-Staates, den Faeser repräsentiert und dessen Nutznießer sie mit Steuergeldern finanziert, war in voller Pracht am 16. Februar 2022 im Deutschen Bundestag zu erleben. Die Innenministerin trat anlässlich des zweiten Jahrestages der Anschläge von Hanau an das Pult und behauptete, dass Rassismus in Deutschland »zum Alltag gehört«. Sie sprach von einem »menschenfeindlichen Klima«, von »geistigen Brandstiftern« und von den »Hetzern« und ihren Unterstützern, »die Menschenhass und Rassismus auch aus unseren Parlamenten heraus verbreiten«. Dann stellte sie mehr Geld in Aussicht, um die politische Bildung und die Extremismusprävention »massiv« zu stärken. Denn: »Der Rechtsextremismus ist die schlimmste Bedrohung unserer freiheitlich-demokratischen Grundordnung.«

Zweifel an der auch von Bundeskanzler Olaf Scholz gerne vorgetragenen Litanei anzumelden blieb der NZZ vorbehalten. Sie wollte schon am 31. Dezember 2021 von Faesers Ministerium wissen, worauf die Einschätzung von der »größten Bedrohung« basiere. Das Ministerium wollte oder konnte die Anfrage nicht beantworten. Prompt erkundigte sich die NZZ bei der Bundesanwaltschaft in

Karlsruhe. Antwort: 210 neue Ermittlungsverfahren mit Bezug zum islamistischen Terrorismus im Jahr 2021 bis Ende Oktober, 10 Verfahren gegen Linksextremisten, 5 gegen Rechtsextremisten. Ähnliche Bilanz 2020: 372, 4 und 10.

Fazit: Propaganda darf faktenarm sein, sie wirkt trotzdem. Sie muss nur lange und oft genug repetiert werden.

Schwund, Verarmung, Verzicht: Der zweite deutsche Versuch, das Overton-Fenster zu verschieben

Mit Verweis auf Jacques Ellul haben wir bereits herausgearbeitet, dass eine Propagandaerzählung kontinuierlich sein muss, dass sie von vornherein eine gewisse Akzeptanz voraussetzt, dass sie nicht willkürlich und über Nacht in die Welt gesetzt werden kann. Das wusste schon Edward Bernays (1891–1995), der mit *Propaganda* 1928 ein Standardwerk zur Public Relations vorlegte. Er schrieb, dass sich Kaufwiderstände von Kunden nur schwer mit einem Frontalangriff brechen lassen.

Das sogenannte Overton-Fenster besagt im Grunde dasselbe. Der Anwalt und Politikberater Joseph P. Overton (1960–2003) verortete politische Ideen auf einer Skala, die von undenkbar, radikal, akzeptiert, sinnvoll und populär bis zum idealen Stadium reichte, wo sie Teil der aktuellen Politik werden. Die Politik, so Overton, könne nur Vorschläge durchsetzen, die sich im Rahmen des Akzeptablen befänden. Allerdings könne dieses »Akzeptanzfenster« in die gewünschte Richtung verschoben werden.

Genau daran arbeitet die Bundesregierung spätestens seit der Ära Merkel. Vor langer Zeit einmal war der Antitotalitarismus akzeptiert und Teil der aktuellen Politik, heute sind es der Antifaschismus und der Kampf gegen rechts. Der habe sich zu einer Art von Volkssport entwickelt, schrieb die NZZ am 10. Juli 2019. Jeder bürgerliche Demokrat sei ein potenzieller Nazi, jeder Linksextremist ein guter Kerl. Der Volkssport hat längst skurrile Züge angenommen. Omas gegen rechts, Kiffen gegen rechts, Saufen gegen rechts, Kuscheln gegen rechts – das sind keine Erfindungen, solche Initiativen gibt es wirklich. Die NZZ weiter: »Wer zuerst ›rechts!‹ ruft, steht schon einmal auf der richtigen Seite. Dabei benennt der Begriff ›rechts‹ eigentlich nur die Tatsache, dass es Demokraten gibt, die nicht links sind, zum Beispiel freisinnig, libertär, konservativ oder liberal ohne Linkszusatz.«

Dann hat sich mit dem Einmarsch der russischen Armee in die Ukraine am 24. Februar 2022 etwas ereignet, das sämtlichen Propagandalehrbüchern zu widersprechen scheint: der Versuch tonangebender Medien, das Overton-Fenster von heute auf morgen auf der Skala zu verschieben und vorher Undenkbares zum Bestandteil der aktuellen Politik zu erklären. Ob das Erfolg hat, muss sich erst noch erweisen. Jedenfalls ist es eine Analyse wert.

Immerhin kann die Strategie anknüpfen an den Krieg, an die antirussische Stimmung und an die von den Demoskopen ermittelte Bereitschaft der Deutschen, Opfer zu bringen, um der bedrängten Ukraine beizustehen. In der FAZ vom 17. März 2022 störte sich der Autor Claudius Seidl allerdings daran, dass die *Bild* als Stimme des Volkes einerseits härtere Sanktionen gegen Russland forderte und andererseits niedrigere Preise für Ölprodukte und Erdgas. So geht es nicht, dachte Seidl wohl und verkündete: »Wir werden auf Wohlstand verzichten müssen.« Nicht ein bisschen, sondern wirklich verzichten auf »Wohlstand, Einkommen, Eigentum«. Ein Minus von 10 oder 15 Prozent des eigenen Einkommens könnte es »ganz gut« sein. Dann müssten aber auch, so Seidl, die Folgen des Verzichts und der Armut umverteilt werden. Unter dem Strich also ein sozialistisches und, mehr noch, masochistisches Programm: sich selbst schaden, indem man der Ukraine hilft, und anschließend den Schaden umverteilen. Allein, der Schwund und die Verarmung, empfahl Seidl, dürften nicht »lustfremd« sein – müssen sie auch nicht, masochistische Praktiken sind ja angeblich mit Lust verbunden.

Andererseits: Wirklich neu ist diese schwer zu vermittelnde Agenda nicht, sie ist sogar ziemlich alt. Seit dem Erscheinen des Weltbestsellers *Die Grenzen des Wachstums* im Jahre 1972 propagiert ein globales Netzwerk Verzicht auf Wirtschaftswachstum, Minderung des Lebensstandards und Einschränkungen aller Art. Sogar die Deindustrialisierung Deutschlands wurde offen oder versteckt Bestandteil der sich progressiv gebenden grünen Bewegung. Selbst deren marxistischer Bodensatz scheint manchmal durch. Es sind immer wieder dieselben Stichworte, die an den verschiedensten Stellen auftauchen. So wurde auf der Homepage des Word Economic Forum (WEF) im November 2016 ein Szenario für das Stadtleben im Jahr 2030 entwickelt. »Ich besitze nichts«, hieß es da, »ich besitze kein Auto. Ich besitze kein Haus […] das mag Ihnen seltsam vorkommen, aber es ergibt vollkommen Sinn für uns in dieser Stadt.«

6 Jahre später, am 17. März 2022, titelte die FAZ: »So geht es auch ohne Privatauto.« Um die Verkehrswende in einer Stadt wie Hamburg zu bewerkstelligen, war da zu lesen, sollten möglichst viele der knapp 800 000 Privatautos in der Hansestadt ersetzt werden. Und zwar mit Sammeltaxis. Deren Benutzung sei zwar teurer als die eines eigenen Fahrzeuges, die Speicherung der Bewegungsdaten jedes Kunden sei unvermeidbar und überhaupt müssten die Nutzer auch einen Teil ihrer Privatsphäre abgeben. Aber: »Die aktuelle

Energieunsicherheit schafft für Versuche dieser Art eine neue Dringlichkeit.«

Die Methode ist immer dieselbe: Jede neue Krise wird als Chance verstanden, jeder neue Notstand als Anreiz, die Anstrengungen zu verstärken. Eine Umkehr ist ausgeschlossen. Als der Euro in den Jahren nach der Finanzkrise von 2008 zu scheitern drohte, wurde nicht etwa die Konsequenz gezogen, zu den Verträgen zurückzukehren oder die Währungsunion zu verkleinern und zu reformieren. Nein, das Ganze wurde stattdessen zur Schuldenunion ausgebaut. Angela Merkel verkündete: »Scheitert der Euro, scheitert Europa«, ein Satz ohne Sinn.

Als im Frühjahr 2022 wegen des Krieges in der Ukraine und vor allem wegen der westlichen Sanktionen Öl, Benzin und Gas sehr teuer wurden, überdachte die Regierung nicht etwa frühere Fehlentscheidungen wie das Abschalten der Atomkraftwerke. Stattdessen wurde die Umstellung von preiswerter konventioneller auf teure erneuerbare Energie sogar noch forciert – begleitet von der Aufforderung, Opfer zu bringen und auf Wohlstand zu verzichten. Die Propagandablöcke – Konsumverzicht, Klimakatastrophe, Energiewende, Verkehrswende und Krieg – wurden miteinander verknüpft. Der Kurs wurde verschärft. Die Rechte auf Eigentum und Freiheit wurden zur Disposition gestellt. Natürlich verschwindet mit dem eigenen Auto ein Stück Freiheit. Natürlich wird in individuelle Rechte eingegriffen, wenn der Einbau von Gasheizungen sowohl in Neu- als auch in Altbauten verboten werden soll, vielleicht schon 2024.

So wird der Raum des Zumutbaren systematisch erweitert, während der des Sagbaren systematisch eingeengt wird. Die Verarmung wird dem Bürger unter dem Vorwand eines guten Zwecks schmackhaft gemacht. Erst werden die öffentlichen Kassen geplündert, dann die privaten. Die historischen Spuren des Sozialismus, der nichts anderes ist als Staatswirtschaft und ein oktroyierter Meinungskorridor, müssen schrecken. Alle derartigen Experimente endeten in der Überschuldung. Am Schicksalstag des 9. November 1989, als das Politbüro-Mitglied Günter Schabowski nach 18:00 Uhr vor der Weltpresse die Öffnung der Mauer verkündete, tagte zeitgleich im Gebäude der ehemaligen Reichsbank am Werderschen Markt das Zentralkomitee der SED. Günter Ehrensperger, im ZK zuständig für Planung und Finanzen, schockierte die Genossen mit dem Bekenntnis: »Wir haben mindestens seit 1973 Jahr für Jahr über unsere Verhältnisse gelebt und uns etwas vorgemacht. Es wurden Schulden mit neuen Schulden bezahlt. Um aus dieser Situation herauszukommen, müssen wir mindestens 15 Jahre hart arbeiten und weniger verbrauchen, als wir produzieren.«

Wenige Tage vor dem 9. November war der SED-Führung eine »Geheime Verschlusssache« zugegangen, verfasst von SED-Planungschef Gerhard Schürer. Er empfahl »eine Senkung des Lebensstandards um 25–30 Prozent«. Fast schon tröstlich, dass Claudius Seidl sich mit einer Minderung von 10 oder 15 Prozent zufriedengeben würde.

Kapitel 4
Klima

Der Ökologismus als Ersatz für den Sozialismus: Vom Club of Rome zum Weltklimarat

Die seit der Konferenz von Rio de Janeiro 1992 vorangetriebene Klima- und Energiepolitik der westlichen Staaten, allen voran Deutschlands, bietet sich an als faszinierendes Studienobjekt für kritische Zeitgenossen. Warum? Weil sie den Übergang von der Markt- zur Planwirtschaft markiert. Weil sie immense, gleichwohl versteckte Kosten verursacht und verursachen wird. Weil sie als Projekt international vernetzter Eliten Geld, Einkommen und Wohlstand umverteilt – von unten nach oben. Weil sie keineswegs nur als ökonomisches, sondern auch als gesellschaftliches Großexperiment, als »Große Transformation« konzipiert ist. Weil sie die Art, wie wir leben, grundlegend ändern wird. Weil sie eine epochale Zäsur darstellt, vergleichbar mit der industriellen Revolution des 19. Jahrhunderts. Weil sie alle Charakteristika eines Religionsersatzes einschließlich Apokalypse, Schuld, Sühne und Ablass besitzt. Und weil sie von einer jahrzehntelangen klassischen Propagandakampagne begleitet und durchgesetzt wird. Dies alles unter der Voraussetzung, dass sie nicht schon bald an den physikalischen, ökonomischen und politischen Realitäten scheitert und abgebrochen werden muss.

Objekt und Auslöser des Experimentes ist ein Gas, das zusammen mit Stickstoff und Sauerstoff in winzigen Mengen in der Luft enthalten ist: Kohlenstoffdioxid. Sein Anteil betrug 2020 mit leicht steigender Tendenz 410 ppm (parts per million), das heißt 410 Teile von einer Million. Anders gerechnet sind das 0,041 Prozent. Kohlendioxid ist ein farbloses, nicht brennbares, ungiftiges Gas und Endprodukt der Verbrennung von Kohlenstoff und organischen Substanzen, zum Beispiel von Erdöl und seinen Produkten, von Erdgas, Kohle und Holz. Pro Jahr betragen die Emissionen etwa 4,7 ppm, wovon über die Hälfte durch Pflanzen und Ozeane wieder absorbiert wird.

Wo also liegt das Problem? Um ein solches zu konstruieren, gründeten das Umweltprogramm der Vereinten Nationen und die Weltorganisation für Meteorologie 1988 den Intergovernmental Panel on Climate Change, abgekürzt IPCC, auch »Weltklimarat« genannt. Der Sitz dieser zwischenstaatlichen Institution befindet sich in Genf. Dem IPCC gehören neben Fachleuten aus aller Welt 195 Regierungen und rund 160 Institutionen der UNO sowie internationale und »zivilgesellschaftliche« Organisationen an, die als Beobachter akkreditiert sind. 2007 erhielt der IPCC zusammen mit dem ehemaligen US-Vizepräsidenten Al Gore den Friedensnobelpreis. Das klingt schon einmal nicht schlecht.

Ohne den IPCC gäbe es keine Energiewende, keine Klimapanik, kein Fridays for Future, keine verängstigten Kinder und nur wenige batteriebetriebene Autos auf den Straßen. Ohne den IPCC wären Diesel, Benzin und Strom billiger, als sie es heute sind. Denn die Parteien und Regierungen müssen sich bei ihren Maßnahmen schließlich auf jemanden berufen. Sie müssen sie begründen. So funktioniert eben moderne Politik. Schon Max Weber erkannte, dass die Synthese von Wissenschaft, Bürokratie und Kapitalismus die Moderne in eine Art Gefängnis verwandelt. Eine derartige Allianz von Politikern und Experten konnten wir zuletzt auch während der beiden Coronajahre erleben.

Der IPCC also arbeitet der Politik zu, indem er alle paar Jahre einen sogenannten Sachstandsbericht veröffentlicht. Der erste kam 1990 heraus, der sechste wurde stückweise 2021 und 2022 vorgestellt. Die Autoren dieser Berichte werden in einem undurchsichtigen Verfahren ausgewählt. Kritiker des Klimarates werden vorher aussortiert. Dafür dürfen ausgewählte Klimaaktivisten an den Texten mitschreiben, darunter zum Beispiel Mitarbeiter der Berliner Denkfabrik Climate Analytics, die 2008 von Leuten gegründet wurde, die Greenpeace nahestehen und von Greenpeace mitfinanziert werden. So bleibt man unter sich.

Da nun aber ein solcher IPCC-Zustandsbericht mehr als 10 000 Seiten lang ist und garantiert von keinem Bundestagsabgeordneten jemals gelesen wurde, werden regelmäßig kurze Zusammenfassungen von der Politik für die Politik produziert. Ja, diese Kurzberichte werden von Leuten aus den Regierungen beraten und verabschiedet, nicht von Wissenschaftlern. Aus denen wird dann nach Belieben zitiert. Mit Vorliebe aus den Computersimulationen, die – je nachdem, was vorher eingegeben wurde – eine globale Erwärmung von 2 oder auch 6 Prozent prognostizieren. Das wird dann von den Medien mit Wortschöpfungen wie Klimanotstand, Klimazusammenbruch oder Klimakatastrophe popularisiert. Oder mit Buchtiteln wie *So endet die Welt* oder *Unsere letzte Chance, die Menschheit zu retten.* Hans Joachim Schellnhuber, als langjähriger Direktor des Potsdam-Instituts für Klimafolgenforschung ein führender Apokalyptiker, betitelte sein einschlägiges Werk gar mit *Selbstverbrennung.*

»An einem Spätsommerabend im Jahre 1993«, ist dort zu lesen, »schrieb ich – möglicherweise – Weltgeschichte.« Warum? Weil Schellnhuber den »tollkühnen« Versuch unternommen habe, den »akzeptierbaren Bewegungsraum« der Erwärmung zu skizzieren. Seitdem sieht er sich als Mister zwei Grad, als Erfinder der Formel, die tatsächlich im Dezember 2015 in das Klimaschutzabkommen von Paris Eingang fand. Die globale Erwärmung solle, so beschlossen die Regierungen, auf deutlich unter 2 Grad Celsius, möglichst auf 1,5 Grad begrenzt werden. Die deutsche Umweltministerin

Barbara Hendricks, die zugegen war, weinte vor Glück. 2018 wurde schließlich auf einer weiteren Konferenz das 2-Grad-Ziel verbindlich festgelegt. Seitdem dürfen wir glauben, dass Politiker das Klima machen können, und niemand sonst, weder die Sonne noch Petrus.

Die von Medien und Politikern mit Blick auf das Kohlendioxid geschürte Panik ist kein neues Phänomen. Die »grüne« Bewegung hat von Anfang an Angst gepredigt und bewirtschaftet. Tatsächlich ist sie mit Untergangsfantasien groß geworden; sie wurden zu ihrem Geschäftsmodell. Erst drohte der Atomtod, dann in den 1970er-Jahren eine neue Eiszeit, und als nächstes starben die Wälder. Der sich als Nachrichtenmagazin verstehende *Spiegel* erschreckte seine Leser gar mit der Abbildung eines unter Wasser stehenden Kölner Doms. Nichts konnte so abstrus sein, dass es nicht geglaubt wurde – jedenfalls von einem Teil des Publikums. Paradoxerweise ist die Feindseligkeit gegenüber Wirtschaftswachstum und technischem Fortschritt bis heute nirgends so ausgeprägt wie in der Industrienation Deutschland. Die Stichworte und Untergangserzählungen wurden freilich schon frühzeitig von außen geliefert.

Erinnern Sie sich noch an den Bestseller *Die Grenzen des Wachstums*? Das war eine Studie über die Zukunft der Weltwirtschaft, die 1972 herauskam. Auftraggeber war der Club of Rome, verkauft wurden über 30 Millionen Exemplare in dreißig Sprachen. Das Buch schlug ein wie eine Bombe und wurde zum Katechismus einer neuen Umweltbewegung. Immerhin handelte es sich beim Gründer des Club of Rome (der sich übrigens nicht in Rom, sondern in London konstituierte) um keinen geringeren als Aurelio Peccei, den Vorstand von Olivetti und Fiat sowie Vorsitzenden des Komitees für Atlantische Kooperation, was in diesem Zusammenhang nicht unwichtig ist. Die Studie war unter Leitung von Dennis

L. Meadows am renommierten Massachusetts Institute of Technology entstanden. Solche Leute können sich nicht irren, dachte man. Solche Leute muss man absolut ernst nehmen.

Und doch war die Publikation *Die Grenzen des Wachstums* nichts anderes als »unverantwortlicher Unfug«, wie der Yale-Professor Henry C. Wallich schon am 13. März 1972 in einem Artikel für das US-Magazin *Newsweek* erkannte. Wenn Meadows und seine Kollegen recht gehabt hätten, wären die wichtigsten Rohstoffreserven schon längst erschöpft. Gold sollte demnach nur noch bis 1979 reichen, Silber bis 1983, Öl bis 1990 und Erdgas bis 1992. Jeder Geologe mit ein bisschen Erfahrung, jeder Unternehmer aus der Rohstoffbranche hätte dem Club of Rome sagen können, dass das alles grausam falsch war.

Später stellte sich heraus, dass die alarmierenden Prognosen auf bloßen Computersimulationen beruhten. Und die Autoren selbst rechtfertigten sich schließlich damit, sie hätten gar nichts vorhergesagt, sondern nur Szenarien entwickelt. Tatsächlich ist ein Szenario keine Prognose, sondern eine Gedankenübung, auch wenn sie im Gewand einer Vorhersage daherkommt und als solche verstanden wird. Wie wir sehen werden, liegen die Dinge bei den Veröffentlichungen des Weltklimarates, die nicht nur die *Bild* aufgeschreckt haben, ähnlich: Wieder handelt es sich um Computermodelle, wieder werden die Grenzen zwischen Prognose und Szenario verwischt. Immerhin war der IPCC vorsichtig genug, sich abzusichern. In seinem Bericht von 2001 findet sich das wenig bekannte Eingeständnis: »Bei der Erforschung und Modellierung des Klimas sollten wir erkennen, dass wir es mit einem gekoppelten, nichtlinearen, chaotischen System zu tun haben und dass daher langfristige Voraussagen über das künftige Klima nicht möglich sind.«

Auch für die schier unglaublichen methodischen Mängel in *Die Grenzen des Wachstums* gibt es nur eine Erklärung: Die Hintermänner der Kampagne verfolgten politische Ziele. Denn, so behaupteten die Autoren, die Katastrophe könne nur abgewendet werden, wenn das Wachstum der Weltbevölkerung gestoppt und die Industrieproduktion auf dem Stand von 1975 eingefroren werde. Nur so sei ein »Zustand weltweiten Gleichgewichtes« zu erreichen. Das meint nichts anderes als ein Programm für eine globale Planwirtschaft, die logischerweise einhergehen muss mit einer Machtkonzentration in wenigen Händen. Ausgeblendet wurde die unausrottbare Fähigkeit des Menschen, Neues zu entdecken, Altes zu verbessern und selbst die größten Herausforderungen zu meistern. Ausgeblendet wurde schon damals auch der freie Markt. »Der Ökologismus ist der Sozialismus des 21. Jahrhunderts«, erkannte der tschechische Präsident Vaclav Klaus.

Das Erstaunliche ist nun, dass Meadows und seine Mitstreiter dadurch, dass ihre 1972 veröffentlichte Studie wertlos und irreführend war, nicht etwa diskreditiert wurden. Sie aktualisierten einfach ihre Simulationen und machten wie gewohnt weiter. 1992 veröffentlichten sie *Die neuen Grenzen des Wachstums* und 2004 ein »30-Year-Update«. Seitdem soll der weltweite Kollaps im Jahr 2030 stattfinden oder auch spätestens bis 2100. Und wenn überhaupt, wäre dieser Zusammenbruch nur zu verhindern durch Bevölkerungskontrolle, Reduktion des Schadstoffausstoßes und durch politische Maßnahmen, die notwendigerweise auf eine Zwangswirtschaft hinauslaufen würden.

Wie man sieht, haben wir es hier nicht mehr mit Naturschutz zu tun, sondern mit einer Ideologie und Ersatzreligion, die sich durch den Hinweis auf Realitäten nicht im Geringsten beirren lässt. Zum Beispiel durch die Tatsache, dass in Afrika große landwirtschaftliche Flächen brach liegen und dass sich der Kontinent leicht selbst ernähren könnte, wenn die schwarzen Eliten nicht korrupt und inkompetent wären. Oder dadurch, dass immer wieder neue Rohstoffvorkommen entdeckt werden – ich könnte eine Reihe von Goldminengesellschaften aufzählen, deren Reserven im Boden seit Jahrzehnten immer nur für 10–20 Jahre ausgewiesen werden und die immer noch im Geschäft sind. Und für den Fall, dass das Öl irgendwann ausgeht, werden mit Sicherheit bezahlbare Alternativen zur Verfügung stehen. Dazu braucht es kein Regierungsdiktat. Weder das Rad noch das Penicillin, ja, eigentlich nichts wurde jemals von Politikern erfunden.

Wetterextreme: Warum jeder glaubt, dass sie zugenommen haben, und wie die Berichte zustande kommen

Nach den »Grenzen des Wachstums«, der neuen Eiszeit, die noch in den 1970er-Jahren als Schreckensszenario an die Wand gemalt wurde, dem Ozonloch und dem Waldsterben nun also die Klimakatastrophe, die seit Beginn des Jahrhunderts die Schlagzeilen beherrscht.

Am 26./27. Juni 2008 veranstaltete die Friedrich A. von Hayek-Gesellschaft in Freiburg im Breisgau eine Tagung zum Thema. Der Umweltautor Michael Miersch beklagte bei dieser Gelegenheit, dass Ideologen die Meinungsführerschaft im Umweltschutz übernommen hätten und dass Klimaschutz heute zum Synonym für Umweltschutz geworden sei. Die Überfischung der Meere und die Zerstörung der Tropenwälder nannte er wichtigere Probleme. Die in Deutschland installierten Windräder hätten kein einziges konventionelles Kraftwerk überflüssig gemacht: »Man muss sich einmal den Aufschrei vorstellen, wenn durch ein Atomkraftwerk Greifvögel geschreddert würden.« Der Fernsehautor Günter Ederer sprach von der Rückkehr des Biedermeier, von einer Hochzeit zwischen Schwarz und Grün, wodurch die Klimapolitik der CDU zu einem guten Teil erklärt würde, von dem seltsamen Handel mit Verschmutzungsrechten und den enormen Kosten, die dem Verbraucher und Steuerzahler aufgebürdet werden. Ederer präsentierte eine Grafik, die den wirklichen Zusammenhang zwischen Temperatur und CO_2 seit dem Jahr 1800 zeigte und deren Ausstrahlung im Fernsehen auf Anweisung von oben verhindert wurde. Und der Münchener Zoologe Professor Josef Reichholf räumte mit der Legende auf, dass Stürme und Überschwemmungen zugenommen hätten und Beweise für einen Klimawandel seien. Trotz eines extrem heißen Sommers 2003 habe es in Süddeutschland seit 1780 keine spürbare Zunahme der Sonnenwärme gegeben. »Zuverlässige Klimaprognosen sind noch nicht möglich«, sagte Professor Reichholf. 2020 würden weniger als 2 Prozent des globalen Energieverbrauchs auf Deutschland entfallen – ein »statistisch bedeutungsloser Anteil«. Reichholf: »Deutschland könnte aufhören zu existieren, und das Weltklima würde es nicht merken.« Und dann sein Verdacht, dass die Klimapolitiker heimlich eine Weltregierung anstreben – und die sei identisch mit einer Weltdiktatur.

Tatsächlich werden Meldungen über Wetterextreme nicht dadurch wahrer, dass sie ständig wiederholt werden. Um sie zu widerlegen, braucht man keine Computersimulationen, sondern empirische Datenreihen. Selbst der IPCC kam 2012 in einem Sonderbericht zu diesem Schluss: »Wird das Wetter extremer werden? Keine der Methoden ist bislang ausreichend weit entwickelt, als dass wir diese Frage mit Sicherheit beantworten könnten.« Professor Fritz Vahrenholt zitierte zudem den Deutschen Wetterdienst mit der Feststellung, dass es noch schwierig sei, eine Zunahme von Extremwetterereignissen in Deutschland statistisch nachzuweisen. In Österreich verlautbarte die Zentralanstalt für Meteorologie und

Geodynamik, sie könne während der vergangenen 2 ½ Jahrhunderte keinen Trend zu extremerem Wetter im Alpenraum feststellen – weder bei Hitze noch bei Starkniederschlag noch bei Stürmen. Eine andere, 1000 Jahre zurückreichende Untersuchung, die Deutschland, Frankreich und die Schweiz umfasste, kam zu dem Befund, dass sich die Häufigkeit und Schwere von Wetterextremen gleichmäßig über diesen langen Zeitraum verteilt habe.

Richtig ist aber, dass die Schäden und damit die Kosten von Hochwasser, Stürmen und Bränden zugenommen haben. Warum? Weil beispielsweise in Kalifornien zunehmend in Hochrisikogebieten gebaut wird, die früher wegen der Waldbrandgefahr gemieden wurden. Oder weil, auch in Deutschland, die Häuser zu nahe an Flüssen stehen, die bei starkem Regen immer schon Hochwasser geführt haben. Oder weil Stürme zum Beispiel in den USA ungleich größere Siedlungsgebiete in Mitleidenschaft ziehen. Bjørn Lomborg verweist in seinem Buch *Klimapanik* darauf, dass entlang des Küstenstreifens von Florida heute 67-mal so viele Menschen leben wie 1900. Wo früher im Zentrum von Miami 24 400 Häuser standen, würde ein Wirbelsturm heute eine Million Gebäude treffen. Hinzu kommt, dass das Fernsehen die Macht der Bilder nutzt, um das Narrativ der Klimakatastrophe zu nähren. Die Zuschauer sehen Verwüstungen, von denen sie früher nie erfahren hätten – ohne dass solche Ereignisse historisch eingeordnet werden. Sie sollen Stimmung machen, und das tun sie auch.

Verwirrtes Denken auch dort, wo es um Temperatur und Klima geht. Unter Klima versteht man das Wetter im 30-Jahre-Durchschnitt. »Das Klima«, so steht es im Brockhaus, »ist eine Folge der physikalischen Vorgänge, die in der Atmosphäre durch die Bestrahlung der Erde durch die Sonne in Gang gesetzt werden.« Nicht durch das Kohlendioxid, sondern durch die Sonne! Es gibt trockenere und feuchtere, wärmere und kältere Klimazonen. Ein Weltklima existiert nicht. Auch die von den Politikern ständig angeführte durchschnittliche Globaltemperatur, eine ziemlich neue Erfindung, ist eine künstliche Konstruktion. Für die Einschätzung des Klimas in einem konkreten Land wie Deutschland ist sie nahezu wertlos. Man kann die Globaltemperatur aber heranziehen, um langfristige Trends zu vergleichen. Jedenfalls ist die Idee absurd, das Klima und die sogenannten Ökosysteme befänden sich in einem Gleichgewicht, das immer nur vom Menschen gestört wird, womit der Mensch den vorherigen stabilen Zustand wiederherstellen müsse.

Ich erinnere mich noch gut an ein Gespräch am 23. April 2008, das ich in Berlin auf einem Empfang der Bertelsmann Stiftung führte. Neben mir stand ein Umweltwissenschaftler der Humboldt-Universität. Um ihn aus der Reserve zu locken, sagte ich: »Glauben Sie eigentlich auch an den Klimaschwindel?« Er antwortete: »Natürlich nicht, daran glaubt nicht einmal Hermann Scheer, der Umweltpolitiker der SPD.«

Klimageschichte seit dem Ende der Eiszeit: Es war auch schon wärmer

Das Klima ändert sich mit der Zeit, aber es ist nicht prognostizierbar. Wir wissen nur, dass die Änderungen in größeren und kleineren Zyklen verlaufen. Mit dem Ende der Eiszeit vor mehr als 10 000 Jahren begann die Nacheiszeit beziehungsweise Zwischeneiszeit (Holozän), die immer noch andauert. Seitdem wechselt das Klima zwischen langen Wärmephasen, die als Klimaoptimum bezeichnet werden, und langen Kältephasen, die Klimapessimum genannt werden. Vor schätzungsweise 8500 Jahren, als die vorherige Große Eiszeit schon lange zurücklag, wurden Temperaturen erreicht, die den heutigen ähneln – und danach stiegen sie im Trend

3000 Jahre lang weiter an, bis sie um etwa 3 Grad über dem Ausgangsniveau und damit auch um etwa 3 Grad über den derzeitigen Temperaturen lagen. Es war eine sehr warme Epoche, die als das »Holozäne Thermische Maximum« oder auch als »Atlantikum« bekannt ist. Sowohl die Alpengletscher als auch das grönländische Inlandeis schmolzen ab, bis sie kleiner waren, als es heutzutage der Fall ist. Dass es »noch nie« so warm gewesen sei wie heute, ist darum schlicht und einfach nicht wahr.

Wärmer oder mindestens ebenso warm wie in der modernen Zeit war es auch während des Klimaoptimums der römischen Epoche, und zwar von 300 v. Chr. bis 400 n. Chr., sowie während der Mittelalterlichen Wärmeperiode (800–1300). Anthropogene, das heißt menschengemachte Einflüsse, spielten keine Rolle. Es folgte die Kleine Eiszeit (1300–1850) mit den höchstwahrscheinlich tiefsten Temperaturen der vergangenen 10 000 Jahre. Da stellt sich die Frage, warum der IPCC und sämtliche Klimaalarmisten ausgerechnet ab 1850 zu rechnen beginnen – so, als sei die damalige Periode relativ kühlen Klimas der Normalzustand. Ist das sogenannte vorindustrielle Temperaturniveau erstrebenswert? Selbstverständlich nicht.

Und nun der entscheidende Punkt: Da die Computersimulationen des IPCC dabei versagen, die genannten Wärmeperioden sowie die gesamte Kleine Eiszeit nachträglich zu modellieren und zu erklären, wie sollten sie dann das Klima dieses Jahrhunderts vorhersagen können? Wie kann man die Zukunft kennen, wenn man die Vergangenheit nicht versteht? Die Erklärung für die Schieflage liegt auf der Hand: Die Alarmisten vernachlässigen den überragenden Einfluss der Sonne auf Wetter und Klima. In der Mittelalterlichen Wärmeperiode strahlte sie stark, in der Kleinen Eiszeit schwach, und in den 150 Jahren seit dem Ende der Kleinen Eiszeit nahm die

Sonnenaktivität wieder zu. Mit dem Ergebnis, dass sich die durchschnittliche globale Temperatur seit 1850 oder 1870 um etwa 1 Grad erwärmt hat. Genauso gut könnten wir den Zeitraum 1940–1970 als Basis nehmen – dann hätte die globale Temperatur nur um 0,5 Grad zugelegt.

Auch wenn wir die Betrachtung auf Deutschland einengen, kann von einer Klimakatastrophe keine Rede sein. Auf der Seite *wetterkontor.de* kann jeder die jährlichen deutschen Durchschnittstemperaturen zurückverfolgen. Bei allen Schwankungen blieben sie seit 1900 im Trend wenig verändert, bis sich 1996 mit 7,2 Grad ein Tief einstellte, das auch im relativ kalten Jahr 2010 mit 7,9 Grad nicht mehr erreicht wurde. Die bisherige Spitze fiel mit 10,5 Grad auf 2018. 2022 wurde sie exakt wieder erreicht. In Bayern wiederum war es in den letzten Jahren kälter als im deutschen Durchschnitt. 2022 wurden 9,9 Grad gemeldet.

Und wie verhält es sich mit dem Meeresspiegel? Vor etwa 12 200 Jahren lag er noch um 120 Meter tiefer als heute. Seit dem Ende der Kleinen Eiszeit um 1850 stieg er im globalen Trend (aber nicht überall) um etwa 2 Millimeter pro Jahr, im 20. Jahrhundert um durchschnittlich 1,74 Millimeter jährlich. Und zwar unabhängig davon, ob die Temperaturen gerade stiegen oder abnahmen. Als schwedische Wissenschaftler Untersuchungen auf den Malediven anstellten und herausfanden, dass sich der dortige Meeresspiegel seit 100 Jahren überhaupt nicht verändert hatte, beseitigten australische Umweltaktivisten eines der Beweismittel: Sie fällten einen alten Baum, der direkt am Strand stand und die konstante Meereshöhe dokumentierte. Und was ist von der Behauptung von Al Gore zu halten, die pazifische Insel Tuvalu versinke im Meer? Als australische Wissenschaftler auf zwölf pazifischen Inseln einschließlich Tuvalu der Sache auf den Grund gingen, fanden sie heraus, dass der Meeresspiegel seit 16 Jahren gleich geblieben war.

Vincent Gray: Ein Experte des Weltklimarates plaudert aus dem Nähkästchen

Wie im IPCC, dem »Weltklimarat«, gearbeitet und manipuliert wird, wissen wir ziemlich genau, seitdem der renommierte neuseeländische Wissenschaftler Dr. Vincent Gray (1922–2018) aus dem Nähkästchen geplaudert hat. Seit dem ersten Bericht von 1990 fungierte er als Expertengutachter für den IPCC. Er hat seine Beobachtungen in einem Papier vom 11. Juli 2008 niedergelegt. »Es bestand niemals irgendeine Absicht«, schreibt er, »eine ausgeglichene oder unvoreingenommene wissenschaftliche Abschätzung der Klimawissenschaft vorzulegen.«

Bereits in einer 1992 beschlossenen Rahmenkonvention wurde »Klimawandel« in Artikel 1 als ein Wandel definiert, »der direkt oder indirekt auf menschliche Aktivität zurückgeht, welche die Zusammensetzung der globalen Atmosphäre verändert«. Der natürliche Klimawandel wurde damit ausgeblendet. Und diese Rahmenkonvention ist für die Regierungen, die sie unterzeichnet haben, bindend – und die einseitige, viel zu enge Definition des Klimawandels präjudiziert natürlich die Arbeit der Wissenschaftler. Es stand von vornherein fest, nach welchen Beweisen sie zu suchen hatten. Zwar wurden später in einer Fußnote zum IPCC-Bericht von 1995 auch natürliche Phänomene erwähnt, aber diese gelten nur als »Schwankungen«. Verändert wird das Klima weiterhin angeblich nur durch Treibhausgase. Die Kommentare derjenigen Wissenschaftler, die die Treibhaus-Theorie bestritten, wurden in die IPCC-Berichte nicht aufgenommen. Zu völlig anderen Ergebnissen bezüglich Klima und CO_2 kommt die Internationale Nichtregierungskommission zum Klimawandel (NIPCC), die erstmals im April 2007 in Wien tagte. Aber an den Erkenntnissen unabhängiger Wissenschaftler sind die Medien weniger interessiert.

Dr. Gray über die Arbeitsmethoden des IPCC: »Es werden durchgehend ›natürliche‹ Klimaeinflüsse nur berücksichtigt, um sie auszuschließen, ihre Bedeutung herunterzuspielen oder sogar, um sie als Treibhausgaseffekte zu vereinnahmen. Die ›Zusammenfassung für Politiker‹ gibt es, weil die Regierungen, die den Bericht finanziert haben, ihn genehmigen und dadurch sicherstellen wollen, dass diese ihrer Klimawandel-Politik entspricht. Die ›Zusammenfassung für Politiker‹ ist eigentlich eine ›Zusammenfassung von Politikern‹. Die Kapitel jedes Berichtes sind so angeordnet, dass er die Vorstellung propagiert, zunehmende Treibhausgase würden den Klimawandel verursachen. Neueste Klimabeobachtungen werden entweder im Text versteckt oder geglättet, gefiltert, auf Linie gebracht, nur eingestreut und als Trendausreißer nicht berücksichtigt, um Trends zu finden, die in die vorgegebene Form passen.«

Weitere fünf Auszüge aus dem Papier des Neuseeländers Vincent Gray:

Erstens: »Seit dem Bericht von 1995 liefert der IPCC immer nur ›Projektionen‹ und keine ›Vorhersagen‹ mehr. Man gibt damit zu, dass die Modelle überhaupt nicht zu ›Vorhersagen‹ taugen und dass alles nur ›evaluiert‹, aber nicht ›bestätigt‹ ist. Es kann überhaupt keine bevorzugten Modelle oder Szenarien geben, da man keine Kriterien für ihre Auswahl hat. Fast alle geäußerten ›Überzeugungen‹ beruhen auf der Annahme, dass eine Korrelation eine Ursache-Wirkung-Beziehung impliziert [gemeint ist die Korrelation zwischen CO_2-Emission und Klimatrend, Anm. d. Autors]. Dies widerspricht einem grundsätzlichen logischen Prinzip. Dies wird dadurch umgangen, dass man das Verfahren ›Attribution‹ nennt.«

Zweitens: »Der Bericht von 1995 litt darunter, dass der ›Zusammenfassung für Politiker‹ zugestimmt wurde, bevor die Endfassung des Hauptberichtes vorgelegt worden war. Da die Schlussfolgerungen der Zusammenfassung des Hauptberichtes nicht mit der ›Zusammenfassung‹ übereinstimmten, die die Regierungen genehmigt hatten, hatte einer der Wissenschaftler (Ben Santer) die undankbare Aufgabe, im Hauptbericht die Feststellungen so abzuändern, dass sie mit der ›Zusammenfassung für Politiker‹ übereinstimmten.«

Drittens: Darauf folgt im Papier von Gray ein minutiöser Vergleich der ursprünglichen Fassung des Hauptberichtes von 1995 mit den nachträglich vorgenommenen Änderungen. Beispielsweise wurde im Abschnitt 8.4.2.1 folgender Satz gestrichen: »Keine der oben zitierten Studien hat einen klaren Beweis erbracht, dass wir die beobachteten Änderungen der besonderen Ursache ›Zunahme der Treibhausgase‹ zuschreiben können.«

Viertens: In Kapitel 1 des IPCC-Berichts »Klimawandel 2001« war noch zu lesen: »Die Tatsache, dass die globale mittlere Temperatur seit Ende des 19. Jahrhunderts zugenommen hat und andere Trends beobachtet worden sind, heißt notwendigerweise nicht, dass anthropogene Auswirkungen auf das Klima festgestellt worden sind. Das Klima hat sich stets und zu allen Zeiten geändert, daher können die beobachteten Änderungen natürlicher Art sein.«

Im IPCC-Bericht von 2007, der so viel Furore machte, wurde dieser Passus eliminiert, das Kapitel wurde komplett umgeschrieben. Nicht nur das, die Existenz von Messungen der Kohlendioxidkonzentration in der Atmosphäre aus der Zeit vor dem Jahr 1958 wurde auch noch unterschlagen. Diese Messungen wiesen nämlich Schwankungen auf, die nicht ins Konzept passten. Aus über 90 000 Messungen und 200 Berichten geht hervor, dass der Kohlendioxidanteil der Atmosphäre in den vergangenen 200 Jahren – unabhängig vom industriellen Fortschritt – schon zweimal höher lag als heute, nämlich um 1820 und 1940 bei 440 ppm.

Fünftens: Schließlich zieht Dr. Gray über seine Arbeit beim IPCC folgendes Resümee: »Ich begann die Arbeit im Vertrauen auf die wissenschaftliche Ethik – nämlich, dass Wissenschaftler Fragen ehrlich beantworten und ihre wissenschaftlichen Argumente ausschließlich auf Tatsachen, Logik und gültige wissenschaftliche und mathematische Prinzipien gründen. Gleich von Anfang an bereiteten mir die Verfahren des IPCC Schwierigkeiten. Eindringliche Fragen blieben oft ohne Antwort. Kommentare zu den IPCC-Entwürfen wurden ohne Erklärung zurückgewiesen, und Versuche, den Fragen nachzugehen, wurden uneingeschränkt abgewürgt. Im Laufe der Jahre habe ich mehr über die Daten und Verfahren des IPCC gelernt. Ich bin zunehmend auf Widerstand gestoßen, wenn ich Erklärungen anbieten wollte, bis ich schließlich zu dem Schluss gezwungen war, dass die Datenerfassung und wissenschaftliche Methoden, die der IPCC in beträchtlichen Teilen seiner Arbeit anwandte, fadenscheinig sind. Der Widerstand gegen alle Bemühungen, diese Probleme zu untersuchen und zu diskutieren oder zu korrigieren, hat mich nicht nur davon überzeugt, dass normale wissenschaftliche Verfahren vom IPCC abgewiesen werden, sondern auch davon, dass diese Praktiken endemisch und vom ersten Anfang an Teil dieser Organisation waren. Ich gehe daher davon aus, dass der IPCC von Grund auf korrupt ist. Die einzige Reform, die ich mir vorstellen könnte, wäre seine Abschaffung.«

Eine vernichtende Abrechnung eines Insiders mit einer offenkundigen Verschwörung, in die Wissenschaftler und Politiker gleichermaßen verwickelt sind.

Umrisse einer Verschwörung:
Wie eine nützliche Katastrophe gesucht und gefunden wurde

Der Umweltjournalist Edgar Gärtner hat in seinem Buch *Öko-Nihilismus* 2012 die Ursprünge der westlichen Klimaplanwirtschaft recherchiert, erwähnt dabei auch diesbezügliche Verschwörungstheorien, führt sie aber nicht näher aus. Er hätte zum Beispiel aus dem Buch *The Report from Iron Mountain* zitieren können, das 1967 erschien. Zweck des mysteriösen Reports, dessen Urheberschaft nach wie vor ungeklärt ist, war es, über einen Ersatz für den Kalten Krieg und für Kriege überhaupt nachzudenken, um die Bevölkerung weiterhin durch die Erzeugung von Angst kontrollieren zu können. Zitat aus der deutschen Ausgabe *Verdammter Friede*, die im Schlüsseljahr 1968 bei Scherz herauskam:

»Nichtsdestoweniger würde ein wirksamer politischer Ersatz für den Krieg ›stellvertretende Feinde‹ erfordern, von denen uns einige sehr weit hergeholt vorkommen mögen. Vielleicht kann die Gefahr totaler Verschmutzung der gesamten Umwelt eines Tages die der Massenvernichtung durch nukleare Waffen ersetzen, die heute als die am deutlichsten sichtbare Bedrohung für die Erhaltung des Lebens überhaupt gilt. Die Verseuchung der Luft und aller wichtigen Quellen der Nahrungs- und Wasserversorgung ist bereits weit fortgeschritten und scheint auf den ersten Blick vielversprechend zu sein; sie stellt eine Herausforderung dar, der allein durch gesellschaftliche Organisation und politische Machtausübung begegnet werden kann. Aber nach den gegenwärtigen Anzeichen zu urteilen, wird es noch eine bis anderthalb Generationen dauern, bis die Umweltverschmutzung eine ausreichende Gefährdung in globalem Maßstab darstellt und als ›Ersatzprogramm‹ infrage kommt. Es ist, nach unserem Dafürhalten, wahrscheinlicher, dass eine solche Bedrohung erfunden werden muss, als dass sie sich aus heute noch unbekannten Bedingungen heraus entwickeln wird.«

Nicht zufällig beschäftigten sich damals auch die Rockefeller Foundation und einflussreiche Denkfabriken wie die amerikanische Rand Corporation mit der Frage, wie die Bevölkerung im Westen in Alarmstimmung gehalten werden könne, sollte der Friede ausbrechen. 1968 wurde der bereits erwähnte Club of Rome gegründet, im Dezember 1969 konstituierte sich ein Umweltausschuss der NATO, 1972 erschien die Studie über die »Grenzen des Wachstums«, und ebenfalls 1972 fand in Kopenhagen die erste große Umweltschutzkonferenz statt.

Ebenfalls in den 1970er-Jahren war es in Deutschland der Staatssekretär im Innenministerium Dr. Günter Hartkopf (1923–1989), der als einer der Ersten die enormen politischen Möglichkeiten einer Umweltbewegung erkannte. Er war Hauptakteur bei der Gründung des Umweltbundesamtes und wichtiger Ökoverbände und versorgte diese mit Steuergeldern. Bis heute zahlt die EU-Kommission in Brüssel Zuschüsse an solche scheinbar unabhängigen Nichtregierungsorganisationen (NGOs). Auch der Bundesverband Bürgerinitiativen Umweltschutz (BBU), der später bei diversen Ausschreitungen mitwirkte, wurde mit Staatsknete aus der Taufe gehoben. In einer aufschlussreichen Rede in Bad Kissingen im Jahr 1986 schilderte Hartkopf, warum und wie ein umweltpolitischer »Kampfverband« geschaffen werden musste. Hartkopf: »Es waren wiederum Beamte, die den Plan vorwärtstrieben, örtliche Bürgerinitiativen zu einem Dachverband zusammenzuschließen, und die die Gründungsversammlung und noch einiges finanzierten.«

Schon in einem frühen Stadium zeichnete sich eine Zweckallianz zwischen Kapitalisten und Sozialisten ab – wie ja auch die Aktivisten der linken Nichtregierungsorganisation Attac in Wirklichkeit keine Gegner der Globalisierung sind, sondern lediglich eine andere Art von Globalisierung anstreben. Frühzeitig gab es einen Zusammenhang zwischen der Kohlendioxid-Theorie und den Interessen der Atomwirtschaft. Dabei spielte Margaret Thatcher (1925–2013) eine wichtige Rolle. Sie festigte ihre Macht, indem sie die der Gewerkschaften, vor allem die der Bergarbeiter, brach. Sie setzte an die Stelle des traditionellen britischen Energieträgers Kohle auf die Kernkraft. Da kam ihr die Kohlendioxid-Theorie gerade recht. Denn man kann zwar (auch heute!) entweder gegen Kohlekraftwerke oder gegen Atomkraftwerke sein, aber vernünftigerweise nicht gegen beides. Thatcher war zusammen mit ihrem Mitstreiter Sir John Houghton (1931–2020) aktiv an der Gründung des IPCC beteiligt. Das war derselbe Houghton, der die drei IPCC-Berichte von 1990, 1995 und 2001 mit herausgab und der 1994 schrieb: »Solange wir keine Katastrophe ankündigen, wird keiner zuhören.« Den Klimawandel bezeichnete er einmal als »Strafe Gottes für unsere Sünden«.

Nachweisen lässt sich auch die Allianz zwischen Sozialisten und Klimapolitikern. 1988, als der IPCC gegründet wurde, beauftragte die UNO Gro Harlem Brundtland, die Vizepräsidentin der Sozialistischen Internationale, mit der Leitung einer Kommission, welche die erste große einschlägige UNO-Konferenz inhaltlich vorbereitete. Sie tagte 1992 in Rio de Janeiro und beschloss die Agenda 21 mit dem Konzept der nachhaltigen Entwicklung (»sustainable development«). Kurz nachher erklärte Frau Brundtland, das Programm der Sozialistischen Internationale sei die Grundlage für die Rio-Konferenz gewesen. Der Generalsekretär der Rio-Konferenz Maurice Strong (1929–2015) – kanadischer Ölmagnat und nach

eigenen Angaben Kommunist – verriet: »Diese Gruppe von Welt-
führern bildet eine Geheimgesellschaft, um einen wirtschaftlichen
Kollaps herbeizuführen.«

Im Februar 1972 schrieb Sicco Mansholt (1908–1995), niederländi-
scher Sozialist und Vizpräsident der EG-Kommission, einen weithin
beachteten offenen Brief an den damaligen Präsidenten der Europäischen Kommission. Darin forderte Mansholt »eine strenge Planwirtschaft, die jedermann das Existenzminimum sichern würde«, einen
»Fünfjahresplan für die Entwicklung eines neuen sauberen Produk-
tionssystems auf der Grundlage eines geschlossenen Wirtschafts-
kreislaufs« und die »Einführung eines Systems von Produktionsbe-
scheinigungen, das auf europäischer Ebene kontrolliert würde«.
Mansholt war so ehrlich hinzuzufügen, dass sich diese Ziele nur erreichen ließen »durch eine merkliche Senkung des materiellen Wohl-
stands des Einzelnen«. Wie man sieht, war Mansholt ein weitsichti-
ger Vordenker des ökologischen Sozialismus und, nebenbei bemerkt,
Bettgenosse der Grünen-Ikone Petra Kelly (1947–1992).

Bleibt die Frage, wie es dazu kommen konnte, dass in den Medien
die sogenannten Klimaschutzpakete eigentlich nie grundsätzlich
kritisiert werden und wenn doch, allenfalls dahin gehend, dass wieder einmal nicht genug getan werde. Wie hinter den Kulissen Meinung gemacht und unterdrückt wird, wissen wir spätestens seit
dem 5. September 2007. Damals haben sieben bekannte Wissenschaftler und Autoren in der FAZ ausgepackt und die Methoden
enthüllt, mit denen Professor Stefan Rahmstorf vom Potsdam-In-
stitut für Klimafolgenforschung arbeitet: »Rahmstorf ist seit Jahren
unter Journalisten dafür bekannt, dass er über Chefredaktionen
oder Herausgeber versucht, Druck auszuüben und ihm nicht ge-
nehme Berichterstattung zu unterbinden. Er führt, das hat er in der
Wochenzeitung *Die Zeit* stolz zu Protokoll gegeben, eine ›schwarze

Liste‹ von Journalisten, die sich nicht seiner Meinung unterordnen. Wissenschaftler, die nicht seiner Meinung sind, müssen mit Angriffen auf ihre Person rechnen.«

Bisher musste man nur politisch und historisch korrekt sein, neuerdings auch klimapolitisch. Wer als Wissenschaftler abweicht, riskiert seine Forschungsgelder und seine Karriere. Anderswo ist das noch schlimmer als in Deutschland. Margaret Beckett, bis 2006 britische Umweltministerin, verglich die Klimaskeptiker mit den Sympathisanten des islamischen Terrorismus: »Keiner von beiden«, sagte sie, »sollte Zugang zu den Medien haben.« Al Gore, der notorische Propagandist, rief auf einem Kongress in San Francisco dazu auf, »Abtrünnige zu unterdrücken«. Und der Umweltkorrespondent des britischen *Guardian* schrieb über die Klimaskeptiker: »Wir sollten Kriegsverbrecherprozesse für diese Bastarde haben – eine Art von Klima-Nürnberg.« Warum auch nicht, handelt es sich doch bei der Bewältigung des Klimawandels um die »Feuertaufe für die im Entstehen begriffene Weltgesellschaft«, so Professor Rahmstorf. Daher weht der Wind also. Wir haben verstanden.

Der ökologisch-finanzielle Komplex:
Geld und Macht der Lobby

Als sich der scheidende US-Präsident Dwight D. Eisenhower (1890–1969) am 17. Januar 1961 von den Amerikanern verabschiedete, prägte er einen Begriff, der bis heute eine gefährliche Machtstruktur abbildet. Er warnte vor dem »militärisch-industriellen Komplex« und fügte hinzu: »Wir dürfen nie zulassen, dass das Gewicht dieser Kombination unsere Freiheiten und demokratischen Prozesse in Gefahr bringt.« Eisenhower wusste, wovon er redet. Er hatte als Generalstabschef der Armee gedient. Weit entfernt davon, abzurüsten und sich selbst überflüssig zu machen, wurde der Komplex im Laufe der Zeit mächtiger und teurer. Weil er den Hammer hatte, suchte er sich stets neue Nägel. Kaum war der Schrecken des einen Krieges verarbeitet und verdrängt, stand ein neuer vor der Tür.

Wer aber warnt vor dem ökologisch-finanziellen Komplex? Wir haben gesehen, wie dieser – angefangen mit den Theorien des Club of Rome – begründet wurde, wie er stärker wurde, wie er die Politik der westlichen Regierungen zunehmend beeinflussen und schließlich unter seine Kontrolle bringen konnte. Die Ähnlichkeiten des einen Komplexes mit dem anderen sind unübersehbar: die professionelle und höchst erfolgreiche Lobbyarbeit, die personelle Verflechtung zwischen Politik und Komplex, die Instrumentalisierung systemkonformer Wissenschaftler durch die Regierungen, der unablässige Druck auf die öffentliche Meinung, bis schließlich die Interessen des Komplexes mit denen der Allgemeinheit identisch zu sein scheinen. Und beide benötigen einen Angstgegner, der dämonisiert werden kann – seien es die Russen oder die Chinesen oder die Treibhausgase.

In Deutschland wurde es nahezu kritiklos hingenommen, dass Außenministerin Annalena Baerbock am 1. März 2022 die bereits erwähnte Umweltaktivistin Jennifer Morgan zur Staatssekretärin und zur Beauftragten für internationale Klimapolitik ernannte. In der Presse war zu lesen, Baerbock habe ein Zeichen gesetzt. Morgan war 2016, nachdem sie eine längere Karriere als Funktionärin der Klimanotstandsindustrie durchlaufen hatte, als Executive Director in die Geschäftsführung von Greenpeace International befördert worden. Sie hatte dem Wissenschaftlichen Beirat des Potsdam-Instituts für Klimafolgenforschung angehört. Sie ist Ehrenmitglied von German Watch. Der Skandal ihrer Ernennung durch Baerbock liegt darin, dass erstmals nicht ein Regierungsmitglied nach Amtsende zu einer Lobby wechselte, sondern dass eine Spitzenlobbyistin umstandslos Regierungsverantwortung übernehmen konnte. Noch dazu die Chefin einer NGO, zu deren Praxis seit jeher strafbare Handlungen gehören.

Baerbocks Kollege Robert Habeck, Bundesminister für Wirtschaft und Klimaschutz, wollte dem nicht nachstehen. Er ernannte Patrick Graichen, bis 2021 Direktor der Denkfabrik Agora Energiewende, zum Staatssekretär. Dass eine Partei wie die Grünen eine mächtige Lobby vertritt und dann auch noch auf den Sesseln der Macht Platz nehmen kann und dass kein Blatt zwischen Lobby und Regierung passt – das gab es noch nie in Deutschland.

In einem gut recherchierten Bericht (»Goliaths fürs Klima«) hat die *Welt am Sonntag* vom 25. April 2021 versucht, sich einen Überblick über die ökologische Lobby zu verschaffen. Bekannt ist, dass die einschlägigen Institute und NGOs von Spenden, von der EU-Kommission, von der Bundesregierung und Landesregierungen finanziert werden. Wo aber Fridays for Future oder Klimafakten.de oder die Klima-Allianz Deutschland ihr Geld im Einzelnen auftreiben, konnte auch die *Welt am Sonntag* nicht herausfinden. Allein die Klima-Allianz umfasst nach eigenen Angaben 140 Mitgliedsorganisationen. Sie ist 2013 dem Climate Action Network Europe beigetreten mit seinen wiederum 120 Mitgliedsorganisationen in 25 europäischen Ländern.

Über Fridays for Future ist immerhin bekannt, dass sie beim Wuppertal Institut für Klima, Umwelt, Energie eine Studie in Auftrag gegeben haben, um ihre Aktionen auf der Straße wissenschaftlich zu adeln. Die Studie wurde von der GLS-Bank bezahlt, die bevorzugt um klimabewusste Kunden wirbt. Das 1990 gegründete Wuppertal Institut (250 Mitarbeiter nach letztem Stand) hat schon dem Club of Rome zugearbeitet und gibt an, an »Visionen« für eine

CO_2-arme Gesellschaft zu arbeiten. Die Zahl solcher Institute in Deutschland, der EU und den USA ist kaum überschaubar. Wenn die Bundesregierung in Wuppertal, Potsdam oder anderswo Expertise einholt, weiß sie von vornherein, was geliefert wird. Evidenzbasierte, ergebnisoffene oder gar revisionistische Wissenschaft ist von dort nicht zu erwarten.

Der Klimakomplex ist übermächtig, weil er gesellschaftlich, politisch und übernational perfekt vernetzt ist. Die Regierungen finanzieren wissenschaftliche Einrichtungen und Klimaschutzvereine und lassen sich ihre Politik dann von ihnen legitimieren. Die Medien spielen mit, indem sie abweichende Stimmen totschweigen. Magazine wie der *Spiegel* und der *Stern* scheuen sich nicht einmal, einfach das nachzudrucken, was die Umweltverbände ihnen liefern. Die Banken sind auch dabei. Sie verkaufen mit ihren teuren ESG-Produkten zugleich ein gutes Gewissen und verdienen am klimaneutralen Umbau der Wirtschaft auch dann, wenn die Projekte unrentabel sind. Und vor allem kann sich der Komplex auf ein unvergleichliches internationales Netzwerk stützen.

Das oft zitierte ESG steht für Environmental, Social, Governance, auf Deutsch für Umwelt, Gesellschaft und gute Unternehmensführung. Nur »gute« Unternehmen und Aktienfonds erhalten das begehrte ESG-Rating. Damit lässt sich werben. 2021 flossen global schon 30 Prozent aller Neugelder in solche ESG-konformen Fonds. Die EU-Kommission erstellt mit Hilfe ihrer »Taxonomie« grüne Listen, um die Investorengelder zu lenken. Als sie die Nuklearenergie als »nachhaltig« einstufte, war Paris erfreut und Berlin empört. Auch Erdgas erhielt das Plazet aus Brüssel, allerdings nur bis 2030.

Wie soll man Opposition machen gegen eine Allianz von UNO, EU-Kommission, World Economic Forum oder Weltklimarat, um nur einige zu nennen? Wer kann mithalten mit der Finanzkraft der großen US-amerikanischen Stiftungen wie zum Beispiel die Hewlett Foundation, die David and Lucile Packard Foundation, die Rockefeller Foundation oder die Bill & Melinda Gates Foundation? Allein Amazon-Gründer Jeff Bezos ließ 2020 einen warmen Regen von fast 80 Millionen Dollar auf alle möglichen Klimaorganisationen niedergehen, darunter auch auf den kuriosen Hive Fund for Climate and Gender Justice. Milliardensummen, die einem guten Zweck zu dienen vorgeben, von denen aber ganz konkret die vielen Funktionäre der Bewusstseinsindustrie gut und gerne leben.

Von den amerikanischen Stiftungen wiederum fließt Geld an die europäischen, wie zum Beispiel an die European Climate Foundation. Und allein von dieser gingen 2019 36 Millionen Euro an aktivistische Klimaverbände. Wer wie viel kassiert, ist laut *WamS* oft nicht nachvollziehbar, weil es nicht offengelegt wird. Trivial können die Summen nicht sein. Allein die Stiftung Mercator, die sich aus dem Vermögen des Metro-Gründers speist, bewilligte 2019 63,4 Millionen Euro für 146 Projekte, davon 6,2 Millionen für Klimaschutzprojekte im engeren Sinn. Sie setzt sich erklärtermaßen dafür ein, dass Deutschland bis 2050 »treibhausgasneutral« wird.

Außerdem kann der ökologisch-finanzielle Komplex auf die öffentlichen Kassen zählen. Von 2014 bis 2019 bezog der Umweltverband BUND 21 Millionen Euro aus Steuergeldern und NABU, der Naturschutzbund Deutschland e. V., insgesamt 52,5 Millionen, die aus acht verschiedenen Ministerien und Behörden kamen.

Einfluss und Macht der Verbände, die die noble Idee des Naturschutzes nur noch am Rande beackern, beruhen darauf, dass sie zusätzlich zu den Stiftungsgeldern mit Steuergeld gepäppelt werden, dass sie die einschlägige Gesetzgebung mitschreiben dürfen, dass sie von ihrem Verbandsklagerecht rücksichtslos Gebrauch machen, dass der berufliche Umstieg des Personals von der Lobby in die Politik und umgekehrt als selbstverständlich akzeptiert wird, und dass sie in den Nachrichtensendungen gleichrangig mit gewählten Politikern zu Wort kommen. So waren in der Kommission für den Kohleausstieg 2019 der Bund für Umwelt und Naturschutz Deutschland (BUND), Greenpeace und der Naturschutzring vertreten, jedoch niemand von der betroffenen Kohleindustrie. Während der Deutsche Braunkohle-Industrie-Verein (DEBRIV) in seinem Berliner Büro nicht mehr als drei hauptamtliche Mitarbeiter beschäftigt, sind es knapp vierzig allein beim Bundesverband Windenergie, die sich der Lobbyarbeit widmen.

Bekanntlich engagierte sich der 2018 verstorbene Enoch zu Guttenberg, ein Mitbegründer des BUND, für Wald, Natur und Landschaft und gegen den Bau von Windrädern. Als er dem BUND Verstrickungen mit der Windkraft-Lobby vorwarf, verklagte ihn die Organisation im März 2016. Die Klage wurde auf Anraten des Gerichts schnell wieder zurückgezogen, nachdem zu Guttenbergs Anwalt eine Liste mit 68 Führungskräften und Mitgliedern des BUND vorgelegt hatte, die mit der Windindustrie wirtschaftlich oder beruflich verbunden waren.

Den Parasitismus auf die Spitze trieb der Naturschutzbund Deutschland e. V (NABU). Er wurde 1899 als »Bund für Vogelschutz« gegründet, begrüßte lauthals den Machtwechsel 1933, wird heute großzügig von der Bundesregierung mitfinanziert und zählt 720 000 Mitglieder. Er hat sein ursprüngliches Geschäftsfeld längst erweitert und nach der Natur die »Umwelt« entdeckt. Der NABU klagte gegen den Flughafen Lübeck, gegen Windkraftanlagen in einem EU-Vogelschutzgebiet in Hessen, wo der Rote Milan gefährdet ist, sowie gegen Windräder im Wattenmeer – und zog die Klagen gegen saftige Ablasszahlungen der Betreiber wieder zurück, im hessischen Fall für 500 000 Euro.

Selten kommt es vor, dass jemand zu widersprechen wagt. So Wolfgang Reitzle, einer der erfolgreichsten deutschen Manager. Er rechnete vor, dass Deutschland 330 000 zusätzliche Windräder bräuchte, um sämtliche Sektoren der Wirtschaft zu elektrifizieren. Das entspräche einem Viertel der Landfläche. Und dann müsse bei Windstille immer noch ausländischer Kohle- und Atomstrom importiert werden. »Was für eine scheinheilige Energiepolitik«, meinte Reitzle. Oder auch Michael Vassiliadis, Chef der Industriegewerkschaft Bergbau, Chemie, Energie. »Die Energiewende«, kritisierte er, »hat den Eliten ein gutes Gewissen und gute Rendite zugleich geboten.« Entstanden sei »eine ganze Szenerie, die sich nur darum bemüht, die immensen Probleme der Energiewende unkritisch zu stellen«.

Explodierende Kosten: Warum Klimaneutralität unfinanzierbar ist

Vassiliadis dachte vermutlich an die EEG-Umlage, die hauptverantwortlich dafür ist, dass der Strom in Deutschland jahrelang so teuer war wie nirgendwo sonst. 2020 waren dies 30,9 Milliarden Euro, die ja nicht spurlos verschwanden, sondern per EEG auf dem Weg über die Einspeisevergütungen umverteilt wurden. Wer sich eine Solaranlage auf dem Dach leistete oder an einem Windpark beteiligte, profitierte davon, dass sein Strom mit Vorrang vor konventionellen Kraftwerken eingespeist wurde. Und er wurde sogar dafür bezahlt, wenn überschüssiger Strom nicht gebraucht und abgeregelt, das heißt nicht verwertet wurde. Dieser »Geisterstrom« wurde 2021 mit 807 Millionen Euro entschädigt. Die Verbraucher bezahlten dies vermittels überhöhter Stromrechnungen.

Die 30,9 Milliarden machen freilich nur einen kleinen Teil dessen aus, was die Energiewende künftig kosten wird. Wobei es unerheblich ist, dass die EEG-Umlage am 1. Juli 2022 abgeschafft und in den Bundeshaushalt verschoben wurde. Denn die Mammutaufgabe der Klimaneutralität wurde noch gar nicht angepackt. Trotz aller Anstrengungen entfielen 2021 nur 3,3 Prozent des Primärenergieverbrauchs in Deutschland auf die Windkraft und nur 1,5 Prozent auf die Photovoltaik. Nur beim Strom, nicht aber bei Heizung und Verkehr und in der Industrie, lag der Anteil der »Erneuerbaren« deutlich höher. Eine ernüchternde Bilanz nach 22 Jahren, denn die Umlage nach dem Erneuerbare-Energien-Gesetz wurde bereits 2000 eingeführt.

Weder die Regierung Merkel noch die Regierung Scholz hat sich jemals für die Kosten ihrer Klimapolitik ernsthaft interessiert. Nachzurechnen erübrigt sich, wenn es um einen guten Zweck geht. Im November 2017 kam eine umfassende Studie heraus, verfasst von dreißig Wissenschaftlern unter der Federführung der Deutschen Akademie der Technikwissenschaften. Titel: »Sektorkopplung – Untersuchungen und Überlegungen zur Entwicklung eines integrierten Energiesystems«. Und dabei wurden die Kosten einer unterstellten CO_2-Einsparung von 60 Prozent bis zum Jahr 2030 nicht einmal berücksichtigt. Die Wissenschaftler begannen ihre Berechnung auf der Basis von 2030.

Ergebnis: »Es wird deutlich, dass sich die Kosten für das Energiesystem als Ganzes mit steigenden Reduktionszielen bei sonst gleichen Rahmenbedingungen stark erhöhen. Diese Zunahme wächst stärker als proportional mit dem Minderungsziel: Eine zusätzliche Minderung um 15 Prozent (von 60 auf 75 Prozent) führt zu höheren systemischen Gesamtkosten von rund 800 Milliarden Euro, während eine weitere Minderung um 10 Prozent (von 75 auf

85 Prozent) fast 1000 Milliarden Euro Mehrkosten verursacht und eine nochmalige Minderung um weitere 5 Prozent (von 85 auf 90 Prozent) rund 1300 Milliarden Euro.« Mit anderen Worten: Die Kosten steigen umso schneller, je mehr CO_2 eingespart wird. Erst bei 100 Prozent wäre die sogenannte Klimaneutralität erreicht.

Professor Fritz Vahrenholt, der frühere Hamburger Umweltsenator, hat auf Grundlage dieser Studie nachgerechnet und das Jahr 2020 statt 2030 als Ausgangsbasis genommen. Er kommt auf Gesamtkosten von 4100 Milliarden Euro – nicht etwa, bis die Klimaneutralität wirklich erreicht ist, sondern nur bis zu einer Reduktion der CO_2-Emissionen um 90 Prozent. Selbstverständlich können solche Rechnungen nie auch nur annähernd genau sein. Denn neben den staatlichen Subventionen müssen öffentliche, halbstaatliche und private Investitionen und zudem die wirtschaftlichen Wachstumsverluste berücksichtigt werden. Sicher ist jedenfalls, dass die finanziellen Belastungen der Energiewende kaum vorstellbare Ausmaße annehmen werden. Sie werden die kumulierten Kosten der Wiedervereinigung, der seit 2015 forcierten Migration und der EU-weiten Umverteilung mühelos in den Schatten stellen. Immer vorausgesetzt, dass an der illusionären deutschen Klimapolitik bis zum bitteren Ende festgehalten wird – was allerdings kaum vorstellbar ist.

Nur eine Regierung hat mit offenen Karten gespielt, nämlich die neuseeländische. 2007 wollte sie das Land mit seinen 5,1 Millionen Einwohnern bis 2020 klimaneutral machen. 2020 stellte sich heraus, dass mehr Kohlendioxid ausgestoßen wurde als 2007! 2018 verschob Wellington das Ziel der Klimaneutralität einfach auf 2050. 2019 wurden die dazu notwendigen Gesetze verabschiedet, und die Regierung ließ – das war das Bemerkenswerte – die Kosten von der führenden ökonomischen Denkfabrik des Landes schätzen. Demnach würde es jährlich 19 Milliarden Dollar kosten, um die Emissionen auch nur auf die Hälfte zu drücken – und jährlich 61 Milliarden, um 100 Prozent CO_2 zu vermeiden. Umgerechnet auf die 16-mal größere Bevölkerung der Bundesrepublik ergeben sich fantastische Summen – ein weiterer Beleg dafür, dass die irrationale deutsche und europäische Klimapolitik (der sogenannte »Green Deal« der Ursula von der Leyen) früher oder später scheitern muss.

Auch das 2015 von 195 Staaten unterzeichnete Pariser Abkommen wird dann Makulatur sein – einmal abgesehen davon, dass sich die meisten Regierungen zu nichts verpflichtet, sondern nur Absichtserklärungen abgegeben haben. Sollte das Pariser Papier ernst gemeint sein, wird sich der Aufwand allein bis 2030 auf viele Billionen Dollar belaufen, mit steigender Tendenz nach 2030. Auch in Deutschland wird es sich als Lüge erweisen, dass die Energiewende nichts kostet, sondern Wohlstand und Arbeitsplätze schafft. Wenn es so wäre, müsste sie nicht derart massiv subventioniert werden. Dann könnte alles dem freien Markt überlassen bleiben. Dann wäre die Öko-Planwirtschaft überflüssig. Selbstverständlich braucht es dort keine Subventionen, wo sich Windkraft und Photovoltaik rentieren.

Blaupause für eine arme Gesellschaft: Das »Societal Transformation Scenario« der grünen Parteistiftung

In den oben erwähnten Kosten sind die Verluste an Lebensqualität, die Schäden an Gesundheit und Landschaft noch nicht einmal enthalten. Über 200 Meter hohe Windräder in der Nähe von Wohngebieten können nicht gesund sein; sie machen krank. Die Windräder erzeugen nicht hörbaren Infraschall mit Frequenzen von weniger als 20 Hertz, der sich über viele Kilometer fortpflanzt, in

Häuser kriecht und dort mit den Gebäuden Resonanzen bildet. Eine Studie der Universität Kopenhagen mit mehr als 20000 Krankenschwestern ergab, dass bei der Gruppe, die innerhalb eines 6-Kilometer-Radius um eine Windkraftanlage wohnte, Herzvorhofflimmern um 30 Prozent häufiger auftrat als bei den Krankenschwestern außerhalb des Radius.

Und wer von der grünen Partei kümmert sich noch ernsthaft um den Naturschutz? Schon 2013 war von der Deutschen Ornithologen-Gesellschaft zu hören, dass auch in Folge des unüberlegten Ausbaus der Windkraft und der landwirtschaftlichen Biomasse (Mais) die Bestände von fast 50 Prozent aller Vogelarten deutlich abgenommen haben. Geschätzt wird, dass den Windrädern in Deutschland jährlich 12200 Greifvögel wie der Rote Milan oder der Mäusebussard und 250000 Fledermäuse zum Opfer fallen. Der brutale Eingriff in Natur und Landschaft wäre nicht durchsetzbar, der Klimaschutz hätte den Naturschutz nicht an den Rand drängen können, wenn die Öffentlichkeit nicht durch die unablässig geschürte Klimapanik derart eingeschüchtert worden wäre. Übrigens wird hier Klimaschutz ohne Anführungszeichen geschrieben, wohl wissend, dass man Klima ebenso wenig schützen kann, wie sich Energie erneuern lässt.

Die intelligenteren unter den Klimapolitikern wissen natürlich, dass ein großer Industriestaat mit Photovoltaik und Windkraft allein dem Ziel der Klimaneutralität nicht einmal nahekommen kann. Da wäre es hilfreich, wenn die Wirtschaft stagniert oder schrumpft und der Lebensstandard, an den sich die Bevölkerung gewöhnt hat, radikal zurückgefahren wird. Auf Basis der Freiwilligkeit geht das natürlich nicht; es müsste von oben verordnet und geplant werden. Dann werden die Untertanen zwar noch immer – beim Atmen – CO_2 ausstoßen, bei anderen Tätigkeiten aber weniger.

Auch die Vordenker der Heinrich-Böll-Stiftung, der Parteistiftung
der Grünen, gehen davon aus, dass das 1,5-Grad-Ziel allein mit
Hilfe von Sonne und Wind nicht erreichbar ist. Also haben sie ein
weiter gehendes Konzept ausgearbeitet und Ende 2020 in schrift-
licher Form vorgelegt. Sie nennen es »Societal Transformation Sce-
nario«, abgekürzt STS. Es beinhaltet die Abkehr von Wirtschaftswachstum und Marktwirtschaft, die »Transformation« der
Gesellschaft und das Ende von allem, was Spaß macht. Kurzum:
eine Lebensweise, die unter dem Diktat steht, weniger Energie zu
verbrauchen als gewohnt. Die Autoren haben sehr wohl registriert,
dass die CO_2-Emissionen Deutschlands im Coronajahr 2020 deutlich abnahmen, weil in der Rezession weniger produziert wurde.
Das weckte den Appetit, die Übung unter anderen Vorzeichen zu
wiederholen.

Wenn alles heruntergefahren wird, brauchen wir in dieser angestrebten »nicht wachsenden Wirtschaft« nur noch 20–30 Stunden
in der Woche zu arbeiten, so die Stiftung. Zugleich wird jedem ein
bedingungsloses Grundeinkommen garantiert, und es werden
Höchstlöhne festgesetzt. Die Bewohner dieser schönen neuen Welt
genießen mehr Freizeit und Muße als jemals zuvor und gewinnen
dadurch den »notwendigen Spielraum« für selbstbestimmte Aktivitäten und (Achtung!) für »politisches Engagement«. Sie nutzen
die gewonnene Zeit, um sich in die »Wirtschaft der Zukunft« ein-
zubringen, in eine Volkswirtschaft, die von Kooperativen, Gemein-
schaftseigentum und anderen kollektiven Organisationsformen betrieben wird. Dazu passen vorzüglich solche Firmen, die sich nicht
auf das Erzielen von Gewinnen fokussieren. Nur sie erhalten staatliche Subventionen und privilegierten Zugang zu günstigen Krediten. Profitorientierte Unternehmen hingegen bekommen keine
Förderung und keinen Zugang zu öffentlichen Aufträgen, und sie
werden »viel höher« besteuert. Überhaupt soll der Entscheidungs-

prozess der Wirtschaft »demokratisiert« werden, und das Eigentum verliert seine zentrale Funktion.

Unter den Vorschlägen für eine »sozial-ökologische Transformation« finden sich außerdem eine Reichtumsteuer und eine hohe Erbschaftssteuer; eine Begrenzung der kommerziellen Werbung, um übermäßigen Konsum zu entmutigen; vegane und vegetarische Ernährung einschließlich Fleischersatz und überhaupt weniger Fleischkonsum; Mobilität zu Fuß und mit dem Fahrrad einschließlich Lastenfahrrädern und generell eine Reduktion der Nachfrage nach motorisiertem privaten Transport. Ergebnis: »Daily life is slowed down« – das tägliche Leben wird heruntergefahren.

Dass eine solche Transformation (in Davos nennen sie es »Great Reset«) nicht realisierbar sein könnte, wird von den Sozialingenieuren der Heinrich-Böll-Stiftung entschieden zurückgewiesen. Zwar sei der gegenwärtige Lebensstil tief verwurzelt in dem, was viele Menschen unter Normalität verstehen, aber: »Wir sind überzeugt, dass die Gesellschaft immer umgeformt werden kann.« Eine Alternative gebe es ohnehin nicht, weil die Politik des Wachstums auf einem von fossilen Treibstoffen angetriebenen Wirtschaftssystem beruhe – eine durchaus scharfsinnige Beobachtung. Da ist sie wieder, die alte grüne Wunschvorstellung von einem vorindustriellen Biedermeier, diesmal aber mit totalitärer Schlagseite. Klassisch sozialistisch im Sinne des DDR-Systems ist das nicht, sondern eben ökosozialistisch. Auch Ulbricht und Honecker hinterließen Stagnation und Verarmung, aber nicht mit Absicht. Diese waren nur unvermeidbare und hingenommene Folgen der Abschaffung von Marktwirtschaft, Wettbewerb und Eigentum.

Um dem Missverständnis vorzubeugen, das alles sei bloße Theorie, werden von der grünen Parteistiftung gleich auch noch konkrete

Zahlen und »Annahmen« mitgeliefert. Wo 2020 jede deutsche Person im Durchschnitt 1,8 Flüge buchte, sollen es 2030 nur noch 0,5 sein und 2050 nur noch 0,33. Um Energie zu sparen, muss sich bis 2050 jeder mit 25 Prozent weniger Wohnfläche zufriedengeben. Die Haushalte sollen mit weniger Geräten auskommen, um Strom zu sparen. Ja, natürlich können wir auch wieder von Hand Geschirr spülen und Wäsche waschen.

Auch an die Nahrungsaufnahme ist gedacht: Reduzierung auf 2100 Kilokalorien bis 2050. Speziell der verpönte Fleischkonsum soll schon bis 2030 gegenüber dem Vergleichsjahr 2013 von 344 auf 135 Kilokalorien heruntergefahren werden. Vor allem der Verzehr von Rindfleisch, nicht so sehr der von Schweine- und Hühnerfleisch, weil der dem Klima weniger schadet. Übrigens: 2100 »kcal/person/year« (sic!) in der Studie STS muss ein Druckfehler sein. So viel verbrauchen selbst ältere Leute nicht im Jahr, sondern am Tag, und jungen Männern würde das nicht reichen. 2100 pro Jahr würden freilich das Problem des anthropogenen Klimawandels radikal lösen.

Ihre Rechtfertigung beziehen solche Wahnvorstellungen aus der ständig vorgetragenen Behauptung, die bevorstehende Klimakatastrophe sei Konsens der Wissenschaftler. Weil das Publikum das glaubt, erduldet es die Zumutungen. Der Eindruck, alle Experten lägen auf einer Linie, beruht jedoch auf Manipulation: Die abweichenden Meinungen und Forschungsergebnisse sind mit wenigen Ausnahmen längst aus den Artikeln der Leitmedien und aus den Sendungen des Staatsfunks verschwunden.

Wer hat denn über die Weltklima-Erklärung der Global Climate Intelligence Group vom 27. Juni 2022 berichtet? Sie blieb unter dem Radar, obwohl sie inzwischen von 1500 Wissenschaftlern aus Nordamerika, Europa, Lateinamerika, Australien und Asien unterzeichnet wurde, an erster Stelle von Professor Ivar Giaever, dem Nobel-preisträger für Physik 1973. Die Wissenschaftler stellen fest, dass sich das Klima geändert hat, seitdem die Erde existiert; dass die Erwärmung seit dem Ende der Kleinen Eiszeit um 1850 keine Überraschung darstellt; dass sowohl natürliche als auch anthropo-gene Ursachen dafür verantwortlich sind; dass wir weit davon ent-fernt sind, den Klimawandel zu verstehen; dass die üblichen Klima-modelle viele Mängel haben und nicht annähernd plausibel sind; dass Kohlendioxid kein Schadstoff ist, sondern Grundlage allen Le-bens auf der Erde; dass es keinen statistischen Beweis dafür gibt, dass die globale Erwärmung Wetterextreme häufiger gemacht hat; und dass es keinen Grund für Klimapanik gibt. Weiter: »Wir wen-den uns vehement gegen die schädliche und unrealistische Null-CO_2-Politik, die für das Jahr 2050 vorgeschlagen wird. Wählen wir die Anpassung. Anpassung funktioniert, was immer die Gründe [für die Erwärmung, Anm. d. Autors] sein mögen.« Titel der Er-klärung vom Juni 2022: »There is no Climate Emergency (»Es gibt keinen Klimanotstand«).

Illusionstheater: Warum der grüne Plan an den Realitäten scheitern wird

Für eine Rückkehr zu Marktwirtschaft, Technologieoffenheit und Wettbewerb plädiert Bjørn Lomborg in seinem Buch *Klimapanik*. Der Däne Lomborg, Jahrgang 1965, ist Gründer der Denkfabrik Copenhagen Consensus Center. Er baut den Klimaalarmisten eine Brücke. Weder bestreitet er den Klimawandel noch den Einfluss, den die Verbrennung fossiler Rohstoffe auf die Erwärmung hat. Er hält aber die Klimapolitik der westlichen Regierungen für grund-sätzlich falsch, weil die Kosten den Nutzen bei Weitem übersteigen, weil die Regierungen oft zu »unfassbar ineffizienten Mitteln« grei-fen und weil das Ziel einer Klimaneutralität illusorisch ist. Es wür-

de astronomische Kosten verursachen, und die Welt würde viel är-
mer als nötig.

Lomborg zieht einen Vergleich zur Verkehrspolitik. Die Zahl von
40 000 Verkehrsopfern in den USA, sagt er, ließe sich theoretisch
auf annähernd null drücken, wenn ein landesweites Tempolimit
von 5 Kilometern pro Stunde eingeführt würde. Nur wäre es dann
eine Frage der Abwägung, ob die Kosten und Auswirkungen eines
solchen Limits überhaupt akzeptabel wären. Sie wären unerträglich
hoch. Außerdem, moniert Lomborg, sei der Klimawandel nicht das
einzige globale Problem, für die meisten Menschen nicht einmal
das dringlichste. Bildung, Gesundheit, ausreichende Ernährung,
Korruptionsbekämpfung und eine verlässliche Energieversorgung
stehen nachweislich höher auf der Liste der Prioritäten der Menschheit. Da die finanziellen Mittel aber immer begrenzt sind, muss
eine Priorisierung der Klimapolitik logischerweise auf Kosten anderer, wichtigerer Programme gehen.

Übrigens kommt es dem hungernden Teil der Weltbevölkerung zu-
gute, dass auch wegen der Erwärmung um 1 Grad seit 1850 und der
damit einhergehenden Zunahme der Feuchtigkeit in der Luft die
Ernteerträge kräftig gestiegen sind. Die Erde ist grüner geworden.
Die Zunahme an Biomasse entspricht der doppelten Fläche der
USA. Wie die Zugabe von Kohlendioxid wegen der Steigerung der
Photosynthese das Pflanzenwachstum fördert, wissen die Besitzer
von Gewächshäusern sehr genau.

Wo also liegen die Alternativen zum planwirtschaftlichen Green
Deal der EU? Ganz einfach in einer Steuer auf Kohlenstoffdioxid-
emissionen, glaubt Lomborg, weil sie es ermöglicht, zu relativ geringen Kosten den Ausstoß von CO_2 zu senken und damit die
schlimmsten Folgen der Erderwärmung zu verhindern, wobei hin-

zugefügt werden muss, dass die Höhe der Steuer darüber entscheidet, ob sie verkraftbar ist. Für Panik sieht Lomborg keinen Anlass. Wichtiger noch: Es müsste mehr Geld in die bisher vernachlässigte Forschung und Entwicklung gesteckt werden. Zum Beispiel in eine neue Generation von Atomkraftwerken. Oder in die (noch zu teure) CO_2-Abscheidung und -Speicherung (CCS), womit sich Kohlekraftwerke problemlos weiter betreiben ließen. Oder in die Gewinnung von Öl aus Algen, die an der Meeresoberfläche wachsen, oder in die Entwicklung von großen, bezahlbaren Energiespeichern. Welche Technologie rentabel und praktikabel ist, muss sich dann eben herausstellen. Die Geschichte der Industrialisierung ist zugleich eine Geschichte der Erfindungen. Allerdings waren die nie Politikern zu verdanken. Und Anpassungen an den Klimawandel – Küstenschutz dort, wo der Meeresspiegel steigt – erfordern nur einen Bruchteil der Gelder, die für den Kampf gegen eine imaginäre Klimakatastrophe aufgewendet werden sollen.

Unbegreiflich, dass sich die politischen Eliten der viertgrößten Volkswirtschaft der Welt die laut *Wall Street Journal* »dümmste Energiepolitik der Welt« leisten. »Es ist nicht möglich«, sagte der ehemalige amerikanische Umweltaktivist Michael Shellenberger im Interview mit der *Jungen Freiheit* vom 22. April 2022, »eine Hochenergieindustrienation zuverlässig mit Erneuerbaren zu betreiben – das wird schiefgehen! Sonne, Wind, Wasser sind Energieformen aus vorindustrieller Zeit, mit inhärenten Problemen, die sie für die Ansprüche von Hochtechnologienationen als Hauptenergiequelle unbrauchbar machen.«

Die dümmste Energiepolitik der Welt? Der Vorwurf ist belegbar. Professor Hans-Werner Sinn hat in seiner Münchener Weihnachtsvorlesung 2022 die Fakten dargelegt:

Erstens muss bei Dunkelflaute, wenn die Sonne nicht scheint und der Wind nicht weht, die Lücke durch regelbare Energie ausgeglichen werden. Die wird von Atom-, Kohle- und Gaskraftwerken geliefert. Das bedeutet: Je mehr Windräder und Photovoltaikanlagen installiert werden, desto mehr konventionelle Kraftwerke wären theoretisch erforderlich. Nur: So viele Windkraft- und Solaranlagen können allein wegen des Flächenverbrauchs gar nicht aufgestellt werden, um einen vier- bis fünfmal höheren Strombedarf als gegenwärtig zu decken. Die Bundesregierung hat aber bereits den Ausstieg aus Kernkraft und Kohle beschlossen. Auf Erdgas soll bis 2045 verzichtet werden. Wie die Lücke dann geschlossen werden soll, weiß niemand.

Zweitens: Wenn künftig alles elektrifiziert werden soll, braucht Deutschland vier- bis fünfmal so viel Strom wie heute. Allein die chemische Industrie würde so viel Elektrizität benötigen wie derzeit ganz Deutschland. Ob die Elektrifizierung des gesamten Verkehrs irgendwann möglich ist, ist ebenfalls unsicher. Die Batterie eines einzigen großen E-Autos wiegt eine Tonne. Woher sollen die enormen Mengen an seltenen Erden und Metallen kommen? Und zu welchen Preisen? Außerdem: Der Umweltnutzen eines Verbrennerverbots ist gleich null. Die CO_2-Emissionen werden nur dorthin verlagert, wo die Rohstoffe gewonnen und verarbeitet werden.

Drittens: Das Problem könnte theoretisch mit der Speicherung von Energie in großem Maßstab gelöst werden. Aber wie? Pumpspeicher können in Deutschland nur einen minimalen Beitrag leisten. Den Strom aus »erneuerbaren« Quellen in Großbatterien zu speichern hält die Leopoldina, die Deutsche Akademie der Naturforscher, für völlig unrealistisch. Bliebe noch der Wasserstoff. Dabei gehen jedoch Dreiviertel der Energie verloren: erst durch die Umwandlung in Wasserstoff, dann durch die Umwandlung in Strom.

Und auch die Erzeugung von Wasserstoff braucht Strom. Außerdem: Wenn die bereits bestehenden Gasleitungen für den Transport von Wasserstoff genutzt werden, kann sich ihre Lebensdauer je nach verwendetem Material verringern. Wasserstoff aus Atomstrom, über den in Frankreich diskutiert wird, ist ebenso widersinnig.

Viertens: Nur Braunkohle wird nicht am Weltmarkt gehandelt, sie wird vor Ort verstromt. Beendet Deutschland den Abbau und versagt sich damit die billigste Energiequelle, wird tatsächlich CO_2 eingespart. Öl hingegen, auf dessen Einfuhr Deutschland ebenfalls verzichten will, ist handelbar und geht woandershin, wenn der Import hier boykottiert wird. Würde die ganze EU kein Öl mehr importieren, fiele der Preis – und die Nachfrage am Weltmarkt würde steigen. Auch Erdgas wird am Weltmarkt gehandelt, allerdings zu Preisen, die je nach Region stark differieren. Das Fracking im eigenen Land, das schätzungsweise 14 Jahre russischer Gaslieferungen ersetzen könnte, ist verboten. Und dann steigt Deutschland als einziges Land weltweit auch noch aus der Atomenergie aus. Damit bleibt nach dem Kohleausstieg nur mehr das teure Flüssiggas (LNG), bei dem anders als beim Pipeline-Gas auch Umwandlungsverluste anfallen.

Fünftens: Deutschland ist bereits dabei, seine Industrie zu zerstören. Seit 2017 steigt die Industrieproduktion beispielsweise in der Schweiz – in Deutschland fällt sie. Seit der einschlägigen EU-Verordnung von 2018 hat der Fahrzeugbau in Deutschland 30 Prozent eingebüßt. Mit den Elektroautos verliert Deutschland laut Sinn seine komparativen Vorteile. Und: Was immer Deutschland tut, hat keinen Einfluss auf das Klima, weil hierzulande weniger als 2 Prozent der weltweiten Emissionen an CO_2 anfallen. Das Fazit von Professor Sinn: Erst dann elektrifizieren und Kraftwerke abschalten, wenn Alternativen zur Verfügung stehen.

Deutschland hat mit der Marktwirtschaft, mit Wettbewerb, Technologieoffenheit, Respekt des Eigentums und stabilem Geld nur gute Erfahrungen gemacht. Auf dem 9. Bundesparteitag der CDU in Karlsruhe sagte Ludwig Erhard am 28. April 1960, »dass die Freiheit ein Ganzes und Unteilbares ist«, dass sie politische, wirtschaftliche und geistige Freiheit umfasse. Passend zur heutigen Situation auch ein anderer Erhard-Satz: »Nicht der Staat hat darüber zu entscheiden, wer im Markt obsiegen soll, sondern ausschließlich der Verbraucher.« Grüne Planwirtschaft mit ihrer Anmaßung, Fortschritt und Klima steuern zu können, bricht mit allem, was Deutschland stark gemacht hat. Sie ist ein Programm zur Verarmung, und manche ihrer Vordenker bestreiten das nicht einmal. Die Deindustrialisierung bereitet ihnen klammheimliche Freude.

Kapitel 5

Krieg und Frieden

Zeitenwende 2022: Washington triumphiert im Streit um das russische Erdgas

Kaum waren am 24. Februar 2022 russische Truppen in die Ukraine einmarschiert, beeilte sich Bundeskanzler Olaf Scholz drei Tage später im Bundestag eine sogenannte Zeitenwende auszurufen. Noch zwei Monate später argwöhnte eine schweizerische Zeitung, dass es sich um ein leeres Versprechen handeln könne und zitierte die Frau des anglikanischen Bischofs von Worcester. Als diese von Darwins Theorie hörte, nach der Menschen und Affen gemeinsame Vorfahren haben, rief sie aus: »Hoffen wir, dass es nicht wahr ist. Aber wenn es wahr ist, lasst uns beten, dass es nicht allgemein bekannt wird.«

2022 wurde es wahr und noch dazu bekannt. Die USA und die EU verhängten Sanktionen gegen Russland. Und zwar so umfassend, wie sie seit dem Zweiten Weltkrieg noch nie gegen eine Großmacht ergriffen worden waren. Deutschland fror die Handelsbeziehungen mit Moskau ein und boykottierte russisches Erdöl und Gas, nachdem Gazprom die Lieferungen durch Nord Stream 1 unterbrochen hatte. Der Bundestag änderte das Grundgesetz und beschloss zusätzlich zum regulären Verteidigungshaushalt in Höhe von 50 Milliarden Euro die Einrichtung eines »Sondervermögens« von 100 Milliarden Euro, womit nichts anderes als die Aufnahme neuer Schulden in eben dieser Höhe gemeint war. Zugleich wurden die in der Ostsee verlegten Pipelines von Nord Stream 2, die Deutschland und die EU mit preiswertem Erdgas versorgen sollten, auf ihren Schrottwert abgeschrieben. Und in Berlin nutzte die rot-grün-gelbe Koalition den Krieg in der Ukraine als Vorwand, um den Marsch in den Wind- und Sonnenstaat radikal zu beschleunigen.

Aber brachte das Jahr 2022 wirklich eine Zeitenwende? Oder änderte sich nur das Zeitempfinden? Früher einmal dachte man an den

Beginn der christlichen Zeitrechnung, wenn man von der Zeitenwende sprach. Geopolitische Zeitenwenden hingegen können sich im Nachhinein als trügerisch herausstellen. Das Ende des Ersten Weltkrieges und der Versailler Vertrag markierten keine Zeitenwende, weil sie keine Friedensordnung begründeten, sondern nur die Saat für die Wiederaufnahme des Krieges legten. 1945 kann als Zeitenwende gelten, weil das Ende der souveränen deutschen Großmacht besiegelt wurde und weil die zwei maßgebenden Siegermächte, die USA und die Sowjetunion, Europa in Einflusszonen und damit unter sich aufteilten. Das Jahr 1989 mit dem Fall der Berliner Mauer am 9. November schien eine Zeitenwende einzuläuten, weil sich in der Folge das sowjetische Imperium auflöste, der Kalte Krieg zwischen Ost und West endete und eine europäische Friedensordnung zum Greifen nahe war. 2022 indes sah es so aus, als seien die zurückliegenden 3 Jahrzehnte nur ein Intermezzo gewesen und wir dahin zurückgekehrt, wo wir vor 1989 standen.

In Deutschland, wie könnte es anders sein, trat umgehend die Schuldfrage in den Vordergrund. Angela Merkel, lange Zeit als angeblich mächtigste Frau der Welt immun gegen Kritik, wurde vom Podest gestoßen. Sie und ihre Russlandpolitik samt Steinmeier, dem früheren Außenminister, und Schröder, dem früheren Bundeskanzler, seien irgendwie mitverantwortlich für den russischen Krieg gegen die Ukraine. »So machten uns Merkel & Steinmeier abhängig von Putin!«, titelte *Bild* am 9. April 2022. Verlangt wurden nun Selbstkritik und Entschuldigungen. Steinmeier lieferte sie, als er Anfang April Reue zeigte: »Ich habe mich geirrt.«

Was 2022 ex post zum verhängnisvollen Irrtum deklariert wurde und einen ehemaligen Bundeskanzler zum Paria abstempelte, war in Wirklichkeit eine lange Zeit vielversprechende, völlig rationale Phase deutscher geoökonomischer Realpolitik. Die Erkenntnis, dass Wohlstand und Wettbewerbsfähigkeit der deutschen Export-großmacht zwingend auf bezahlbare und ausreichende Energieein-fuhr angewiesen sind, manifestierte sich an einem denkwürdigen Tag im November 2011. Damals drehten eine strahlende Angela Merkel und ein ebenso strahlender Dmitri Medwedew, der Präsi-dent Russlands, symbolisch den Hahn der Pipeline Nord Stream 1 auf. Anwesend waren neben Gerhard Schröder auch Frankreichs Premier François Fillon und EU-Energiekommissar Günther Oet-tinger. Auch sie frohlockten, als Deutschland und die EU an das russische Gasnetz angeschlossen wurden. Wenn sich Merkel geirrt haben sollte, dann haben sie sich alle geirrt.

Man könnte die Geschichte auch ganz anders erzählen, als es seit 2022 tönt. Dann würde sich herausstellen, dass die USA schon im-mer eine deutsch-russische Energiepartnerschaft verhindern woll-ten und dass der Krieg ihnen in die Hände spielte. Bereits Ende der 1950er-Jahre, als noch der jedem Appeasement abholde Konrad Adenauer Kanzler war, sicherte sich die westdeutsche Stahlindus-trie einen russischen Großauftrag: Sie würde die Röhren liefern, mit denen die neu entdeckten Gasvorkommen in Westsibirien er-schlossen werden sollten. Das Geschäft wurde von der Regierung Kennedy torpediert.

Zustande kam der Vertrag dann doch noch, und zwar im Jahr 1969, nachdem Willy Brandt (1913-1992) die Regierungsgeschäfte über-nommen hatte. Mannesmann und Thyssen lieferten die Röhren, und die Ruhrgas AG würde das Gas aus Russland einführen. 1973, zu einer Zeit, als Deutschland selbst noch größere Mengen des Rohstoffs produzierte, flossen bereits die ersten Importe aus Russ-land. In den 80er-Jahren stieg der Anteil an den gesamten Gasein-fuhren bis auf 50 Prozent, ging später wieder zurück und erreichte 2021 einen Spitzenwert von 57 Prozent. Dies nicht zuletzt, weil sich das niederländische Erdgasfeld der Erschöpfung näherte. 2002 fusionierte die Ruhrgas mit E.ON, 2005 gründeten sie zusammen mit Gasprom und der BASF-Tochter Wintershall ein Gemeinschaftsunternehmen zum Bau von Nord Stream 1. Hätten die Russen nicht immer zuverlässig und vertragstreu geliefert, wäre in Berlin niemand auf die Idee gekommen, die Kapazität von Nord Stream 1 mithilfe einer zusätzlichen Parallelleitung, nämlich Nord Stream 2, durch die Ostsee zu verdoppeln.

Die Frage, warum diese jahrzehntelange Energiepartnerschaft 2022 in Trümmern lag, lässt sich nur vor dem Hintergrund der amerikanisch-russischen Beziehungen seit den 90er-Jahren beantworten. Wie kam es, dass der Kalte Krieg nach der Auflösung des Warschauer Paktes nur scheinbar endete und dass die Spannungen nach der Jahrtausendwende wieder zunahmen? Welche Rolle spielte die Ukraine, wo sich der alte russische Machtbereich und die vorgeschobene amerikanische Einflusszone überschnitten? Und: Wann und wie wurde die Chance auf ein selbstbestimmtes Deutschland nach der Wiedervereinigung verspielt – bis hin zu einer Energie- und Russlandpolitik, über die Vizekanzler Robert Habeck selbst sagte: »Wir werden uns natürlich selbst schaden. Das ist ja völlig klar.«

Zunächst aber ein Rückblick auf 2018, 4 Jahre vor dem Ukrainekrieg: Das Bergamt Stralsund hatte den ersten, 55 Kilometer langen Abschnitt der Pipeline Nord Stream 2 genehmigt, die vom russischen Wyborg nach Lubmin bei Greifswald verlaufen würde. Die Verlegung der Röhren auf der 1224 Kilometer langen Trasse hatte noch nicht begonnen, da formierte sich schon der transatlantische Widerstand: US-Außenminister Rex Tillerson besuchte im Januar 2018 Warschau und bezeichnete die Pipeline als Gefahr für die Energiesicherheit Europas. In Berlin opponierten Politiker wie Norbert Röttgen (CDU) und Nadja Hirsch (FDP) gegen das Projekt. Ganz abgesehen von den Grünen, bei denen Amerikahörigkeit und Industriefeindschaft die Motive lieferten, die aber nichts blockieren konnten, solange sie nicht an der Regierung waren.

Der amerikanisch-deutsche Interessenkonflikt schwelte damals schon seit Jahren. Er eskalierte im Juni 2020, als sich Demokraten und Republikaner im amerikanischen Senat auf einen Gesetzentwurf zu Nord Stream 2 einigten und Washington mit exterritorialen, völkerrechtswidrigen Sanktionen gegen die Fertigstellung von Nord Stream 2 drohte. In einem internen Vermerk warnte die Bundesregierung: »Es wäre ein Novum, wenn sich die Sanktionen auch gegen Behörden von (befreundeten) Regierungen oder gar gegen die Regierungen selbst richten.« Eine Berliner Regierungssprecherin protestierte gegen die »Einmischung in unsere inneren Angelegenheiten«. Und der SPD-Fraktionsvorsitzende Rolf Mützenich sagte, die EU und Deutschland seien für US-Präsident Trump offenbar nur »tributpflichtige Vasallen«.

Was aber war von den Argumenten für und gegen Nord Stream 2 zu halten? So nannte auch Reinhard Veser in der FAZ die amerikanischen Methoden »nicht annehmbar«, meinte aber, die Gasleitung sei ein strategisches Projekt des Kreml, »von dem große Gefahren für die europäische Sicherheit ausgehen«.

Wie denn und wieso? Russisches Erdgas deckte ein Drittel des EU-Verbrauchs. Mit Einfuhren von zuletzt 58,5 Milliarden Kubikmetern war Deutschland der größte Gasprom-Kunde. Aber auch Österreich, Italien, Großbritannien, Frankreich, Polen, die Tschechische Republik und Ungarn importierten aus Russland. Gasprom war stets vertragstreu, hatte immer geliefert. In der EU standen schon vor dem Ukrainekrieg 22 Flüssiggasterminals zur Verfügung. Die waren allerdings nur schwach ausgelastet. Niemand hinderte die US-Produzenten daran, mehr zu liefern. Sie hätten ihr Erdgas nur billiger anzubieten brauchen als die Russen. Weil sie das nicht wollten, versuchte Washington, mit anderen Mitteln einen Wettbewerber aus dem Markt zu drängen. Die Vertreter des freien Handels waren in diesem Fall die Russen. Moskau brauchte das Geld, Europa das Gas. Die neue Ostseeleitung sollte das Angebot erhöhen, den Wettbewerb verschärfen und tendenziell die Gaspreise für alle Europäer senken. Auch Polen konnte jederzeit und ganz unabhängig von russischen Wünschen beliefert werden, und zwar über den Verteiler Deutschland.

Das Interesse Russlands wiederum lag darin, eine zusätzliche Pipeline zu bekommen, die nicht unterbrochen werden kann. Das Transitland Ukraine hatte wiederholt illegal russisches Gas für den eigenen Verbrauch abgezapft, obwohl Kiew Vorzugspreise gewährt wurden. Auch nach Meinung neutraler Beobachter war Kiew an den russisch-ukrainischen Gaskonflikten von 2006, 2009 und 2014 mitschuldig. So gesehen, gefährdete die neue Gasleitung nicht Europas Sicherheit, sie hätte sie erhöht.

Dann versuchte Washington im Juni 2020, Berlin mit einer anderen Drohung unter Druck zu setzen, nämlich mit der Ankündigung, etwa 10 000 der 34 400 in Deutschland stationierten amerikanischen Soldaten abziehen zu wollen. Fragt sich nur, wer hier auf wen angewiesen ist. Die Amerikaner werden auch in Zukunft ihre Truppen auf deutschem Boden nach eigenem Gutdünken verringern oder wieder aufstocken. Sie werden aber weder auf die Luftwaffenbasis in Ramstein noch auf das Militärkrankenhaus in Landstuhl – beide die größten Einrichtungen ihrer Art außerhalb der USA – verzichten wollen. Für die Kriege im Nahen Osten, in Afghanistan und Afrika (auch für den Drohnenkrieg!) war der sprichwörtliche unsinkbare Flugzeugträger Deutschland unentbehrlich. Gut, dass

Emily Haber, die deutsche Botschafterin in Washington, am 15. Juni 2020 klarstellte: »Die US-Truppen sind nicht dort, um Deutschland zu verteidigen. Sie sind dort, um die transatlantische Sicherheit zu verteidigen [...] sie sind auch dort, um amerikanische Macht nach Afrika, nach Asien zu projizieren.«

Wie sich die Zeiten ändern. Als sich die regierungsnahe Stiftung Wissenschaft und Politik im September 2005 mit Nord Stream 1 befasste, schrieben die Autoren, damit werde der »Spielraum für potenziell gegen Russland gerichtetes politisches Agieren« eingeschränkt. Die Pipeline bekräftige die Energiepartnerschaft, ja die »strategische Partnerschaft« zwischen Deutschland und Russland. Sie sei ein »Leuchtturmprojekt«. Selbst vonseiten der EU kam damals Unterstützung, und zwar wegen der willkommenen Diversifizierung der europäischen Gaseinfuhren.

Letzteres galt genauso für Nord Stream 2. Nur war es diesmal so, dass Brüssel und Paris einer Aufwertung Deutschlands zur Drehscheibe für den EU-Gashandel mit gemischten Gefühlen entgegensahen, dass Warschau die USA gegen seine beiden ungeliebten Nachbarn in Stellung bringen konnte und dass die Geostrategen in Washington, mit oder ohne Trump, jegliche deutsch-russische Zusammenarbeit zu blockieren versuchten.

Am 26. September 2022 wurde Nord Stream 2, ein russisch-europäisches Projekt im Wert von 20 Milliarden Dollar, zusammen mit Nord Stream 1 in der Nähe der dänischen Insel Bornholm gesprengt. Ein verhasstes Symbol lag in Trümmern und mit ihm die lange Geschichte deutsch-russischer Energiebeziehungen. US-Außenminister Antony Blinken freute sich in Reaktion auf die Explosionen über diese »tolle Möglichkeit«, die europäische Abhängigkeit von russischem Erdgas ein für alle Mal zu beenden. Radoslaw

Sikorski, polnischer Außenminister von 2007 bis 2014, twitterte: »Thank you, USA«. Die Warschauer Regierung war nicht amüsiert, und Sikorski musste den Beitrag wieder löschen. Und in Deutschland wurden Erinnerungen wach an den 7. Februar 2022, als Präsident Joe Biden in Gegenwart von Olaf Scholz verkündet hatte, es werde »kein Nord Stream 2 mehr geben«, falls Russland in die Ukraine einmarschiere. Auf die Frage einer Reporterin, wie genau er das ins Werk zu setzen gedenke, da das Projekt ja unter deutscher Kontrolle stehe, antwortete er: »Ich verspreche Ihnen, wir werden dazu imstande sein, es zu tun.« Dem Bundeskanzler, reduziert auf den Status eines Vasallen, fehlten die Worte. Er stand daneben und schwieg. Betretenes Schweigen herrschte in Berlin auch, als Washington, die NATO und die EU-Kommission im September reflexhaft die Russen als Täter verdächtigten. Doch warum hätte Moskau seine eigene Pipeline zerstören sollen? Schon bald interessierte sich kaum noch jemand für die Schuldfrage. Der Bundesregierung blieb die Peinlichkeit erspart, eventuell gegen einen NATO-Verbündeten Stellung beziehen zu müssen, hätte sich herausgestellt, dass dieser einen nur im Kriegsfall üblichen Sabotageakt begangen hatte.

Dass die USA zusammen mit dem NATO-Verbündeten Norwegen den Terrorakt geplant, vorbereitet und ausgeführt haben, kann seit dem 8. Februar 2023 nicht mehr ausgeschlossen werden. An diesem Tag veröffentlichte der legendäre amerikanische Investigativjournalist Seymour Hersh seine Recherche auf der Onlineplattform *Substack.com*. Nachgedruckt wurde diese in der *Weltwoche* vom 16. Februar. Hersh konnte sich auf eine Quelle mit direktem Zugang zu den Interna der Operation stützen. Danach stellte Präsident Bidens Nationaler Sicherheitsberater Jake Sullivan bereits im Dezember 2021, zwei Monate vor dem russischen Angriff auf die Ukraine, eine Task Force zusammen. Vertreten waren der Vereinigte Generalstab, der Geheimdienst CIA sowie das Außen- und Finanzministerium. Zu den streng geheimen Beratungen traf sich die Gruppe im obersten Stockwerk des Old Executive Office Building, das an das Weiße Haus angrenzt. Im März 2022, als Biden die Operation Nord Stream im Prinzip bereits genehmigt hatte, flogen Mitglieder des Teams nach Norwegen, um sich dort mit dem Geheimdienst und der Marine zu beraten. Das noch zu lösende Problem bestand darin, die Russen mit ihrer hervorragenden Überwachung der Ostsee nicht zu alarmieren.

Die im Juni stattfindende NATO-Übung Baltic Operations 22 bot dafür die perfekte Tarnung. Hochqualifizierte Tiefseetaucher, wie sie seit Jahrzehnten in einem Ort namens Panama City im US-Bundesstaat Florida ausgebildet werden, verlegten die C4-Sprengsätze in der Nähe von Bornholm an allen vier Nord-Stream-Leitungen. Und zwar im Rahmen des wie immer offiziell angekündigten Ostsee-Manövers, das diesmal auch Übungen mit Minen beinhaltete. Somit erregten die Tauchgänge bei den anderen NATO-Partnern, die nicht informiert waren, keine Aufmerksamkeit.

Zunächst sollten an den Minen 48-Stunden-Zeitzünder angebracht werden, dann bestand Biden auf der Option, den Befehl zur Explosion zu einem Zeitpunkt seiner Wahl geben zu können. Dazu wurde eine Sonarboje des Rüstungskonzerns Raytheon angeschafft. Sie wurde am 26. September 2022 von einem P-8-Überwachungsflugzeug der norwegischen Marine während eines vermeintlichen Routineflugs abgeworfen und zündete die Sprengsätze per Signal, nachdem Biden den Befehl dazu erteilt hatte. Soweit Hershs Darstellung.

Für die Version, mit der Hersh herauskam, sprachen die Fülle von Detailkenntnissen, seine anerkannte Integrität und seine Erfahrung mit geheimdienstlichen Quellen. Am 7. März 2023 war dann in der *New York Times* eine ganz andere Version zu lesen:

eine pro-ukrainische Gruppe habe die Pipelines sabotiert. Wie vorher schon Hersh berief sich die Zeitung auf anonyme amerikanische Regierungsbeamte. Diese hätten zugleich eingeräumt, dass es im Erkenntnisstand der amerikanischen Dienste und ihrer europäischen Partner immer noch »enorme Lücken« gebe. Die Ergebnisse der Untersuchungen könnten aber tiefgreifende Konsequenzen für die Koalition haben, die die Ukraine unterstützt. Auch an anderer Stelle des Artikels wurde deutlich, dass Washington der Regierung Selenskyj nicht mehr traut. Von einer russischen Täterschaft war keine Rede mehr. Jedenfalls lief der Bericht der *New York Times* darauf hinaus, Hersh zu widerlegen und die USA zu entlasten.

Erst die Abschaltung der deutschen Atomkraftwerke, dann das Aus für die Kohlekraftwerke und später dann das Ende von Erdgas als Energiequelle, nur verzögert durch den Bezug von teurem Flüssiggas als Übergangslösung – das alles erinnert fatal an den in *Beuteland* abgehandelten Morgenthau-Plan, der bekanntlich vorsah, die deutsche Industrie zu zerstören und Deutschland in ein Agrarland zu verwandeln – und der dann doch nicht umgesetzt wurde, weil sich in den USA Widerstand regte.

Propaganda von allen Seiten: Eine Dynamik, die an 1914 erinnerte

Das erste Opfer des Krieges, so heißt es, ist die Wahrheit. Oder auch: Wenn der Krieg beginnt, ist immer der andere schuld, und wenn er endet, derjenige, der verloren hat. Wer diesmal der Aggressor war, ist aktenkundig. Am Donnerstag, dem 24. Februar 2022, überschritten russische Truppen von Norden, Osten und Süden her die Grenze der Ukraine und stießen vor auf die Hauptstadt Kiew und auf Charkow, die zweitgrößte Stadt des Landes. Am frühen Morgen dieses Tages wandte sich Präsident Putin in einer

Fernsehansprache an die Russen und erklärte, er habe beschlossen, »eine spezielle Militäroperation durchzuführen«. Er habe nicht vor, die ganze Ukraine zu besetzen, werde aber versuchen, sie zu »entmilitarisieren und zu entnazifizieren«.

Kriegspropaganda war es, wenn Putin von einer »volksfeindlichen Junta in Kiew« sprach, von »extremen Nationalisten« und »Neonazis«, die er mit Hitlers Kollaborateuren während des Großen Vaterländischen Krieges verglich. Der historischen Wahrheit näher kam der Kremlchef indes, als er an die Ausdehnung der NATO nach Osten »trotz all unserer Proteste und Bedenken« erinnerte und an die »verächtliche Haltung gegenüber unseren Interessen«. Die sogenannte Politik der Eindämmung Russlands sei letztlich »eine Frage von Leben und Tod, eine Frage unserer historischen Zukunft als Nation«.

Dass der Westen Fehler gemacht haben könnte, war mit dem Einmarsch in die Ukraine kein Thema mehr in den westlichen Medien. An die Stelle von Selbstbesinnung traten Feindbilder, dunkle Superlative und Schmähungen der deutschen Politiker, die jahrelang auf einen Ausgleich und wirtschaftliche Zusammenarbeit mit Moskau gesetzt hatten. Der Kreml attackiere das Völkerrecht und die Vernunft und führe in der Ukraine einen »Krieg gegen alles, was den westlichen Demokratien hoch und heilig ist«, befand der Leitartikler der FAZ vom 24. Februar 2022. Nur wenige Leser werden sich gefragt haben, wer denn in Afghanistan und dem Irak Völkerrecht gebrochen hat und ob jemals einer Großmacht das Völkerrecht hoch und heilig war. Eine andere Parallele zwischen amerikanischen und russischen Angriffskriegen besteht darin, dass ein Krieg schnell begonnen ist, ganz anders verläuft als geplant und sich letzten Endes als sinnloses Unterfangen herausstellt.

Während in deutschen Zeitungen gemutmaßt wurde, ob Putin wahnsinnig sei, verglich das amerikanische Mises-Institut Präsident Kennedys friedensichernde Politik während der Kubakrise von 1962 mit der Agenda der kriegsgeneigten »Neocons« und ihrem Einfluss auf Präsident Biden. Putin sei weder irrational noch ein neuer Stalin, meldete sich der Konservative Patrick Buchanan zu Wort, sondern ein russischer Nationalist und Patriot und ein kalter und unbarmherziger Realist, der Russland als große und respektierte Macht erhalten wolle.

Die Propagandaschraube noch ein Stück weiter drehte der Historiker Karl Schlögel in der *Welt am Sonntag* vom 27. Februar 2022, als er – ein in solchen Zeiten übliches Stereotyp – Russlands fünfte Kolonne suchte und fand: nicht nur in den Reihen der »putinophilen Partei« von Sahra Wagenknecht und in der Person des Gerhard Schröder, wobei er selbst Markus Söder unter Verdacht stellte, sondern auch in Form der 3,5–4 Millionen Menschen umfassenden »russischsprachigen« Community in Deutschland. »Leider herrscht im politischen Berlin bis heute ein gewaltiges Desinteresse an dieser russischen Präsenz«, klagte er und erklärte dabei gleich auch noch die aus der früheren Sowjetunion in die Bundesrepublik übergesiedelten Volksdeutschen zu Russen. Und er raunte: »Diese Präsenz kann aber unter bestimmten Bedingungen eine große Rolle spielen.« Das dachte auch die Roosevelt-Regierung über die Amerikaner japanischer Abstammung und sperrte sie während des Zweiten Weltkrieges vorsichtshalber in Lager. Überhaupt wurden nach dem Einmarsch in die Ukraine die finstersten Töne laut. Warum und wie die russische Aggression nach Ansicht des *Spiegels* die gesamte Weltordnung verändern könnte, bleibt rätselhaft. Und was soll man von dieser Prophezeiung der bereits zitierten FAZ halten: »Die Dunkelheit wird Jahre anhalten, vielleicht sogar Jahrzehnte.«

Die Gefahr, dass zwar nicht die Welt, aber doch Europa einer langen politischen Eiszeit entgegengeht, besteht tatsächlich. Wenn Außenministerin Baerbock verkündet, die westlichen Sanktionen müssten »das System Putin im Kern treffen« oder wenn der amerikanische Senator Lindsey Graham den Russen mitteilt, sie hätten mit Putin keinen Platz in der Staatengemeinschaft, sondern müssten »in Armut und Elend« leben, dann propagieren solche Politiker einen Regimewechsel, der schon anderswo gescheitert ist. Und wenn die Sanktionen wirklich das Ziel haben, die »russische Wirtschaft zu vernichten« (Zitat aus der FAZ vom 28. Februar 2022), dann wird jede noch so vage Aussicht auf eine friedliche Koexistenz mit Russland schon im Keim erstickt. Dann steigt das Risiko eines noch größeren Krieges. Bekanntlich folgte der Angriff auf Pearl Harbour auf eine amerikanische Wirtschaftsblockade, die in absehbarer Zeit Japan vollständig stranguliert hätte. Ein scharfsinniger Beobachter geopolitischer Entwicklungen wie der Historiker Michael Stürmer meinte, dass die neue Weltordnung aus USA, China und Russland noch nicht ausbalanciert sei, dass ein Spiel mit drei statt zwei Weltmächten schwer in einer Machtbalance zu halten sei und dass dieses Kräftemessen eine Dynamik auslösen könne, wie sie schon 1914 zur Katastrophe geführt habe.

Bereits am 30. Dezember 2021 erinnerte Stürmer in der *Welt* an eine Weichenstellung, die neuerdings im Westen verdrängt wird: an den Grundsatzbeschluss des NATO-Gipfels von Bukarest im Jahr 2008, Georgien und die Ukraine in das Militärbündnis aufzunehmen und damit an den Kaukasus und bis weit über den Dnjepr hinaus vorzurücken. Genau genommen wurde die Aufnahme der beiden Länder auf Drängen Frankreichs und Deutschlands und zum Unwillen der Amerikaner auf einen unbestimmten Termin vertagt, was diese aber nicht daran hinderte, die Ukraine de facto und systematisch an die NATO anzubinden, die ukrainische Armee auszubilden und aufzurüsten und gemeinsame Manöver zu veranstalten. Von Georgien ließen sie die Hände, nachdem der georgische Angriff auf das abtrünnige Südossetien durch eine russische Intervention zurückgeschlagen wurde.

Stürmer hielt den Beschluss von Bukarest auch 14 Jahre danach für einen Fehler: »Was für Russland eine Frage von Sein oder Nicht-Sein war, war für die westliche Staatenwelt eine fast beiläufige Entscheidung. Ihr Gewicht indessen ergab sich für russische Strategen aus Geschichte, Geografie und alten Ängsten. Die NATO-Versprechen reichten damals aus, Russland zu verlieren. Und so kam es, wie es nach der Neuaufstellung der Schachfiguren kommen musste. Putin tat, was er konnte, um Russlands Streitkräfte zu ertüchtigen und für die Hybrid-Kriegführung von heute aufzurüsten. In der gegenwärtigen NATO-Russland-Krise müssen sich die NATO-Partner fragen, ob sie nicht selbst dazu beigetragen haben, den Gegner ins Leben zu rufen, den sie jetzt zu fürchten haben.«

Nicht zufällig standen die Ukraine und Georgien gemeinsam auf der Agenda von Bukarest. In beiden Staaten war die Lage konfliktträchtig, weil sich Teile der Bevölkerung nach Russland orientierten und von der Zentralregierung diskriminiert wurden und weil die Opposition vom Regime verfolgt wurde. Bereits 1989 ging Tiflis gegen die ethnischen Minderheiten vor. Unruhen brachen aus, Südossetien erklärte 1990 zum ersten Mal seine Unabhängigkeit, georgische Milizen drangen ein, und doch schien 1992 der Friede dank einer Einigung zwischen Moskau und Tiflis wiederhergestellt – bis im August 2008 die georgische Regierung die Generalmobilmachung ausrief und ihre Truppen in Südossetien einmarschieren ließ.

2008 setzte der damalige georgische Präsident Micheil Saakaschwili
ebenso auf die USA und auf westliche Rückendeckung wie später Selenskyj in der Ukraine. Als Georgien angriff, waren in Südossetien
lediglich 1000 russische Peacekeeper mit UN-Mandat präsent. Moskau reagierte, ließ reguläre Armee-Einheiten einrücken, und die Ge-
orgier wurden wieder vertrieben. Allein aus logistischen und geografischen Gründen war es der NATO unmöglich, sich am Kaukasus
dauerhaft festzusetzen und einen Stellvertreterkrieg zu führen.

Dass der Krieg von 2008 nicht von Russland, sondern von Georgien
ausging, wurde auch in einem EU-Bericht festgestellt (*Der Spiegel*,
21. September 2009). Tatsache ist auch, dass das US-Militär schon
2002 an der russischen Kaukasusgrenze auftauchte und mit der Aus-
bildung der georgischen Armee begann. Trotz mancher Parallelen
zwischen Südossetien und dem Donbass: In Georgien waren es die
Amerikaner, die sich verkalkulierten, in der Ukraine lief Moskau in
die Falle eines Stellvertreterkrieges, für den Russland schon 2022 einen hohen Preis zahlte, die Ukraine freilich einen noch höheren.

Brzeziński Drehbuch: Wie die Chance auf eine europäische Friedensordnung verspielt wurde

Um zu verstehen, was schiefgelaufen ist, müssen wir noch weiter zu-
rückgehen. Nämlich bis zum Beginn der 1990er-Jahre, als die Sowjetunion die unterdrückten Völker in die Freiheit entließ, in die Wiedervereinigung Deutschlands einwilligte, und die Rote Armee aus
Deutschland abzog. Es war ein historisch einmaliger Vorgang, dass
ein geschwächtes, aber unbesiegtes Imperium in so kurzer Zeit und
ohne Blutvergießen ein so großes Territorium aufgab. Bis heute wird
darüber gestritten, welche Gegenleistungen der Westen anbot und
ob den Russen zugesagt wurde, die NATO nicht dorthin zu expandieren, von wo sich die Sowjets zurückgezogen hatten.

Die Frage kann als geklärt gelten, nachdem der deutsche Spitzen-
diplomat Frank Elbe in einem Interview mit dem *Spiegel* am 26.
Februar 2022 auspackte. Elbe leitete von 1987 bis 1992 das Büro
von Außenminister Hans-Dietrich Genscher (1927–2016), war
1990 Mitglied der Bonner Delegation bei den Zwei-plus-Vier-Ver-
handlungen über die deutsche Einheit und diente dann als deutscher Botschafter in verschiedenen Staaten, darunter Polen. Elbes
Bericht passt zu dem oft zitierten Baker-Ausspruch: »Not one
inch«. 1990 hatte US-Außenminister James Baker Michail Gorbat-
schow einen Deal angeboten: Moskau würde der Wiedervereinigung zustimmen, und die NATO würde sich »nicht einen Zoll« in
Richtung Osten bewegen.

In dem *Spiegel*-Interview erinnert Elbe an eine Rede Genschers in
Tutzing am 31. Januar 1990. Damals bestand das Problem aus deutscher Sicht darin, dass die USA der Wiedervereinigung nur unter
der Voraussetzung zustimmten, dass Deutschland NATO-Mitglied
blieb – und die Sowjets nur unter der Voraussetzung, dass Deutschland neutral würde. In Tutzing bekannte sich Genscher zur NATO-
Mitgliedschaft und fügte hinzu, Bonn gehe davon aus, dass die
NATO in der weiteren Entwicklung erklären werde: »Was immer
im Warschauer Pakt geschieht, eine Ausdehnung des NATO-Ter-
ritoriums nach Osten, das heißt näher an die Grenzen der Sowjetunion heran, wird es nicht geben.«

Unmittelbar nach Tutzing, so Elbe, flog Genscher nach Washington
und »traf auf einen strahlenden James Baker, der sagte, die Formel
mit der Nichtausdehnung gefalle ihm und er werde dafür sorgen,
dass sie im Bündnis akzeptiert werde«. Eben diesen Vorschlag hätten
sowohl Baker als auch Genscher Anfang Februar 1990 in Moskau
präsentiert, worauf der sowjetische Außenminister Eduard Sche-
wardnadse entgegnet habe, er glaube »allen Worten« Genschers.

Demnach hat Putin die damaligen westlichen Zusagen korrekt wiedergegeben. Nur wurden sie nie schriftlich festgehalten, auch nicht im Zwei-plus-Vier-Vertrag. »Sie haben uns getäuscht«, sagte er in seiner Kriegsrede vom 24. Februar, »oder, um es im Volksmund zu sagen, einfach abserviert«. Der Rest ist bekannt: 1997 war das postkommunistische Russland militärisch und finanziell derart geschwächt, dass Boris Jelzin der ersten Welle der NATO-Osterweiterung widerstrebend zustimmen musste. Als 2004 auch die drei baltischen Staaten aufgenommen wurden, hat man Moskau nicht mehr gefragt, Russland legte sich aber auch nicht quer. Da war Putin schon im Amt; er war 1999 auf Jelzin gefolgt. Erst nach dem Bukarester Beschluss von 2008 zog Putin in zahlreichen Erklärungen immer wieder seine »rote Linie«, deren Überschreiten Moskau nicht hinnehmen werde: den Anschluss der Ukraine an die NATO.

In dieser Hinsicht spielte der Kremlchef von Anfang an mit offenen Karten. Bis zum Umsturz in Kiew im Februar 2014, der eine proamerikanische Regierung an die Macht brachte, gab es auch keine Indizien dafür, dass Putin sich die Krim zurückholen würde. Er annektierte sie 2014, weil er der Gefahr vorbeugen wollte, die Marinebasis Sewastopol und damit den Zugang zum Schwarzen Meer an die NATO zu verlieren. Damit brach er den Vertrag, in dem Moskau der damals noch neutralen Ukraine die Unverletzlichkeit ihrer Grenzen zugesichert hatte. Nebenbei bemerkt, wurde die 78-tägige Bombardierung Serbiens, eines traditionellen Verbündeten Russlands, im Kreml mit Entsetzen registriert. Das war im Jahr 1999, als Putin die Macht von Jelzin übernahm. Die Selbstdarstellung der NATO als Allianz, die sich lediglich verteidigt, wird ihn nie überzeugt haben. Einem Geheimdienstprofi gleich welcher Nationalität kann man viel unterstellen, nur nicht einen Mangel an Misstrauen und ein Übermaß an Naivität. In diesen Kreisen traut man der Gegenseite immer auch das zu, was man sich selbst zutraut.

Ja, auch dieser Krieg war von Anfang an traurig, grausam und empörend. Doch Krieg wird von Regierungen inszeniert, nicht von Völkern – sie haben ihn zu erleiden. Nachdem die russischen Truppen in den ersten Tagen des Einmarschs das Feuer auf militärische Infrastruktur konzentrierten und empfindliche Verluste hinnehmen mussten, wurde bereits in der ersten Märzwoche über den Beschuss ziviler Objekte berichtet. Wenn in einem Krieg wahllos bombardiert wird, ist die nächste Stufe der Barbarei erreicht. Nur sollte man hinsichtlich der berechtigten Empörung keine Unterschiede machen. 1999 fielen die Bomben und Marschflugkörper der NATO auf 300 Schulen, 176 Kulturdenkmäler, auf Krankenhäuser und auf 23 mittelalterliche Klöster in Serbien. Eine amerikanische F-15 beschoss einen Personenzug auf offener Strecke. Eingesetzt wurde auch Munition mit abgereichertem Uran. Der militärische Effekt war gleich null; er war wohl auch nicht beabsichtigt. Die serbische Armee überstand den Krieg so gut wie intakt.

Ob deutsche Außenpolitiker und die Leitartikler der Qualitätszeitungen naiv sind, sei dahingestellt. Sie erwecken jedenfalls den Anschein, indem sie die lange Vorgeschichte des Ukrainekrieges ausblenden und auf eine Analyse der amerikanischen Politik verzichten – so, als gebe es in diesem Konflikt nur einen Akteur, nämlich Putin. In Wirklichkeit liegen Logik und Strategie der amerikanischen Politik vor uns wie ein offenes Buch.

Kaum war der Kalte Krieg beendet und Deutschland vereint, meldete sich der polnisch-US-amerikanische Politikberater Zbigniew Brzeziński in der Herbstausgabe 1992 von *Foreign Affairs* zu Wort und stellte die Frage, wie das zentrale strategische Ziel des Westens gegenüber dem früheren Rivalen aussehen solle. Der Zusammenbruch der Sowjetunion nach 7 Jahrzehnten, schrieb er, werde mehr als überschattet von der Auflösung des großen russischen Imperiums, das mehr als 300 Jahre überdauert habe: »Das ist ein Ereignis von wahrhaft historischem Ausmaß.« Es werde viele Jahre dauern, bis sich der Staub gelegt habe. Aber es sei bereits klar, dass die Transformation des früheren Imperiums schwieriger sei und länger dauern werde als der demokratische Wiederaufbau Deutschlands oder Japans nach 1945.

Als einer der Sieger des Zweiten Weltkrieges mit den Verlierern verglichen zu werden muss in russischen Ohren höhnisch und infam geklungen haben. Um ein Partner Amerikas zu werden, so Brzeziński, müsse Russland seine imperialen Aspirationen ablegen. Geopolitisch essenziell sei dabei die Stabilisierung der Ukraine. Als mögliches Hindernis dabei bezeichnete Brzeziński den »von Moskau kontrollierten Außenposten auf der Krim«, womit er den Marinestützpunkt Sewastopol meinte. Eben diesen sicherte sich der Kreml 2014 mit der Annexion der Krim, als mit dem Umsturz in Kiew die NATO-Mitgliedschaft der Ukraine näher rückte.

1997 präzisierte Brzeziński seine Überlegungen in einem Buch mit dem Titel *The Grand Chessboard* (dt.: *Die einzige Weltmacht – Amerikas Strategie der Vorherrschaft*). »Ohne die Ukraine«, schrieb der Vordenker, »kann Russland nicht zu Europa gehören, wohingegen die Ukraine ohne Russland durchaus Teil Europas sein kann.« Russland werde sich wahrscheinlich mit der 1999 bevorstehenden NATO-Erweiterung abfinden, jedoch »unvergleichlich schwerer« mit einem NATO-Beitritt der Ukraine. Als Zeitrahmen dafür nannte er die Jahre zwischen 2005 und 2015. Es war dies die Blaupause einer Strategie, die darauf hinauslief, Europa nach amerikanischen Vorstellungen und gegen Russland neu zu ordnen. Europa in der Formation der EU war und ist aus dieser Sicht nicht mehr als der »Brückenkopf für Amerika« auf der Karte der eurasischen Landmasse, um Brzeziński noch einmal zu zitieren.

Gekündigte Verträge: Schon vor dem Umsturz in Kiew 2014 verlor Washington das Interesse an Abrüstung und Entspannung in Europa

In den von Brzeziński anvisierten Zeitrahmen fiel der Machtwechsel in Kiew im Februar 2014. Der Kreml sprach von einer »realen Gefahr für russische Interessen«. Die Proteste auf dem Maidan seien vom Ausland vorbereitet worden, und das Schicksal der Ukraine sei für die USA und die EU-Staaten nachrangig. Putin selbst nannte den Sturz der demokratisch gewählten Regierung Janukowitsch einen »verfassungswidrigen Putsch«.

Wie und von wem der Regimewechsel gefördert und finanziert wurde, braucht hier nicht im Detail ausgeführt zu werden. Es ist sogar auf Wikipedia nachzulesen. Jedenfalls war es keine Geringere als die Diplomatin Victoria Nuland, zuständig im US-Außenministerium für Europa und Eurasien, die sich im Februar 2014 um die Personalpolitik in Kiew kümmerte. Von ihr stammt auch das Eingeständnis, Washington habe sich den Regimewechsel 5 Milliarden Dollar kosten lassen. Für Ärger sorgte ein von den Russen abgehörtes Telefongespräch Nulands mit dem US-Botschafter in Kiew, das am 4. Februar 2014 auf Youtube veröffentlicht wurde. Darin diskutierten die beiden die Frage, wer die Regierung übernehmen solle. Den EU-freundlichen und von Berlin favorisierten Vitali Klitschko wollte Nuland nicht haben (»fuck the EU«, lautete ihre Invektive am Telefon), stattdessen solle Arseni Jazenjuk Ministerpräsident werden. Er übernahm das Amt noch im Februar.

Die parteilich ungebundene Nuland, verheiratet mit dem Neokonservativen Robert Kagan, zählte immer zur dezidiert russlandfeindlichen Fraktion in Washington, für die Krieg ein Mittel der Politik bleibt – eine Fraktion, die von Donald Trump kaltgestellt und von Joe Biden reaktiviert wurde. Seit 2021 sitzt Nuland wieder im Außenministerium. In der entscheidenden Phase, die dem Ukrainekrieg vorausging, konnte sie an die Rolle anknüpfen, die sie 2014 gespielt hatte. Nachdem sich Präsident Biden im Juni 2021 in Genf mit Putin getroffen hatte, flog Nuland im Oktober zu einem dreitägigen Besuch nach Moskau. Anfang November verbrachte CIA-Direktor William Burns zwei Tage in der russischen Hauptstadt. Worüber sie verhandelten und womit gedroht wurde, gehört in den Bereich der Spekulation. Woran die Verhandlungen, die sich über ein halbes Jahr hinzogen, letztlich gescheitert sind, wird ein Thema für die Historiker sein. Viel spricht dafür, dass Putin, der Aggressor, aus der strategischen Defensive heraus gehandelt hat.

Nur auf die Ukraine zu blicken würde daher zu kurz greifen. Die 2022 proklamierte Zeitenwende kam ja nicht aus dem Nichts. Was ihr vorausging, war ein erst schleichender und dann nach der Jahrtausendwende sich beschleunigender Übergang von west-östlicher Kooperation zu einem neuen Antagonismus. Und wie so oft spiegelte sich dies im Schicksal von völkerrechtlichen Verträgen, die geschlossen oder gebrochen oder gekündigt wurden oder einfach nicht zustande kamen.

Am Anfang standen Abrüstungsverträge, die eine Ära des Friedens in Europa zu garantieren schienen. 1988 trat der Vertrag über die Mittelstrecken-Nuklearstreitkräfte in Kraft, bekannt als INF-Vertrag (Intermediate Range Nuclear Forces). Die USA und die Sowjetunion verpflichteten sich, auf landgestützte Mittelstreckenraketen und Marschflugkörper mit einer Reichweite zwischen 500 und 5500 Kilometern zu verzichten. Bis 1991 zerstörten sie rund 2700 solcher Systeme und damit alle. Zugleich bauten beide Seiten einen Großteil ihrer taktischen Atomwaffen in Europa ab; vollständig in den früheren Stationierungsländern des Warschauer Paktes, bis auf einen Rest in Westeuropa. 2019 stiegen die USA aus dem INF-Vertrag aus, nachdem sich Washington und Moskau gegenseitig beschuldigt hatten, das Abkommen zu verletzen.

Auch der Vertrag über die Konventionellen Streitkräfte in Europa, der KSE-Vertrag von 1990, wurde zunächst korrekt eingehalten. Er verpflichtete NATO und Warschauer Pakt, die Rüstung auf ein tiefes Niveau abzusenken und damit die Fähigkeit zu Überraschungsangriffen zu unterbinden. Wieder wurden die Waffensysteme – bis 1996 – massiv reduziert, wobei Russland und Deutschland die Hauptlast trugen. Die Ausdünnung und Abrüstung der Bundeswehr war erwünscht und verpflichtend! 1992 trat der KSE-Vertrag endlich in Kraft. Aus Moskauer Sicht bot er nur Vorteile: Er brachte die NATO effektiv auf den Stand von 1990, er verhinderte ein neues Wettrüsten, er sorgte für geografische Distanz zwischen NATO und Russland, so eine Studie der regierungsnahen Stiftung für Wissenschaft und Politik (SWP) vom 11. Februar 2022 (Autor: Wolfgang Richter). Auch diesmal waren es die USA, die schließlich – gegen deutsche Bedenken – nicht mehr mitspielten. Das 1999 in Istanbul vereinbarte Anpassungsabkommen zum KSE konnte nie in Kraft treten, weil sich der 2001 ins Amt gekommene Präsident George W. Bush querlegte. Er war seinerzeit damit beschäftigt, den NATO-Beitritt der Ukraine und Georgiens einzufädeln. Während Washington Nein sagte, ratifizierte Moskau das Anpassungsabkommen 2004 – auch das ist längst vergessen. 2007 wurden sämtliche russische Stationierungstruppen aus Georgien abgezogen.

Ab 2004 traten weitere osteuropäische Staaten der NATO bei, die dem KSE-Vertrag nicht angehörten und die als »potenzielle Stationierungsräume der Allianz«, so die SWP, keinen rechtsgültigen Rüstungskontrollregeln unterlagen. Nicht einmal der 1972 mit der Sowjetunion abgeschlossene ABM-Vertrag über die Begrenzung der Raketenabwehrsysteme überlebte den Einzug der bellizistischen Falken in das Weiße Haus: Washington kündigte den Vertrag einseitig 2002, Moskau sah darin eine Gefährdung der strategischen Stabilität. Die Hoffnung auf eine europäische Friedensordnung, die das Sicherheitsinteresse aller Seiten respektierte, begann zu schwinden.

Das letzte Kapitel der Vorgeschichte des Ukrainekrieges wurde im Dezember 2021 geschrieben, als der Kreml zwei Vertragsentwürfe vorlegte. Moskau verlangte von der NATO, den Bukarester Beschluss von 2008 zurückzunehmen, rechtsverbindlich auf jede künftige Ausdehnung zu verzichten und diejenigen Truppen zurückzuziehen, die ab 1997 in Osteuropa stationiert worden waren. Deutschland und Frankreich zeigten sich offen für Verhandlungen, Washington schloss jegliche Zugeständnisse aus. Die Vertragsentwürfe vom 17. Dezember wanderten zurück in die Schublade. Washington (wie seit den 90er-Jahren) und Moskau (mit dem Angriff) schrieben europäische Geschichte. Die Europäer selbst verharrten im Zustand geopolitischer Ohnmacht. Selbst nach dem 24. Februar zögerte Berlin noch. Dann blieb der Regierung Scholz nichts anderes übrig, als mit Waffenlieferungen an die Ukrainer zur Konfliktpartei zu werden, auf den amerikanischen Kurs einzuschwenken und Deutschland dem Risiko der Verwicklung in einen größeren europäischen Krieg auszusetzen.

Cui bono? Der Papst mahnte – und wurde nicht gehört

Der Kreml hat offenbar geglaubt, mit seinen vorbildlichen Finanzen, mit einer Staatsverschuldung von lediglich 20 Prozent des BIP und mit Devisenreserven von umgerechnet 630 Milliarden Dollar westliche Sanktionen leicht verkraften zu können. Selbst der Ausschluss aus dem Swift-System, der immer als schärfstes Sanktionsschwert galt, würde den Zahlungsverkehr im Außenhandel zwar erschweren und verlangsamen, aber nicht zum Stillstand bringen, so die durchaus berechtigte Annahme. Dass die internationalen Reserven einer großen Zentralbank wie der Bank von Russland blockiert werden, wie im Frühjahr 2022 geschehen, ist hingegen eine kaum steigerungsfähige Sanktion, die bisher schwer vorstellbar war. Und sie beinhaltet eine Lektion auch für die chinesische Führung: dass die Kontrolle der Weltmacht Amerika über die internationalen Zahlungsströme und, mehr noch, über die Verfügbarkeit der Devisenreserven eines Gegners gleich viel wiegen kann wie dessen militärisches Potenzial.

Bleibt die Frage: Cui bono? Wer profitiert? Die Ukraine allenfalls auf sehr lange Sicht, wenn sie als Beitrittskandidat in den Genuss immenser EU-Subventionen kommt. Die bisherige Bilanz des Kampfes um dieses europäische Schlüsselland ist miserabel. Die Ukraine mit ihren 40 Millionen Einwohnern ist (noch hinter der Republik Moldau) das ärmste Land Europas. Mit 4400 Dollar pro Kopf liegt das jährlich BIP weit unter dem russischen. Millionen von Ukrainern sind als Gastarbeiter ins Ausland abgewandert, die meisten nach Polen. Die Ukraine hat für den Abbruch der engen wirtschaftlichen Verflechtung mit Russland teuer bezahlt. Sie wurde seit 2014 von den NATO-Staaten aufgerüstet. Ebenfalls seit 2014 sind amerikanische Militärberater vor Ort, 2018 wurde die militärische Kooperation mit den USA offiziell vereinbart. Es war nur eine Frage der Zeit, bis der militärische Vorsprung Russlands gegenüber der Ukraine und der NATO schrumpfen würde. Auch das wird zum Entschluss Putins beigetragen haben, zuzuschlagen.

Einen Tag nach dem russischen Angriff meldete sich Douglas London, ein pensionierter, Russisch sprechender CIA-Spezialist für Aufstandsbekämpfung, auf der Internetseite von *Foreign Affairs* zu Wort. »Regierungsbeamte der USA und der Ukraine«, schrieb er, »haben für diesen Tag lange geplant«. Sollte Putin den größten Teil des Landes besetzen wollen und eine Marionettenregierung in Kiew installieren, müsse er mit einem langen, blutigen Partisanenkrieg rechnen. Die gemeinsame Grenze mit vier NATO-Staaten werde es den USA leicht machen, den ukrainischen Widerstand zu unterstützen und zudem Unruhen in Weißrussland zu schüren. Schließlich habe die CIA ihre ukrainischen Partner schon seit Jahren mit Material und Training unterstützt. Sollte Russland versuchen, die Aufständischen zum Beispiel über die Grenze nach Polen zu verfolgen, könne das einen Krieg mit der NATO auslösen.

Noch ist es zu früh, den Ausgang dieses Konfliktes abzuschätzen. Der Krieg wird aber so oder so damit enden, dass nur eine Partei unbeschadet herauskommt: die Vereinigten Staaten von Amerika. Die Existenzberechtigung der NATO, die Präsident Macron noch vor 2 ½ Jahren für »hirntot« erklärt hatte, wäre gesichert und mit ihr die amerikanische Präsenz auf dem Brückenkopf Europa. Die am 25. September 2001 von Putin vor dem Deutschen Bundestag bei stehenden Ovationen vorgeschlagene Zusammenarbeit wäre endgültig begraben. Russland würde auf lange Zeit in eine ungewollte Abhängigkeit von China geraten. Und es würde sich herausstellen, dass die Ende Februar 2022 in Kraft getretenen Sanktionen, die der Erklärung eines totalen Wirtschafts- und Finanzkrieges gleichkommen, so konstruiert waren, dass sie nicht nur Russland, sondern auch Deutschland und die anderen Europäer treffen würden – nicht aber die USA. In dieser neuen Weltordnung würden die Deutschen dann dem reichlich verfügbaren, preiswerten Gas aus dem Osten nachtrauern und mit den asiatischen Abnehmern um das teure LNG aus den USA feilschen müssen. Dies jedenfalls waren die für Deutschland unerfreulichen Perspektiven im Kriegsjahr 2022.

Während Politiker und Medien den Hass auf Russland schürten und jegliche Definition deutscher Interessen vermissen ließen, waren von

Papst Franziskus nachdenkliche und ausgewogene Stellungnahmen zu hören. Er gemahnte an die Kriege in anderen, fernen Ländern wie im Norden Nigerias und im Kongo, um die sich niemand kümmere. In einem Interview mit dem Jesuiten-Magazin *La Civiltà Cattolica* vom 14. Juni 2022 erinnerte er sich an das Treffen mit einem »weisen« Staatsoberhaupt einige Monate vor der Invasion vom 24. Februar – einem Mann, der wenig spreche, dessen Namen der Papst aber verschwieg. »Er sagte mir, er sei sehr besorgt darüber, wohin die NATO steuere. Ich fragte ihn, warum, und er erwiderte: ›Sie bellen an den Toren Russlands. Sie verstehen nicht, dass die Russen imperial sind und es keiner fremden Macht erlauben, sich ihnen zu nähern […] Die Situation könnte zu einem Krieg führen.‹«

Seine eigene Position artikulierte Franziskus so: »Manche werden mir an dieser Stelle vielleicht sagen: aber du bist pro Putin! Nein, das bin ich nicht. Es wäre zu einfach und falsch, so etwas zu sagen. Ich bin nur dagegen, eine komplexe Situation auf ein einfaches Gut-Böse-Schema zu reduzieren, ohne die Wurzeln und Eigeninteressen zu bedenken, die sehr komplex sind.« Der Papst verurteilte die »Grausamkeit« der russischen Truppen, stellte aber auch die Cui-bono-Frage, die Frage also nach dem Nutzen, den die westliche Rüstungsindustrie aus dem Blutvergießen ziehe: »Ich sehe auch das Interesse am Testen und am Verkauf von Waffen. Es ist sehr traurig.«

Ein besetztes Land? Schönheitsfehler der deutschen Souveränität

Mit dem Ukrainekrieg, seiner Vorgeschichte und dem Streitfall Nord Stream 2 stellt sich wieder einmal die Frage nach der Souveränität Deutschlands. De jure wurde diese geklärt mit dem Abschluss des Zwei-plus-vier-Vertrages nach der Wiedervereinigung. De facto ist sie eingeschränkt, wenn wir unter Souveränität die Handlungsfreiheit eines Staates und einer Nation verstehen. Eben das war das Vermächtnis, das Konrad Adenauer hinterließ: Souveränität zurückzugewinnen, Souveränität zu bewahren. Diesem und keinem anderen Zweck diente die Aufstellung der Bundeswehr und die von ihm angestrebte Mitgliedschaft in der NATO.

Die Bilanz, die heute gezogen werden kann, ist gemischt. Die realen Verhältnisse sind in einem erstaunlich offenen Buch *(Deutschland zwischen den Fronten. Wie Europa zum Spielball von Politik und Geheimdiensten wird)* nachzulesen, verfasst von Gert-René Polli, dem Gründer des Österreichischen Bundesamtes für Verfassungsschutz und Terrorismusbekämpfung. Neben dem Vorzug, Insider zu sein, besitzt er den der Neutralität. Polli kommt zu dem Schluss, dass sich in der Praxis wenig geändert hat, seitdem die völkerrechtlich souveräne Bundesrepublik das Recht erhielt, die Stationierung fremder Streitkräfte auf deutschem Boden zu kündigen.

Es bleibt aber bei der Verpflichtung zur engen geheimdienstlichen Zusammenarbeit mit den USA. Es bleibt bei der Verpflichtung der Bundesregierung, bestimmte sicherheitsrelevante Informationen weder in der Öffentlichkeit noch vor Gericht jemals bekannt zu machen. So muss der Bundeskanzler, wenn er einem Parlamentarischen Untersuchungsausschuss Rede und Antwort steht, die Einwilligung der USA einholen, bevor er amerikanische Amtsgeheimnisse preisgibt. Nach wie vor gilt amerikanisches Recht auf allen US-Militärstützpunkten in Deutschland einschließlich des darüber liegenden Luftraums und der Aktivitäten der US-Geheimdienste. Geblieben ist auch, so Polli, die Generalvollmacht zur Überwachung des Post- und Fernmeldeverkehrs. Polli vermittelt eine Vorstellung davon, »wie sehr die deutsche Politik und die deutschen Dienste von den USA kontrolliert und gesteuert werden«. Und so zieht er denn auch auf Seite 133 seines Buches das Fazit: »Deutschland ist bis heute ein besetztes Land.«

Zwar wurde die Zahl der in Deutschland stationierten US-Soldaten auf etwa 35 500 verringert, aber noch immer ist deren Präsenz so stark wie in keinem anderen verbündeten Land außer Japan. Die Annahme, die amerikanischen Streitkräfte seien hier, um die Deutschen vor den Russen zu schützen, ist naiv. Keine andere Großmacht hat die gesamte Welt so sehr in militärische Regionalkommandos aufgeteilt wie die USA: die für Europa und für Afrika befinden sich in Stuttgart, außerdem in Böblingen die Kommandos der US-Marineinfanterie für Europa und Afrika. Ramstein dient nicht nur als Hauptquartier der US-Luftwaffe in Europa, sondern vor allem als wichtigstes Drehkreuz für Kriege und Militäreinsätze im Nahen und Mittleren Osten sowie in Afrika. In Landstuhl unterhalten die amerikanischen Truppen ihr größtes Krankenhaus außerhalb der USA – dort werden auch Verwundete aus dem Stellvertreterkrieg in der Ukraine eingeflogen. Nicht zu vergessen das Miesau Army Depot in der Nähe von Ramstein, das größte Munitionslager der US-Army außerhalb der Vereinigten Staaten. Die amerikanischen Geheimdienste wiederum sitzen auf dem Stützpunkt Wiesbaden-Erbenheim.

Da klingt die Beteuerung im Zwei-plus-vier-Vertrag, dass von deutschem Boden nur noch Frieden ausgehen werde, wie ein schlechter Witz. Speziell die Drohnenangriffe, der »Tod aus der Luft«, werden von Ramstein aus gesteuert. Mit diesen unbemannten bewaffneten Luftfahrzeugen kann der amerikanische Staat jeden als Feind benannten Menschen an jedem beliebigen Ort der Welt eliminieren – ohne Gerichtsverfahren, allein aufgrund der Unterschrift des US-Präsidenten unter eine Todesliste. 2019 urteilte das Oberverwaltungsgericht Münster, es gebe »gewichtige Anhaltspunkte« dafür, dass die amerikanischen Drohnenangriffe im Jemen gegen das Völkerrecht verstießen. Deutschland habe eine Schutzpflicht gegenüber den betroffenen jemenitischen Bürgern. Wenig überraschend wurde das Urteil aus Münster vom Bundesverwaltungsgericht kassiert. Und zwar mit der kuriosen Begründung, die Bundesregierung habe sich doch von den Amerikanern zusichern lassen, dass nicht gegen geltendes Recht verstoßen werde.

Für amerikanische Wirtschaftsspionage in Deutschland existiert freilich keine rechtliche Grundlage. Gängige Praxis ist sie dennoch. Die Schäden für die Volkswirtschaften der EU, allen voran für die deutsche, bezifferte Brüssel einmal auf 50 Milliarden Euro pro Jahr. Auf 50 Milliarden Dollar wiederum belaufen sich die Strafzahlungen, die amerikanische Gerichte über deutsche Banken und Unternehmen in den 5 Jahren bis 2020 verhängt haben. Erst 2022 musste der Versicherungskonzern Allianz 6 Milliarden Dollar zahlen, wie üblich im Rahmen eines Vergleichs, weil europäische Firmen die endlosen Gerichtsverfahren in den USA scheuen. Mehr als einmal haben US-Behörden ihre Aufpasser, sogenannte Compliance-Monitore, in Konzernzentralen auf deutschem Boden gesetzt – ein exterritorialer Eingriff, der umgekehrt in den USA nicht vorstellbar wäre. Betroffen waren Volkswagen, Daimler, Siemens und Bilfinger. Einzigartig ist der Anspruch der US-Justiz auf weltweite Zuständigkeit und die Praxis Washingtons, einseitig verhängte Sanktionen gegen missliebige Staaten oder gegen Privatpersonen außerhalb des eigenen Territoriums durchzusetzen. Institute wie die französische BNP Paribas oder die deutsche Commerzbank mussten hohe Milliardenstrafen an den amerikanischen Fiskus abführen, weil sie US-Sanktionen nicht befolgt hatten, für die wohlgemerkt in Europa keine Rechtsgrundlage bestand.

Wie so oft decken sich die Spuren des Geldes mit denen der Macht. Die Schwachen können an das Völkerrecht nur appellieren, die Starken interpretieren und brechen es. Umsonst war das Bündnis mit den USA nie zu haben. Als die Bundesregierung es ablehnte, sich am

ersten Irakkrieg 1991 zu beteiligen und es dabei beließ, ihre »Betroffenheit« zu äußern, musste sich Bonn mit der für damalige Verhältnisse enormen Summe von 17,2 Milliarden Mark freikaufen. Schätzungsweise 20 Prozent der Kriegskosten wurden somit aus deutschen
Steuergeldern finanziert. Im zweiten, völkerrechtswidrigen Irakkrieg
von 2003 fungierten Ramstein und andere US-Stützpunkte in
Deutschland als Basen und logistische Drehscheiben – und der BND
versorgte die Amerikaner mit Informationen aus dem Irak.

Offiziell muss Deutschland keine Besatzungskosten mehr zahlen,
tatsächlich gibt die Bundesregierung im Jahr rund 100 Millionen
Euro für Baumaßnahmen auf den Stützpunkten, für Beihilfezah-
lungen an ehemalige Beschäftigte der US-Streitkräfte und für die
Beseitigung von Schäden aus, die von US-Soldaten verursacht wurden. 2019 waren dies laut Bundesregierung genau 132,4 Millionen
Euro. In einer Studie aus dem Jahr 2008 zählte die SPD-nahe Fried-
rich-Ebert-Stiftung 37 700 Liegenschaften ausländischer Streitkräfte in Deutschland, die unentgeltlich überlassen werden, sofern es
sich um bundes- oder landeseigene Grundstücke handelt.

Falsche Narrative: Nicht Schröder und nicht Deutschland waren für den Krieg verantwortlich

Solche Summen sind Peanuts im Vergleich zu dem bislang teuers-
ten Preis, der für das Bündnis mit den USA gezahlt wurde: das Ende der Energiepartnerschaft mit Russland. Wie viel die westlichen
Sanktionen und der Ausstieg aus dem Bezug von russischem Gas
und Erdöl die deutsche Industrie und die Verbraucher in den kommenden Jahren kosten werden, lässt sich nicht abschätzen. Sicher
ist nur, wem die Sanktionen nicht schaden werden: den USA. Eine
Voraussetzung deutschen Wohlstandes und der Wettbewerbsfähigkeit der deutschen Industrie war lange Zeit der nominal stabile und

real sogar sinkende Erdgaspreis. Gemessen am Durchschnitt für ein Einfamilienhaus mit einem Jahresverbrauch von 20 000 Kilowattstunden fiel dieser Preis im Zeitraum 2008–2020 von 7,27 Cent je Kilowattstunde bis auf 5,97 Cent. 2021 lag er einschließlich der neuen CO_2-Abgabe bei 7,06 Cent. Im Sommer 2022 zahlten neue Kunden der Versorger bereits 25 Cent, mehr als das Dreifache.

2022 endete die Epoche einer zugleich zuverlässigen und preiswerten Energieversorgung. Dabei ist festzuhalten, dass Washington schon lange vor dem Ukrainekrieg gegen deutsche Gasimporte aus Russland opponiert hatte. Bereits mehr als 2 Jahre vor dem russischen Angriff brachten amerikanische Senatoren einen Gesetzentwurf auf den Weg, der zwölf europäische Unternehmen, die an Nord Stream 2 beteiligt waren, mit Einreiseverboten und Kontensperrungen bedrohte. Erst der Krieg lieferte den perfekten Vorwand, Nord Stream 2 stillzulegen und damit die Vertragspartner faktisch zu enteignen. Preiswertes russisches Erdgas durch teures amerikanisches Flüssiggas zu ersetzen war aus amerikanischer Sicht eine Frage des Geldes. Der Bruch der lange zurückreichenden deutsch-russischen Handelsbeziehungen hingegen war eine Frage der Macht und der Neuordnung der politischen Verhältnisse in Europa. Das Wendejahr 2022 zementierte die amerikanische Hegemonie.

2022 wurde Deutschland die Quittung für eine Politik präsentiert, für die weder die Regierung Schröder noch die Regierung Merkel verantwortlich gewesen waren. 2008 hatten Paris und Berlin versucht, die Aufnahme der Ukraine in die NATO abzuwenden. Sie konnten den Beitritt de jure verhindern, aber nicht de facto. Die politischen, militärischen und geheimdienstlichen Beziehungen zwischen Washington und Kiew entwickelten sich so, als gehöre das osteuropäische Land inoffiziell dem westlichen Militärbündnis an.

Die These ist glaubhaft, dass der russische Angriffskrieg und vorher schon die Annexion der historisch zu Russland gehörenden Krim ausgeblieben wären, hätten sich die USA mit einem neutralen Status der Ukraine abgefunden. Jedenfalls gab es bis 2014 keinerlei Anzeichen für russische Annexionsabsichten. Insofern ist das Narrativ falsch, deutsches Geld für russisches Gas sei mitschuldig am Krieg gewesen. Auch prominente amerikanische Strategen wie George F. Kennan (1904–2005), der Doyen der amerikanischen Diplomatie, oder Professor John Mearsheimer, der oft zitierte Politikwissenschaftler aus Chicago, hielten die Osterweiterung der NATO oder auch den faktischen Anschluss der Ukraine an das westliche Bündnis für einen fatalen Fehler. Wer ihrer Logik folgte, konnte über den Krieg nicht sonderlich überrascht sein. Ohne Zweifel hat Moskau mit der Aggression völkerrechtliche Verträge gebrochen. Damit befindet sich der Kreml in der nicht so guten Gesellschaft aller Großmächte des 19., 20. und 21. Jahrhunderts.

Ärgerlich war 2022 die Berichterstattung der deutschen Massenmedien über den Krieg. Über tatsächliche oder von der ukrainischen Propaganda erfundene russische Kriegsverbrechen wurde viel geschrieben und gesendet, über ukrainische so gut wie nichts. Als Amnesty International im August 2022 mit einer Untersuchung herauskam, wonach ukrainische Truppen Schulen und Krankenhäuser militärisch nutzten, ohne die Zivilisten auszuquartieren, womit sie diese Einrichtungen zu legitimen militärischen Zielen machten, wurde der Bericht unterschlagen, weil er der Propaganda widersprach, die russische Armee bombardiere wahllos Zivilisten.

Überhaupt trauen die Medien dem Publikum nicht zu, sich eine selbstständige Meinung zu bilden. Aus deutscher Sicht kann man durchaus der Auffassung sein, es sei ratsam und mit den geringsten politischen Kosten verbunden, sich mit der Unterordnung unter die amerikanische Geopolitik abzufinden, zumal die Deutschen den Verzicht auf ihre Souveränität lange genug eingeübt haben. Aber auch dann würde die intellektuelle Redlichkeit verlangen, die tatsächlichen Machtverhältnisse nicht zu verschleiern. Auch wenn die Realität unschön ist, möchten wir sie wenigstens zur Kenntnis nehmen dürfen.

In den Vereinigten Staaten existiert eine einflussreiche, akademisch fundierte Denkschule des außenpolitischen Realismus, die den in Deutschland regierenden Grünen und ihrer Außenministerin offenbar fremd bleibt. Nach dieser Ideologie sind die Großmächte und nicht etwa multilaterale Organisationen wie die UNO die entscheidenden Akteure der internationalen Politik. So streben sie nach Macht, misstrauen sich gegenseitig, sind unzufrieden mit dem Status quo und wollen ihn als revisionistische Mächte ändern – oder sie befürchten als Hegemon den Aufstieg eines Herausforderers. Konflikte schaukeln sich auf, weil die eine Großmacht der anderen expansive Absichten unterstellt und deswegen aufrüstet, woraufhin die andere mit eigener Aufrüstung reagiert, obwohl sie sich mit dem Status quo ante abgefunden hatte. Normative Vorstellungen wie das amerikanische Bestreben, Demokratie zu exportieren, existieren durchaus, rangieren aber grundsätzlich hinter den machtpolitischen Interessen oder werden für diese instrumentalisiert.

Eine erklärtermaßen wertegeleitete Außenpolitik wie die deutsche bleibt ein Behelf. Sie kaschiert nur den Mangel an eigener Macht. Sie imaginiert sich die Welt, wie es ihr gefällt. Dafür zahlt sie einen hohen Preis. Sie darf aufräumen, was andere zerschlagen haben. Die Bundeswehr ging mit einem relativ kleinen Kontingent nach Afghanistan, weil Washington das verlangte. Sie zog erst ab, als auch die Amerikaner das Feld räumten – da hatten die französischen Truppen längst die Konsequenzen aus dem sinnlosen Krieg gezogen und das Land am Hindukusch verlassen. Inzwischen hat sich die größte afghanische Community im Ausland nicht in den USA angesiedelt, sondern in Deutschland. Auch dies ein Posten auf der Rechnung der deutschen Kriegsbeteiligung, ganz abgesehen von den gefallenen Soldaten und den 17,3 Milliarden Euro, die im 20-jährigen Einsatz deutscher Soldaten und Entwicklungshelfer nach Auskunft der Bundesregierung verbrannt wurden. Es war immerhin das Dreifache dessen, was im »DigitalPakt Schule« für die Digitalisierung vorgesehen ist.

Rückkehr zur Realpolitik: Der Weckruf des Klaus von Dohnanyi

Die Koalition in Berlin versucht nicht nur nicht, deutsche Interessen durchzusetzen, sie definiert sie nicht einmal. Einer, der das tut, ist Klaus von Dohnanyi, Jahrgang 1928 und Sohn des im KZ Sachsenhausen ermordeten Widerstandskämpfers Hans von Dohnanyi. Klaus von Dohnanyi trat 1957 in die SPD ein, ist das letzte noch lebende Mitglied der ersten Regierung Brandt und war von 1981 bis 1988 Erster Bürgermeister der Freien und Hansestadt Hamburg. Der Jurist und Politiker gilt als Urgestein der deutschen Sozialdemokratie und Intellektueller, der 2022 nichts weniger vorlegte als ein Plädoyer für eine neue deutsche Außenpolitik. Sein Buch mit dem Titel *Nationale Interessen* verkaufte sich inmitten des Ukrainekrieges hervorragend; es muss einen Nerv getroffen haben.

Im Kern geht es ihm darum, dass sich Deutsche und Europäer nicht länger in amerikanische Kriege verwickeln lassen, auch nicht in einen künftigen Konflikt mit China, dass sich Europa emanzipiert, dass ein Ausgleich mit Russland gesucht wird und dass die deutsche Politik das wiederentdeckt, was von Dohnanyi nationale Interessen nennt. »Billigen Antiamerikanismus« weist er von sich, immerhin zählt er seit Langem zum einflussreichen Kreis der Atlantik-Brücke, und er kennt die Verhältnisse in den Vereinigten Staaten sehr genau.

Von Dohnanyi versucht, die drei Großmächte USA, China und Russland zu verstehen – ihren geschichtlichen Hintergrund, die Logik ihrer Geopolitik, das Fundament ihres Handelns. Verurteilen will er nicht. »Die Verschleierung ihrer Machtinteressen mit humanitären Argumenten«, schreibt er, »hat in den USA Tradition und darf uns nicht täuschen: Die Interessen der USA sind immer hart geopolitisch, ökonomisch und tief verwurzelt in ihrem Geschichtsverständnis als ›exceptional nation‹«. Noch immer, konstatiert er, »beherrschen« die USA Europa außen- und sicherheitspolitisch. Und sie zögen uns in ihre Konflikte mit den anderen Weltmächten hinein: »Es sollen nach ihrem Willen heute nicht die EU oder Deutschland sein, die ihre Beziehung zu China oder Russland nach ihren eigenen Interessen prägen, sondern es sollen die USA sein, die die weitreichendsten Entscheidungen treffen.« Wir Europäer seien Objekt amerikanischer geopolitischer Interessen. Und wir waren »niemals wirklich Verbündete, denn wir hatten nie ein Recht auf Mitsprache«. Das sei, konzediert er, aus Sicht der Weltmacht USA durchaus verständlich und auch nicht verwerflich.

In diesem kühlen, distanzierten Ton wird auch die lange Vorgeschichte des Stellvertreterkrieges in der Ukraine erzählt, von der NATO-Osterweiterung bis hin zur schon 2021 wachsenden Gefahr eines heißen Krieges. Die Stärke des Buches liegt in einer gründlichen Auswertung amerikanischer Quellen und amerikanischer Fachliteratur.

Wenn von Dohnanyi im zweiten Teil seiner Studie auf Distanz zum EU-Zentralismus geht, wenn er ein Europa der Vaterländer favorisiert und für einen deutsch-französischen Schulterschluss wirbt, wird deutlich, dass er mit den Konzepten Charles de Gaulles sympathisiert. Aus der NATO auszutreten hielte er für einen »gefährlichen Fehler«, nennt aber eine am Ende »allianzneutrale Position« als wünschenswertes Ziel für Europa, weil ein großer Krieg ein »erneut total zerstörtes Europa, aber ein völlig unbeschädigtes US-Amerika« hinterlassen würde. Nicht zufällig wird Helmut Schmidt mit dem Satz zitiert: »Wir haben schließlich auch kein Interesse an einer Verteidigungsstruktur des Westens, die von der sowjetischen Führung als Provokation angesehen werden könnte.«

Von Dohnanyi erinnert sich an eine NATO-Übung in einem Bunker in der Nähe von Bonn Ende der 70er-Jahre, bei der er den damaligen Bundeskanzler Helmut Schmidt vertrat. Gegen 3:00 Uhr morgens hätten sie sich kurz schlafen gelegt. »Als wir dann nach zwei Stunden aufstanden, erfuhren wir, dass die USA zur Verteidigung Europas gegen den simulierten sowjetischen Angriff kleinere ›taktische‹ nukleare Sprengsätze über Deutschland abgeworfen hatten, um einen Cordon sanitaire, einen Sperrgürtel, gegen einen weiteren russischen Vormarsch zu starten« – und dies ohne Abstimmung mit der Bundesregierung. Etwas später habe er mit Helmut Schmidt darüber gesprochen. Der Kanzler habe dazu bemerkt, ihm sei diese Strategie der NATO bekannt und er werde, sobald kriegsähnliche Entwicklungen in Europa erkennbar würden, Deutschland für neutral erklären.

Von Dohnanyi erzählt diese erstaunliche Episode, um seine Argumentation gegen die sogenannte »nukleare Teilhabe« Deutschlands zu untermauern. Die sieht bekanntlich so aus, dass im Ernstfall deutsche Piloten auf amerikanischen Befehl mit Atombomben in Richtung Russland starten. An dieser Teilhabe, die der damalige Außenminister Guido Westerwelle noch beenden wollte, hält auch die derzeitige Bundesregierung fest. Zu diesem Zweck wird sie das teure, von Lockheed Martin produzierte Kampfflugzeug F-35 kaufen, um sich die Illusion einer nuklearen Mitbestimmung zu verschaffen. Realität ist, dass sich die deutschen Eliten ebenso wie die EU in der amerikanischen Hegemonie bequem eingerichtet haben. Nur soll über die wahren Machtverhältnisse nicht geredet werden.

Nun ist Deutschland, das weiß auch Klaus von Dohnanyi, keine Großmacht mehr, die anderen ihren Willen aufzwingen könnte. Berlin sollte das nicht einmal versuchen. Ein notwendiges Minimum an Handlungsfreiheit und Souveränität bestünde aber darin, Nein sagen zu können – nicht zuletzt zu Kriegen und Konflikten, die nicht die eigenen sind. Dann verbieten sich auch moralische Überheblichkeit und Belehrungen der Partner in Europa.

Es lohnt sich, bei Otto von Bismarck nachzuschlagen, dem großen Lehrmeister einer interessengeleiteten Außenpolitik. Im Preußischen Abgeordnetenhaus warnte er am 17. Dezember 1868 vor einer »Tendenzpolitik«, bei der »nicht das objektive Landesinteresse, sondern, ich möchte sagen, das Urteil über die Regierungsform, die ein fremdes Land sich gegeben hat, die Basis der politischen Beziehungen bildet«. Er fuhr fort: »Wir sind für die Art, wie die anderen Länder regiert werden, nicht verantwortlich.« Bei anderer Gelegenheit, nämlich in einem Brief an den General von Gerlach vom 2 Mai 1857, schrieb Bismarck: »Sympathien und Antipathien in Betreff auswärtiger Mächte und Personen vermag ich vor meinem Pflichtgefühl im auswärtigen Dienste meines Landes nicht zu rechtfertigen […] es ist darin der Embryo der Untreue gegenüber dem Herrn oder dem Land, dem man dient.«

Wenn wir an die Stelle des Herrn, nämlich des Monarchen, den demokratischen Souverän setzen, dann taugt das Gesagte immer noch als Richtschnur und Handlungsanweisung für deutsche Politiker.

Kapitel 6
Europa

Personalrochade: Wie zwei Frauen in der EU ganz nach oben kamen

Weil es der Zufall oder das Schicksal so wollte, sind die zwei mächtigsten Personen Europas weiblichen Geschlechts: Christine Lagarde, Präsidentin der Europäischen Zentralbank, und Ursula von der Leyen, Präsidentin der EU-Kommission. Das amerikanische Magazin *Forbes* setzte sie 2021 auf Platz 3 beziehungsweise Platz 8 der mächtigsten Frauen der Welt. Der Status von Angela Merkel, ehemals ganz an der Spitze, blieb ihnen auf dieser oft zitierten Liste bislang verwehrt. Jedenfalls sind die beiden im Guten oder Schlechten auch für jeden europäischen Leser dieses Buches irgendwie zuständig.

Die Französin, Jahresgehalt von über 400 000 Euro, nimmt wesentlichen Einfluss auf Kaufkraft und Vermögen von 342 Millionen Europäern, die in den 19 Staaten der Eurozone auf einer Fläche von 2,75 Millionen Quadratkilometern leben. Ihr Herrschaftsbereich ist nie geschrumpft, immer nur gewachsen. Seit Anfang 2023 gehört Kroatien dazu.

Die Deutsche, Jahresgehalt knapp unter 400 000 Euro, regiert 447 Millionen Europäer, die auf einer Fläche von 4,23 Millionen Quadratkilometern 27 Länder besiedeln. Mit dem Brexit, dem Austritt Großbritanniens aus der EU, kam ihr ein großes Mitgliedsland abhanden. Da waren es nur noch 27. Dafür kann sie auf eine stattliche Reihe von Beitrittskandidaten blicken – von Albanien über Moldau bis hin nach Georgien, wobei die Geografen sich nicht einig sind, ob das schöne Land im Südkaukasus zu Europa oder Asien gehört. An ihrem Willen zu expandieren lässt von der Leyen jedenfalls keinen Zweifel.

Und sie spricht, öfter noch als Christine Lagarde, von Europa, wenn sie ihren Zuständigkeitsbereich meint. Das täuscht, denn weder die Schweiz noch Norwegen, noch die Kanalinseln sind jemals der EU beigetreten, um nur einige Beispiele zu nennen. Europa ist größer, als Brüssel sich das vorstellt. Europa umfasst eine Fläche von 10,5 Millionen Quadratkilometern mit 751 Millionen Einwohnern.

Beide Damen hantieren mit Geld, mit sehr viel Geld. Die Deutsche darf dank des mehrjährigen Finanzrahmens der EU im Zeitraum 2021–2027 die stolze Summe von 1800 Milliarden Euro verteilen. Und zwar real, was bedeutet, dass der Betrag im Gleichschritt mit der Inflation Jahr für Jahr größer werden wird – gedankt sei Lagarde. Von der Leyen hat das Vergnügen, OPM zu verteilen, Other People's Money – das Geld anderer Leute.

Die Französin dagegen kann nichts direkt umverteilen. Dafür darf sie sich über eine Bilanz des Eurosystems freuen, die mit der Zeit zwecks Eurorettung auf über acht Billionen angeschwollen ist. Dass sie zwar nicht direkt, aber indirekt doch Geld umschichtet und wie das geschieht, wird im nächsten Kapitel erklärt – nämlich vom Norden in den Süden der Eurozone.

Ihre Ämter verdanken beide Frauen einer typisch europäischen Personalrochade. 2019 waren nach den Europawahlen wieder einmal führende Posten in der EU zu vergeben. Manfred Weber, den die CSU an die »Spitze Europas« befördern wollte, war in Paris und anderswo unerwünscht. Jens Weidmann, der naheliegende Kandidat für die Nachfolge des EZB-Präsidenten Mario Draghi, war den Südeuropäern nicht genehm – und Merkel versuchte denn auch nie, ihn durchzusetzen. Also bekam Frankreich mit Christine Lagarde die EZB und Deutschland mit von der Leyen den Vorsitz der EU-Kommission. Genau genommen bekam Deutschland nichts, denn von der Leyen war eine Entdeckung Macrons und über jeden Verdacht erhaben, in Brüssel auch deutsche Interessen vertreten zu wollen. Sie ging als »Europäerin« zurück nach Belgien, wo sie geboren wurde und wo sie die Europäische Schule im Süden Brüssels besucht hatte.

In Brüssel gebietet Ursula von der Leyen für zunächst 5 Jahre über ein großzügig ausgestattetes Kabinett von drei mächtigen Exekutiv-Vizepräsidenten, fünf nachrangigen Vizepräsidenten und 27 gewöhnlichen Kommissaren. Darunter einen für »Krisenmanagement«, der selbst in der Coronakrise gänzlich unauffällig blieb, und eine Kommissarin für »Gleichheitspolitik«, worunter wahrscheinlich so etwas wie die Schaffung eines neuen europäischen Menschen unabhängig von seiner »sexuellen Orientierung« und seinem »religiösen Glauben« zu verstehen ist. So zu lesen in einem fünfseitigen »Mission letter«, den die Kommissionspräsidentin ihrer Gleichheitsbeauftragten wie auch allen anderen Kommissarinnen und Kommissaren mit auf den Weg gegeben hat.

Die Karrieren der beiden europäischen Spitzenfrauen verliefen, bevor sie in den Dienst Europas traten, nicht ganz reibungslos. Was aber kein Hinderungsgrund war, ganz im Gegenteil. Denn umso zuverlässiger würden sie die ihnen zugedachten Aufgaben erfüllen.

Christine Lagarde, Jahrgang 1956, fiel bei der Aufnahmeprüfung für die ENA, die École Nationale d'Administration, schmählich durch. Das war für den angestrebten Eintritt in die Pariser Elite nicht gerade förderlich. Nach dem Studium in Sozialrecht orientierte sie sich erst einmal in Richtung USA, reüssierte bei der global tätigen US-Kanzlei Baker & McKenzie, machte enge Bekanntschaft mit dem US-Strategen Zbigniew Brzeziński und engagierte sich in der Arbeitsgruppe »Rüstungsindustrie USA-Polen«. Fast eine Atlantikerin also, die gleichwohl ab 2005 in verschiedene französische Kabinette als Ministerin eintrat.

Dort ereilte sie ein Missgeschick, das ihre Karriere hätte beenden können. Sie kam vor Gericht, weil sie 2008 als Wirtschaftsministerin dem früheren Adidas-Anteilseigner Tapie 403 Millionen Euro zugeschanzt hatte. 2016 wurde Lagarde des fahrlässigen Umgangs mit öffentlichen Geldern schuldig gesprochen – seltsamerweise ohne dass das Gericht eine Strafe verhängte. Vorher schon, nämlich 2011, hatte ihr die Pariser Regierung den Posten als IWF-Chefin besorgt, nachdem Dominique Strauss-Kahn wegen einer Sexaffäre hatte zurücktreten müssen. Die Amerikaner, ohne deren Zustimmung beim Internationalen Währungsfonds nichts geht, erhoben keine Einwände. 2019 wechselte sie schließlich zur Europäischen Zentralbank. Ohne die Straffreiheit wäre ein solcher Karrieresprung nicht möglich gewesen.

Erfahrungen im Bankgeschäft brachte sie keine mit, als sie ihr Büro in der EZB mit Blick auf Frankfurt bezog. Sie kam als Politikerin und Juristin. Dafür verströmt sie mit stets gebräuntem Teint und gewandet in die besten Produkte französischer Modehäuser Charme und Eleganz. Der deutsche Professor Markus C. Kerber, ein intimer Kenner Frankreichs und seiner Eliten, lässt sich vom Pariser Chic gleichwohl nicht beeindrucken. So weiß er zu berichten, dass Lagarde auf einer Pressekonferenz nach der EZB-Ratssitzung vom 4. Juni 2020 immer nur vorgefertigte Manuskripte abgelesen habe und fachlich von den gestellten Fragen überfordert gewesen sei. Madame Lagarde verstehe es, ihre Defizite »zu übertünchen und nach außen hin ein operatives Selbstbewusstsein an den Tag zu legen, das angesichts ihrer realen Kompetenz Erstaunen hervorruft«. Sie sei ein Symptom des Verfalls der EZB. »Sie ist eigentlich noch weniger als eine Vorleserin«, so der Spötter Kerber, »bestenfalls eine Märchentante«.

Dass Kerber nicht ganz unrecht hat, erwies sich auch am 28. September 2022, als Lagarde in Frankfurt auf einer Tagung der Atlantik-Brücke und des Atlantic Council sprach. Sie setzte an zu einer großen Rechtfertigung ihrer Geldpolitik und beteuerte, wir hätten doch eine »Inflation rund um die Welt«, ohne erklären zu können, warum die Geldentwertung etwa in der Schweiz oder in China nur einen Bruchteil der Euro-Inflation ausmachte. Auch dafür, dass sie untätig blieb, als die Inflation schon vor dem Ukrainekrieg Ende 2021 auf 5 Prozent kletterte, hatte sie eine Entschuldigung parat. Es habe damals eine »allgemeine Meinung« gegeben, dass die Inflation nur »transitorisch«, also vorübergehend sei. Mittlerweile aber habe sie eine Höhe und Dauerhaftigkeit erreicht, die »niemand« erwartet habe. Falsch, sie hätte nur die Aufsätze und Bücher der Professoren Hans-Werner Sinn und Thomas Mayer zu lesen brauchen. Und die waren nicht die Einzigen, die vorhersahen, welche Folgen die von der EZB zu verantwortende Geldschwemme haben würde. Immerhin outete sich Lagarde auf der Frankfurter Tagung als Freundin des Bargeldes: »Ich liebe Banknoten.«

Während Christine Lagarde 2019 nach Europa befördert wurde, hatte man Ursula von der Leyen, um es undiplomatisch auszudrücken, nach Europa abgeschoben. Ihre Amtsführung im Berliner Verteidigungsministerium, wohin sie im Dezember 2013 wechselte, war nichts weniger als katastrophal. Als Familienministerin im ersten und als Arbeitsministerin im zweiten Kabinett Merkel hatte sie energisch daran gearbeitet, das Wertegefüge der deutschen Gesellschaft zu revolutionieren und die CDU nach linksgrün zu öffnen. Dabei preschte sie immer wieder vor, ohne sich mit der Kanzlerin abzustimmen. Zeitweise wurde sie als potenzielle Nachfolgerin und damit als Merkel-Konkurrentin gehandelt. Daher auch die Spekulation in Berliner Kreisen, dass die Beförderung auf den berüchtigten Schleudersitz im Bendlerblock als vergiftetes Geschenk gedacht war. Wenn es tatsächlich Merkels Absicht war, von der Leyen zu entzaubern, dann wurde der Zweck vollauf erreicht.

Von der Leyen wurde nie warm mit der Bundeswehr. Das soldatische Ethos blieb ihr fremd. Sie sah in der Truppe so etwas wie Zivilisten in Uniform auf Friedensmission. Einerseits beglückte sie ihre 250 000 Untergebenen mit der Anwendung der EU-Arbeitszeitrichtlinie, mit Flachbildschirmen und Kinderbetreuung, andererseits mussten sich Soldaten im Einsatz ihre funktionierenden Splitterschutzwesten selbst kaufen. Die sie zeitweise dann doch nicht brauchten, weil die Fahrzeuge des deutschen Militärs in Afghanistan stehenbleiben mussten, wenn die Abgasplakette abgelaufen war. Vor allem aber wurde ihr übel genommen, dass sie ihr Amt geradezu schamlos zur Selbstprofilierung missbrauchte.

Den mysteriösen Fall des Franco A. und andere Vorkommnisse instrumentalisierte sie, um den zeitgeistkonformen »Kampf gegen rechts« in die Bundeswehr zu tragen. Die Säuberung von unerwünschten Traditionen ging so weit, dass in den Kasernen sogar Fotos des früheren Bundeskanzlers Helmut Schmidt und des Widerstandskämpfers Freiherr von Hammerstein-Equord entsorgt wurden, weil auf ihnen der Kragenspiegel der Wehrmacht zu sehen war.

In der *Tagesschau* vom 3. Mai 2017 unterstellte sie dem Offizierskorps pauschal »ein Problem der Haltung und der Führung«. Den Chefausbilder des Heeres, Generalmajor Walter Spindler, entließ sie wenige Monate vor seiner Pensionierung, ohne ihn angehört zu haben. Von seinem Rausschmiss erfuhr Spindler über Twitter und dann über *Spiegel online*. An das Hamburger Magazin hatte jemand aus dem Verteidigungsministerium Belastungsmaterial durchgestochen, das sich als haltlos herausstellte. Spindler wehrte sich öffentlich und nannte das Verhalten der Ministerin »würdelos und stillos«. In manchen Kasernen wurde ihr Bild an der Wand umgedreht. Selbst vonseiten der Grünen war zu hören, der Fall Pfullendorf, um den es konkret ging, sei »aufgebauscht« worden.

Nachdem der Schuss gegen rechts nach hinten losgegangen war, schien von der Leyens Karriere dann in der Sackgasse der sogenannten Berateraffäre endgültig ihr Ende gefunden zu haben. Der Bundesrechnungshof hatte die in diesem Ausmaß beispiellose Vergabe von teuren Beraterverträgen gerügt, im Bundestag wurde ein Untersuchungsausschuss eingesetzt. Die Abgeordneten hätten sich dazu gerne die E-Mails der Ministerin auf deren Mobiltelefon angesehen. Erst wurde ihnen vom Verteidigungsministerium mitgeteilt, das Gerät sei nicht mehr auffindbar. Dann, nur die Ministerin kenne das Passwort. Und schließlich, die Daten seien leider wegen eines Sicherheitslecks gelöscht worden. Der Bendlerblock nicht als Sprungbrett, sondern als drohendes Karriereende.

Machtstrukturen: Wie Parlament und EuGH der Kommission zuarbeiten

Weil Emmanuel Macron davon ausgehen konnte, dass sie der französischen Politik nicht in die Quere kommen würde, durfte von der Leyen am 1. Dezember 2019 als Präsidentin der Europäischen Kommission nach Brüssel umziehen. Ihre Bewerbungsrede vor dem Europäischen Parlament im Juli 2019 begann sie auf Französisch (»finalement une femme«, lobte sie sich), wechselte dann mühelos ins Deutsche, bevor sie mit ihrem Englisch mit leicht amerikanischem Akzent Eindruck machte. Letzteres hatte sie sich während eines Aufenthaltes in Kalifornien in den 1990er-Jahren angeeignet. Obwohl die deutschen Leitmedien von der Leyen als

»glühende Europäerin« rühmten, waren die Abgeordneten weniger begeistert. Sie bestätigten die Nominierung der Strahlefrau aus Deutschland nur mit knapper Mehrheit. Seitdem muss sie um ihre Wiederwahl bangen.

Die Aufgaben und Befugnisse dieser europäischen Über-Regierung, der sie vorsteht, decken sich teilweise mit denen einer echten, vom Volk gewählten nationalen Regierung, teilweise gehen sie darüber hinaus. Die Trennung zwischen Exekutive und Legislative, unverzichtbar für einen Rechtsstaat, ist in Brüssel mehr als unscharf. Nur die Kommission besitzt das Initiativrecht im europäischen Gesetzgebungsverfahren. Nur sie darf Gesetze einbringen und, wichtiger noch, wieder abschaffen. Anschließend verhandeln der Ministerrat und das Europäische Parlament über die Gesetzesentwürfe. Außerdem stellt die Kommission den EU-Haushalt auf, den sie auch verwaltet, nachdem er vom Rat der Regierungschefs und dem Parlament beschlossen wurde.

Die Schönheitsfehler dieses zwischen Brüssel und Straßburg pendelnden Parlaments sind schnell aufgezählt: Die Wahlbeteiligung ist erschreckend niedrig; die europäische Öffentlichkeit, die es repräsentieren soll, existiert ebenso wenig wie eine gesamteuropäische Meinungsbildung; die wenigsten kennen ihren Europaabgeordneten oder wissen, was er eigentlich tut. Und der demokratische Grundsatz, dass jede Stimme gleich zählen muss, lässt sich in der EU nicht realisieren. Andernfalls wären entweder die Ministaaten ohne Sitze, oder das Europäische Parlament wäre noch viel größer als der Deutsche Bundestag.

In der politischen Praxis fungieren das Europäische Parlament und der Europäische Gerichtshof als Stützen des Machtanspruchs der Kommission. Der EuGH kommt zum Zuge, wenn die Kommission

ein Vertragsverletzungsverfahren gegen ein missliebiges Land ein-
leitet, dem Verstöße gegen die europäischen Verträge vorgeworfen
werden. Beliebte Ziele solcher Maßregelungen sind seit einiger Zeit
Ungarn und Polen. Sie gelten als nationalistisch oder sogar antieuropäisch. Wobei der Vorwurf an einen Europäer, gegen Europa
zu sein, ebenso unsinnig ist wie die Frage, ob jemand für oder gegen das Wetter ist. Gemeint ist natürlich, dass er sich eine weniger
zentralistische EU wünscht und keine Gleichschaltung der Nationen. Nur in Deutschland wurden Politiker gesichtet, die sich dazu
bekannten, gegen sich selbst, also antideutsch zu sein, aber keineswegs antieuropäisch.

Ursula von der Leyen ist die lebende, stets lächelnde Garantie dafür, dass die oft angemahnten EU-Reformen zusammen mit dem
überfälligen Zurückschneiden der wuchernden Bürokratie nie
kommen werden. Die ehernen Gesetze jeder Bürokratie hat niemand besser formuliert als der Engländer Cyril Northcote Parkin-
son, der während des Zweiten Weltkrieges als Zivilbeamter in der
britischen Admiralität arbeitete. Er fand heraus, dass die Bürokratie in Behörden und Firmen mit einer bestimmten Rate wächst,
»gleich, ob die Arbeit zunimmt, abnimmt oder ganz verschwindet«. Er erkannte auch, dass die Zuwachsrate der Ausgaben eines
Staates stets größer ist als die seiner Einnahmen. Mit einem sogenannten Wiederaufbaufonds, auf den wir zurückkommen werden,
schaffte die EU unter von der Leyen einen ganz großen Ausgaben-
sprung. Sie sprengte das Korsett einer begrenzten finanziellen Ver-
fügungsmasse.

Bremsversuche wurden in der Vergangenheit dennoch unternommen, zuletzt von Kommissionspräsident Jean-Claude Juncker, einem dank seiner Luxemburger Herkunft wirklich überzeugten Europäer. Im Juni 2019, dem letzten Jahr seiner Amtszeit, plädierte er

in der *Bild am Sonntag* dafür, die Zahl der Kommissare zu verringern. Begründung: »Man findet nicht genug Arbeit, um 28 Kommissare den ganzen Tag auszulasten.« Zum Erstarken nationalistischer und populistischer Parteien bei der Europawahl sagte er: »Man muss zwischen Europaskeptikern und Europagegnern unterscheiden. Eine gesunde Skepsis an dem, was die EU täglich macht, ist gar nicht falsch.«

Was aber macht sie eigentlich täglich? Sie, genau genommen die Generaldirektionen, brütet Tag für Tag Papiere aus, die sich in Verordnungen, Beschlüsse, Richtlinien, Empfehlungen und Stellungnahmen einteilen lassen – dies in der Reihenfolge des Gewichts, das sie haben.

Die Verordnungen gelten unmittelbar und verbindlich, ohne dass die nationalen Parlamente darüber noch zu beschließen hätten. Auch bei den Richtlinien handelt es sich um Rechtsvorschriften der EU. Sie müssen von den nationalen Parlamenten erst noch in ein innerstaatliches Gesetz gegossen werden. Die Beschlüsse schließlich betreffen einen bestimmten Adressaten, für den sie verbindlich und unmittelbar anwendbar sind. Stellungnahmen und Empfehlungen sind keine Rechtsakte. Sie sind dennoch nicht zu unterschätzen, weil sie Meinungen und Ziele vorgeben und meist mit dem vorauseilenden Gehorsam guter Europäer rechnen können.

Auf Empfehlungen greift die Kommission gerne dort zurück, wo sie nicht zuständig ist oder wo sich die Regierungen nicht einigen können. Empfehlungen gestatten manchmal einen Blick in die Zukunft. Sie lassen erkennen, was die Kommission tun würde, wenn sie könnte, und was sie später dann doch tun kann. So arbeitet sie unermüdlich und mit Erfolg an der systematischen Erweiterung ihrer Kompetenzen, immer sekundiert von den Zentralisten des Europäischen Gerichtshofes.

So kommt jeden Tag viel Papier zusammen, nach einer älteren Schätzung rund 2 Million Seiten im Jahr – eine bürokratische Großoffensive, vor der Bundesregierung, Bundestag und Länder schon längst kapituliert haben. Wer sich in die Früchte der Kommissionsarbeit vertieft, gewinnt nicht den Eindruck, dass die europäischen Beamten nichts oder zu wenig tun, sondern dass sie zu viel tun. Wenn auch zu oft Schädliches und Überflüssiges. Gemessen an den europäischen Verträgen missachten und verletzen sie die dort vereinbarte Subsidiarität. Sie mischen sich in Dinge ein, die auf den unteren Ebenen der nationalen Regierungen, der Landtage und Provinzen oder der Kommunen besser aufgehoben wären.

Subsidiarität und Einzelermächtigung: Ein Blick in die Verträge

Nahezu kein Bereich des täglichen Lebens und der Volkswirtschaft ist noch sicher vor den teils schädlichen, teils sinnlosen Eingriffen der als europäische Regierung agierenden Kommission. Die Kantone der Schweiz und die Bundesländer der USA besitzen in mancher Hinsicht mehr Eigenständigkeit als die Nationalstaaten der EU.

Dass es so weit kommen konnte, wäre nicht möglich gewesen ohne die ausufernde Rechtsprechung des Europäischen Gerichtshofs. Beginnend mit dem Urteil in der Sache »Costa gegen Enel« von 1964 verankerte der EuGH selbstmächtig den Vorrang des Gemeinschaftsrechts vor den nationalen Rechtsakten. In der Sache »Von Colson gegen Nordrhein-Westfalen« ging der Gerichtshof noch weiter. Er bestimmte, dass ein nationales Gericht alle nationalen Gesetze im Lichte der EU-Richtlinien auszulegen hat, »sogar wenn das betreffende Gesetz nicht auf diesen Richtlinien basiert«.

Die seit vielen Jahren ungebremste und inzwischen maximale Machterweiterung des EuGH ging zwangsläufig einher mit der Machterweiterung der Kommission, die wohlgemerkt keinem souveränen EU-Staat vorsteht, sondern einem hybriden, auf der Welt einzigartigen Gebilde. Sekundiert wurde der Prozess von einem Europäischen Parlament, dessen Mehrheitsfraktionen auf Zentralisierung und Gleichschaltung fixiert sind – einem Parlament, das ohne die Legitimation durch eine europäische Öffentlichkeit und eine gesamteuropäische Debatte und Willensbildung in einem demokratischen Vakuum operiert.

Gekrönt werden sollte die Entwicklung mit einer Europäischen Verfassung. Als diese bei den Volksabstimmungen in Frankreich und den Niederlanden durchfiel, verschwand sie nicht etwa in der Schublade. Stattdessen wurden die wesentlichen Bestimmungen der gescheiterten Verfassung in einen – wieder einmal – neuen EU-Vertrag gepackt, den Vertrag von Lissabon. Das Etikett wurde einfach ausgetauscht. Die früheren Verträge, auch der von Maastricht, wurden freilich nicht durch einen neuen Vertragstext ersetzt, sondern übernommen, ergänzt und erweitert. So kam es, dass der heutzutage gültige Vertrag von Lissabon eine Zumutung für jeden interessierten Leser darstellt. Was jetzt vorliegt, besteht aus dem (kleineren) Vertrag über die Europäische Union (EUV), dem ungleich längeren Vertrag über die Arbeitsweise der Europäischen Union (AEUV), der Charta der Grundrechte, 37 Protokollen samt 2 Anlagen und 65 Erklärungen zur Schlussakte der Regierungskonferenz, die den am 13. Dezember 2007 unterzeichneten Vertrag von Lissabon angenommen hat. Damit jeder, der die nötige Geduld mitbringt, den Wirrwarr meistern kann, wurden sogenannte Übereinstimmungstabellen angefertigt, in denen die frühere Artikelnummerierung der neuen gegenübergestellt wird.

Mit dem Lissaboner Vertrag trat die EU bekanntlich an die Stelle der Europäischen Gemeinschaft. Sie wurde Rechtsnachfolgerin der EG. Und Artikel 5 blieb Artikel 5 im neuen Vertrag über die Europäische Union. Er befasst sich mit dem lobenswerten Grundsatz der Subsidiarität. Es lohnt sich, daraus ausführlich zu zitieren: »Nach dem Grundsatz der begrenzten Einzelermächtigung wird die Union nur innerhalb der Grenzen der Zuständigkeiten tätig, die die Mitgliedstaaten ihr in den Verträgen zur Verwirklichung der darin niedergelegten Ziele übertragen haben. Alle der Union nicht in den Verträgen übertragenen Zuständigkeiten verbleiben bei den Mitgliedstaaten.«

Und weiter: »Nach dem Subsidiaritätsprinzip wird die Union in den Bereichen, die nicht in ihre ausschließliche Zuständigkeit fallen, nur tätig, sofern und soweit die Ziele der in Betracht gezogenen Maßnahmen von den Mitgliedstaaten weder auf zentraler noch auf regionaler oder lokaler Ebene ausreichend verwirklicht werden können, sondern vielmehr wegen ihres Umfangs oder ihrer Wirkungen auf Unionsebene besser zu verwirklichen sind.« Das klingt schon einmal gut. Nur kann niemand ernsthaft bestreiten, dass die Kommission Tag für Tag und systematisch gegen die hehren Grundsätze der Subsidiarität verstößt. Den Vorwurf wird sie natürlich energisch zurückweisen. Und sie kann sich dabei sogar auf verschiedene Gummiparagraphen stützen, die statt in den EU-Vertrag in den Vertrag über die Arbeitsweise der EU gepackt wurden. Dort wird unterschieden zwischen Bereichen, für die die EU »ausschließlich« zuständig ist, und solchen mit »geteilter Zuständigkeit«.

Wäre die Sache mit der Subsidiarität ernst gemeint, dürfte die EU nur dann zuständig sein, wenn die Mitgliedstaaten nicht tätig werden. Der betreffende Artikel 2 im Titel I formuliert es aber genau anders herum: »Die Mitgliedstaaten nehmen ihre Zuständigkeit wahr, sofern und soweit die Union ihre Zuständigkeit nicht ausgeübt hat.« Dass die stets umtriebige und machthungrige Kommissionspräsidentin von der Leyen Zuständigkeiten nicht ausüben würde, die sie ausüben kann, wäre eine Sensation. Sie kann sogar, ebenfalls gestützt auf den erwähnten Artikel 2, »Maßnahmen zur Unterstützung, Koordinierung oder Ergänzung der Maßnahmen der Mitgliedstaaten« durchführen, auch wenn sie großenteils nicht zuständig ist. Anders ausgedrückt: Sie darf sich einmischen. So bleibt am Ende in Politik, Gesellschaft und Wirtschaft so gut wie nichts übrig, das vor den ständigen Interventionen der europäischen Bürokratie sicher wäre.

Allein die Rechtsvorschriften, die im Amtsblatt der Europäischen Union veröffentlicht werden, füllen mühelos sechzig bis siebzig Seiten – täglich! Und dies ohne die Empfehlungen und Stellungnahmen. Zum Beispiel wurden am 22. September 2022 zwei frühere Richtlinien geändert und drei frühere Verordnungen berichtigt. Am 27. September 2022 befasste sich ein »Durchführungsbeschluss«, gezeichnet: Ursula VON DER LEYEN (sic!), mit der »Anerkennung des Berichts mit Angaben zu den typischen Treibhausgasemissionen aus dem Anbau von Sojabohnen in Argentinien«. Dabei werden acht verschiedene Emissionen aus neun argentinischen Provinzen fein säuberlich bis auf zwei Stellen hinter dem Komma aufgeführt. Der Beschluss gelte, so heißt es, für 5 Jahre.

Dann aber droht die Kommission den Argentiniern: Sie müssten Änderungen an den genannten Daten »unverzüglich« nach Brüssel melden – und dann werde die Kommission die gemeldeten Änderungen prüfen, um festzustellen, »ob der Bericht weiterhin genaue Daten enthält, aufgrund derer er anerkannt wurde«. Was die Frage aufwirft, wie die Kommission eine Änderung der Treibhausgasemissionen auf der anderen Seite des Atlantiks konkret prüfen will. Wird sie ihre Beamten in die neun argentinischen Provinzen schicken, um nachzusehen, ob dort alles mit rechten Dingen zugeht? Werden Länder wie Brasilien oder Indonesien oder Neuseeland genauso behandelt? Die Kommission schafft es ja nicht einmal, sicherzustellen, dass die aus Süditalien beantragten Agrarsubventionen den tatsächlich bewirtschafteten Flächen entsprechen. Wie soll die Kontrolle am Rio de la Plata funktionieren, wenn sie zu Hause lückenhaft bleibt? Kein Problem, die Kommission traut sich alles zu. Nach oben sind keine Grenzen gesetzt. Im Grunde könnte Ursula von der Leyen in der Tradition von Astrid Lindgrens Lotta auch von sich sagen: »Mir ist es komisch, ich kann so viel! Wenn ich so drüber nachdenke, kann ich eigentlich alles.«

Für die überzeugten Europäer in den Redaktionen deutscher Gazetten ist die EU-Welt gleichwohl in Ordnung. Sie kämpfen tapfer gegen das, was sie die »Mythen« der EU-Skeptiker nennen. So auch die Hamburger Illustrierte *Stern* am 19. Mai 2014 mitten im damaligen EU-Wahlkampf, der »voll schräger Vorurteile« sei. Der Trick des Magazins bestand darin, Trivialitäten aufzuzählen – um sie zu widerlegen. Zum Beispiel eine tatsächlich einmal erlassene Verordnung über Gurken, die »gut geformt und praktisch gerade« sein mussten mit einer maximalen Krümmung von 10 Millimetern auf 10 Zentimeter Gurkenlänge. Die Verordnung wurde 2009 wieder abgeschafft. Beifall für die Kommission!

Und dann erst das Verbot von Olivenölkännchen, angeblich ein gefundenes Fressen für die EU-Gegner. Demnach sollte Olivenöl nur dann auf den Restauranttischen stehen dürfen, wenn die Flasche nicht nachfüllbar und mit einem besonderen Verschluss gesichert sei – ein Affront für die Freunde in Südeuropa. Als es Proteste hagelte, kippte der Agrarkommissar seinen Vorstoß. Die eigentlich interessante Frage ist allerdings, warum ihm so etwas überhaupt einfiel. Ebenfalls 2014 erkannte der *Stern:* »Der Euro ist kein Teuro. Und sein Außenwert eher zu stark als zu schwach.« Auch das hat sich inzwischen erledigt.

Absurde Umverteilung: Wenn die Kosten den Nutzen übersteigen

Über komische EU-Verordnungen darf man lachen. Sie sind lästig, aber richten keinen ernsthaften Schaden an. Sie lenken nur ab vom Kern des Problems, von der Monstrosität dieser Umverteilungsmaschine, von der Nutzlosigkeit oder Schädlichkeit so vieler Ausgabenprogramme. Belege dafür finden sich in beachtlicher Menge in den Berichten des Europäischen Rechnungshofes. Dass die ebenso weggesteckt werden und versanden wie die des deutschen Rechnungshofes stimmt auch, widerlegt aber nicht die Existenzberechtigung solcher Prüfbehörden.

Typisch für die Missstände ist zum Beispiel das 1991 eingeführte LEADER-Programm der Kommission. Es sollte, man glaubt es kaum, die lokale Bevölkerung in die Entwicklung des ländlichen Raums einbinden – so als seien die Dorfbewohner in Sizilien, in der Estremadura oder in der Rhön nicht schon längst in die Entwicklung ihres eigenen Raums eingebunden. Was denn sonst?

Wie auch immer, in einer Mitteilung des Europäischen Rechnungshofs vom 6. Juli 2022, die erwartungsgemäß den Weg in die Zeitungen nicht fand, war zu lesen, dass sich die für den Zeitraum 2014–2020 eingeplanten LEADER-Mittel auf bis zu 9,2 Milliarden Euro beliefen. Mit diesem Ansatz solle »das Wissen und die Erfahrung der örtlichen Bevölkerung genutzt werden, um deren Entwicklungsbedarf zu ermitteln«. Es wird nicht entwickelt, sondern nur ermittelt, ob überhaupt entwickelt werden soll – und das kostet

9,2 Milliarden. Der Publizist und Euroskeptiker Henryk M. Broder würde, wenn er das wüsste, eines seiner polnischen Sprichwörter zitieren, das übersetzt so lautet: »Etwas nicht Vorhandenes aus einem leeren Gefäß in ein anderes leeres Gefäß umgießen.«

Der Europäische Rechnungshof monierte denn auch, dass der LEADER-Ansatz nicht nur hohe Verwaltungs- und Betriebskosten verursache, sondern im Vergleich zu herkömmlichen Ausgabenprogrammen auch noch zusätzliche Verwaltungsauflagen. Das entspreche einem Viertel (!) der Gesamtausgaben, und dies nach Angaben der Kommission. Außerdem sei das Verfahren zur Beantragung und Genehmigung der LEADER-Projekte mit bis zu acht Schritten so kompliziert und langwierig, dass nur 39 Prozent der Projekte Fördergelder erhalten hätten. Clever, wie sie sind, haben die Dorfbewohner in einigen EU-Ländern, darunter Deutschland, aus der Not eine Tugend gemacht und das Geld in Dorfstraßen, Straßenlampen und Kindergärten gesteckt, obwohl es dafür gar nicht vorgesehen war. Der Rechnungshof kommt zu dem erschütternden Schluss, »dass es kaum Anhaltspunkte dafür gibt, dass der Nutzen des LEADER-Ansatzes die mit ihm verbundenen Kosten und Risiken überwiegt«. Man muss den Satz zweimal lesen, um seine Dimension zu ermessen. Die EU als Selbstzweck in schönster Form.

Weil alles so kompliziert ist, waren nicht nur die potenziellen Empfänger von LEADER-Geldern überfordert – die EU-Kommission selbst ist es oft auch, weswegen sie viele externe Berater einstellen muss. Auch da entdeckte der Rechnungshof Schwachstellen und Risiken. Das Informationssystem der Kommission, so die Mitteilung vom 30. Juni 2022, liefere kein vollständiges Bild darüber, wie die Kommission externe Berater einsetzt. Es fehlten Richtlinien dazu, in welchem Ausmaß Aufgaben ausgelagert werden können. Immerhin vermerkten die EU-Prüfer positiv, dass die Kommission bei einzelnen (!) Aufträgen durchaus kontrolliere, ob der Berater die Leistungen in der geforderten Qualität erbracht habe, bevor sie die Rechnung bezahle. Im Analysezeitraum des Rechnungshofes waren es 2769 externe Berater, die von der Kommission beauftragt wurden. Ursula von der Leyen macht in Brüssel dort munter weiter, wo sie im deutschen Verteidigungsministerium aufhören musste. Sie liebt es, sich beraten zu lassen.

Es leuchtet ein, dass kaum jemand in den 27 EU-Staaten die Vielzahl der Fördertöpfchen und Subventionsangebote überblicken kann. Und wenn er es könnte, wäre er oft auch damit überfordert, die richtigen Formulare auszufüllen, um an das Geld heranzukommen. Eine riesengroße Marktlücke hat sich aufgetan, die längst schon einen ganz neuen Dienstleistungssektor in Lohn und Brot gebracht hat: Beratungsfirmen, die dabei helfen, den EU-Haushalt anzuzapfen. Nicht nur das, wer gerade arbeitslos oder mit seinem Job unzufrieden ist, kann sich jederzeit zum »EU-Fundraiser« ausbilden lassen. Ein neuer Berufszweig mit besten Aussichten im Dschungel der EU-Bürokratie.

Eine einschlägige und sehr erfolgreiche Firma ist emcra in Berlin. Seit 2005 bietet sie Seminare und »zertifizierte« Weiterbildungen rund um das Thema EU-Förderung an. Die Onlineseminare dauern 3 Tage, jeweils von 9:00 Uhr bis 16:30 Uhr. Die Teilnahmegebühr inklusive Seminarunterlagen beträgt 5450 Euro, umsatzsteuerbefreit vom Berliner Senat. Und das Schönste: Die Teilnahme kann komplett finanziert werden. Auf der Homepage verspricht emcra: »Unsere Weiterbildungsteilnehmer*innen stellen heute sehr erfolgreich EU-Förderanträge für Institutionen und arbeiten in EU-Projekten [...] Legen auch Sie mit der Weiterbildung den Grundstein für ihre ganz persönliche Karriere als EU-FundraiserIn!

[…] Vierfünftel unserer Weiterbildungsteilnehmer finden während bzw. im direkten Anschluss an die Weiterbildung in ein festes Arbeitsverhältnis. Im weiteren Zeitverlauf steigt die Quote erfahrungsgemäß auf fast 100 Prozent.«

Leute, die teilgenommen haben, sind voll des Lobes. Sie habe »viel Respekt und auch ein bisschen Angst gehabt«, EU-Anträge zu schreiben, bekannte Angelika Krumm von Robin Hood, der »gewaltfreien« Aktionsgemeinschaft für Natur und Umwelt. Und dann, emcra sei Dank: »Die Seminare haben mir diese Angst genommen.« Henryk M. Broder spottete: »Nach Konkursverwalter und Eventmanager ist der EU-Fundraiser schon der dritte Beruf mit rosigen Zukunftsaussichten. Weniger romantisch ausgedrückt: Auch das professionelle Schnorren kann erlernt werden.«

Könnte der EU-Haushalt zusammengestrichen werden, ohne dass Europa Schaden nimmt? Ohne Zweifel ja. Nicht anders als bei der klassischen Entwicklungshilfe landet ein Teil der Gelder in den falschen Händen, ein anderer ist nutzlos oder schädlich, wieder ein anderer finanziert Dinge, die die Nationalstaaten, die Länderregierungen, Provinzen und Kommunen sowie die Unternehmen, die Subventionen in Brüssel abgreifen, auch selbst hätten finanzieren können. Vom Binnenmarkt mit seinem Freihandel und dem freien Kapitalverkehr haben alle profitiert, nicht zuletzt die neuen Mitglieder in Mittel- und Osteuropa. Dass solche Errungenschaften nichts kosten müssen, demonstriert am besten die immer noch bestehende, stark verkleinerte Europäische Freihandelszone EFTA, eine frühere Konkurrentin der EG. Sie kommt mit sehr wenig Personal und noch weniger Bürokratie aus. Zugleich erspart sie sich Verschwendung und Betrug.

Im Oktober 2022 veröffentlichte der EU-Rechnungshof seinen Jahresbericht für 2021 über den Brüsseler Haushalt. Die Stichproben hätten eine Fehlerquote von 3 Prozent bezogen auf einen Haushalt von 142,8 Milliarden Euro ergeben. Ein Grund dafür sei, dass die Regeln für die Vergabe nach wie vor zu kompliziert seien. So erklärt sich offenbar, dass die Prüfer nur fünfzehn entdeckte Betrugsfälle an das Europäische Amt für Betrugsbekämpfung (OLAF) weitergeben konnten. Alles hat eben seine zwei Seiten. Weil das System so kompliziert ist, tun sich einerseits selbst die Betrüger schwer – sie hätten ein Seminar bei emcra buchen sollen. Andererseits frisst der hohe Verwaltungsaufwand einen so großen Teil der Mittel, dass nach Abzug der Bürokratiekosten oft wenig übrig bleibt – siehe das LEADER-Programm.

Eher positiv ist zu vermerken, dass Brüssel mehr anbietet, als nachgefragt wird. Laut Prüfbericht für 2021 wurden 33 Prozent der Gelder, die im Zeitraum von 2014 bis 2020 aus dem Strukturfonds zur Verfügung standen, nicht abgerufen. Am stärksten hielten sich Kroatien, die Slowakei, Malta und Dänemark zurück. Am fleißigsten waren Irland und Finnland. Aus Deutschland wurden 62 Prozent der Mittel abgerufen. Auch solche Zahlen belegen, dass der EU-Haushalt zu groß ist.

Andere Programme widmen sich der Umerziehung und der Schaffung eines neuen europäischen Menschen. Sie missachten das Gebot der weltanschaulichen Neutralität, füllen aber die Kassen kulturrevolutionärer und linksgrüner Aktivisten. So mit 1,55 Milliarden das CERV-Programm, es steht für Citizens, Equality, Rights and Values. Oder mit 2,5 Milliarden das CREA-Programm (Creative Europe), das unter dem Motto: »Push Boundaries – Grenzen erweitern« steht. Überhaupt sind Grenzen, eine Grundbedingung für Sicherheit, das Hassobjekt der europäischen Jakobiner. Nicht zufällig versagt die EU seit 2015 permanent bei der Aufgabe, ihre Außengrenzen vor illegaler Einwanderung zu schützen.

Der Europaabgeordnete Nicolaus Fest hat nachgeschaut, wohin die Milliardenbeträge gehen. Hinter CERV verstecke sich eine »Finanzierung von linken Nichtregierungs-, also Lobbyorganisationen für Gender, Abtreibung und Migration«. Damit würden vor allem regierungskritische Akteure in konservativ regierten Staaten wie Polen und Ungarn unterstützt. Und CREA finanziere neben Tanz- und Puppenspielkursen für Migranten beispielsweise auch Gender Books, darunter ein sehr schönes über ein schwules Känguru-Pärchen, das über eine lesbische Leihmutter ein Kind adoptiert. Finanziert worden sei auch ein Film mit Kindern, die darüber nachdenken sollen, ob sie nicht gleichzeitig maskulin und feminin sind.

Verdeckte Kriegsreparationen? Die Rolle des Nettozahlers Deutschland

Das Geld für solchen Agitprop stammt aus dem regulären EU-Haushalt, der sich aus den sogenannten Eigenmitteln speist: aus Abgaben und Zöllen, die an den EU-Außengrenzen erhoben werden, und vor allem aus Mitteln, welche die Steuerzahler bereitstellen. Die Höhe dieser nationalen Beiträge zum EU-Haushalt richtet sich nach der Wirtschaftsleistung und den Mehrwertsteuereinnahmen der einzelnen Länder. Aus ihnen speisen sich die sogenannten operativen Ausgaben, die die EU über ihren regulären Haushalt tätigt.

So weit, so gut. Bis hierhin könnte niemand sagen, Deutschland werde als EU-Mitglied übermäßig belastet. Erst durch die Rückflüsse aus Brüssel in die Nationalstaaten, den operativen Ausgaben der EU (das sind sämtliche Ausgaben bis auf die Verwaltungskosten), entsteht Ungleichbehandlung. Wirklich aussagekräftig sind deswegen nur die Nettosalden: die Differenz zwischen dem, was ein

Land einzahlt, und dem, was es zurückbekommt. So und nicht anders funktioniert die Umverteilung in der EU. Sie würde erst dann erlöschen, wenn jeder so viel zurückerhält, wie er vorher eingezahlt hat. Nur ist das nicht Sinn der Sache. Es wäre absurd.

Lange Zeit und jedenfalls bis zum Beginn der Eurokrise 2010 genügte ein Blick in den EU-Haushalt, um die Struktur der europäischen Umverteilung zu verstehen. Die Angaben über Nettozahler und Nettoempfänger wurden von der Kommission anstandslos und rückwirkend bis 1976 veröffentlicht. Später wurden sie nur noch im Internet versteckt – und seit 2021 sind sie nicht mehr verfügbar. Die Kommission will einen Missbrauch durch ihre Kritiker verhindern. Die Salden werden inzwischen von dritter Seite nach wie vor berechnet und sind abrufbar unter *de.statista.com*.

2020 war Deutschland wie üblich der größte Nettozahler mit 15,5 Milliarden Euro, gefolgt von Großbritannien mit 10,2 Milliarden, Frankreich mit 8 und Italien mit 4,8 Milliarden. Die größten Profiteure waren Polen mit 13,2 Milliarden, gefolgt von Griechenland mit 5,7 Milliarden und Ungarn mit 4,8 Milliarden.

Nachdem sich Großbritannien aus der EU verabschiedet hatte, wurde es für Deutschland teurer und für Italien billiger. 2021 zahlte die Bundesrepublik mit 21,3 Milliarden Euro netto mehr als doppelt so viel wie Frankreich. Italien musste der EU nur noch 1,3 Milliarden netto überlassen. Die großen Profiteure blieben Polen mit 12,9 und Griechenland mit 4,7 Milliarden Euro. Seltsam, dass ausgerechnet Polen und Griechenland gerne Reparationsforderungen für den lange zurückliegenden Krieg an Berlin stellen. Insgesamt schulterte der deutsche Steuerzahler 2021 fast die Hälfte der Nettobeiträge und damit knapp die Hälfte der regulären Umverteilung innerhalb der EU mit ihren 27 Mitgliedern.

In einem Interview mit dem *Spiegel* vom 7. November 2011 sah das der britische Historiker Niall Ferguson folgendermaßen:»Wenn man sich die europäische Integration als ein einvernehmliches System von Kriegsreparationen vorstellt, so entsprechen die Leistungen Deutschlands etwa denen, die ihm nach dem Ersten Weltkrieg mit dem Versailler Vertrag aufgebürdet wurden.« Ferguson hatte sich offenbar die Geldflüsse genau angeschaut. Dabei kam es allerdings mit der Zeit zu großen Verschiebungen. Bis 2003 gingen die Nettoleistungen fast ausschließlich an Spanien, Portugal, Griechenland und Irland. Sie waren in den 70er- und 80er-Jahren der EG beigetreten.

Mit der Osterweiterung der EU, die im Sinne der amerikanischen Geopolitik die NATO-Osterweiterung flankierte, rückten die ehemals kommunistischen Staaten an die Spitze der Nettoempfänger. Für die Südeuropäer blieb fortan weniger übrig, wobei betont werden muss, dass Italien bis heute zu den Nettozahlern gehört. Das Land wird freilich, wie wir sehen werden, anderweitig entschädigt. Das Argument, das die neuen, noch relativ armen Mitglieder eine Anschubfinanzierung gebrauchen konnten, hat etwas für sich. Nur wurden die Überweisungen zu einer Dauereinrichtung. Nicht nur Polen ist mittlerweile so konkurrenzfähig, dass die deutsche Industrie zunehmend Gefallen findet an der Abwanderung in polnische Produktionsstandorte.

In der ersten belegbaren Phase der Umverteilung von 1976 bis 1990 bestritt Deutschland 60 Prozent der EG-weiten Wohltaten. Alle anderen Nettozahler kamen zusammengenommen auf 40 Prozent. In den Jahren nach der Wiedervereinigung, von 1991 bis 1994, erreichte der deutsche Anteil einen historischen Höchststand von 73,7 Prozent. In absoluten Zahlen waren das umgerechnet 35,4 Milliarden Euro ausgerechnet in einer Zeit, in der sich Deutschland auf dringenden Wunsch Washingtons an den Kosten des Golfkriegs beteiligen musste, als die Rote Armee aus Deutschland herausgekauft wurde, und als der wirtschaftliche Aufbau der mitteldeutschen Länder gewaltige Summen verschlang. Der Verdacht liegt nahe, dass die von der Wiedervereinigung nicht begeisterten EU-Freunde besänftigt werden sollten.

Danach musste die Bundesrepublik relativ zu den Partnern weniger transferieren; in den Jahren 2009–2014 gut 30 Prozent der gesamten Nettoleistungen. In absoluten Zahlen waren das 65,9 Milliarden Euro. Die genaue Aufschlüsselung der früheren Nettoleistungen ist Franz-Ulrich Willeke zu verdanken, dem emeritierten Professor für Volkswirtschaftslehre an der Universität Heidelberg.

Zeitenwende 2022 und der Marsch in die Schuldenunion

Wegen der seit den 1970er-Jahren stetig zunehmenden und sich schließlich auf Hunderte von Milliarden Euro akkumulierenden Überweisungen nach Brüssel galt Deutschland schon bald als Zahlmeister der EU. Das Unwort nehmen die Politiker schon lange nicht mehr in den Mund. Sie werden nicht müde zu betonen, dass Deutschland am meisten von der EU profitiere. Stichhaltige Beweise dafür werden nicht vorgelegt. Selbstverständlich ist der freie Handel für den Export ein Gewinn, aber das gilt für alle in Europa. Warum sollte dafür extra gezahlt werden?

Allerdings ist die Geschichte mit der Aufzählung und Aufgliederung der Nettobeiträge nicht zu Ende erzählt. Anfang der 2020er-Jahre kam es zum Quantensprung. So als genüge die reguläre Umverteilung über den regulären EU-Haushalt nicht, gelang es der Kommission unter dem Vorwand Corona, ihre Kompetenzen und ihren finanziellen Spielraum zu erweitern wie nie zuvor. Sie stieg ein in völlig neue, diesmal schuldenfinanzierte Programme und sprengte die Fesseln des regulären Haushalts. Sie erklärte Schulden zu Eigenmitteln und stieß das Tor zur großen europäischen Schuldenunion auf.

Bereits 2020 zeichnete sich die europäische Zeitenwende ab. Die Regierung Merkel hatte sich bis dahin gegen Eurobonds und damit gemeinsame EU-Schulden gewehrt, dann brachen mit der Pandemie alle Dämme. Am 9. April 2020 warnte Wolfgang Reitzle, der Aufsichtsratsvorsitzende der Linde AG, in einem Gastbeitrag für *Die Welt* vor der »endgültigen Aushebelung« der No-Bailout-Klausel. Diese besagt laut EU-Vertrag, dass weder die EU noch die Mitgliedstaaten für die Schulden einzelner Länder haften dürfen. »Mit dem Vorwand der Solidarität soll nun unter dem Eindruck der Corona-Krise ein Instrument beschlossen werden, das in seiner langfristigen Auswirkung irreparable Probleme schaffen würde.« Es gehe bei der Forderung nach Coronabonds nur um die Nutzung dieser historischen Krise, »jetzt ein dauerhaftes Haftungssystem zu installieren, aus dem Deutschland nie mehr entkommen kann«. Beuteland 2.0.

Dabei steckt hinter dem sogenannten Wiederaufbaufonds der EU in Höhe von 750 Milliarden Euro, den Reitzle kommen sah, eine knallharte Logik. Das Dilemma des Euro bestand ja immer darin, dass eine Währungsunion zwischen so ungleichen Partnern auf Dauer ohne eine Fiskalunion schwer funktionieren konnte. Genauer gesagt: Sie hätte allenfalls funktionieren können, wenn sich alle an die Maastrichter Schuldenregeln gehalten hätten. Da die Südeuropäer das nicht wollten oder konnten, kaufte die Europäische Zentralbank Staatsschulden in Billionenhöhe auf, druckte Geld und legte die Saat der Inflation, die erkennbar schon 2021 aufging, nicht erst 2022 im Jahr der russischen Aggression.

Keine große Zentralbank inflationiert gerne, weil sie damit rechnen muss, ihr größtes Kapital zu verspielen, nämlich das Vertrauen der Öffentlichkeit. Die seriöse Alternative zur Übernahme der Schulden in die Bücher der EZB und damit zu deren Monetarisierung bestand immer darin, dass die Nationalstaaten auf eine solide Haushaltsführung achteten und sich in eigener Regie verschuldeten. Weil die Anleihen der Südeuropäer zu erträglichen Zinsen schwer absetzbar waren, musste die gemeinsame Verschuldung mit Eurobonds verlockend sein. Deren Zinsen wären tragbar, dachte man, wenn sich Deutschland mit seiner immer noch tadellosen Bonität beteiligen würde. Jeder Devisenhändler in New York und London weiß, dass der Erfolg von Eurobonds nur auf geborgter deutscher Bonität beruhen kann und auf der Erwartung, dass Deutschland notfalls und am Ende auch für die Schulden anderer einsteht, die nicht mehr bedient werden können. Die Frage, ob ein deindustrialisiertes Deutschland dazu in der Lage wäre, wird sich erst irgendwann in der Zukunft stellen. Auch aus einem anderen Grund sind Gemeinschaftsschulden fatal: Wenn alle in einem Boot sitzen und der Zwang entfällt, für eigene Schulden verantwortlich zu sein, ist der Sparsame der Dumme. Auch die Haushaltsdisziplin der Bundesregierung verkommt zusehends.

Mit der Schuldenunion einher geht eine tektonische Verschiebung der Machtverhältnisse in der Europäischen Union. Mit dem Austritt Großbritanniens – eine Katastrophe aus deutscher Sicht – haben die marktwirtschaftlich orientierten, der Zentralisierung abgeneigten Länder ihre Sperrminorität im Rat der Regierungschefs verloren. Das romanische Europa mit seiner eigenen Geld- und Wirtschaftskultur hat erst die EZB und dann die EU übernommen. Die Achse Paris-Rom hat sich durchgesetzt. Emmanuel Macron hat bekommen, was er wollte. Die Koalition aus SPD, Grünen und einer schwachen FDP leistet keinen Widerstand. Ganz im Gegenteil, hat sie doch im Koalitionsvertrag dem Rest Europas ein »dienendes Verhältnis« versprochen – und nicht etwa den eigenen Bürgern, wie es in einer Demokratie zu erwarten gewesen wäre.

Bevor wir uns der Substanz dieser Politik zuwenden, sollen die Methoden mit Hilfe von drei Zitaten illustriert werden. »Wenn es ernst wird, muss man lügen«, so Jean-Claude Juncker, der damalige Vorsitzende der Eurogruppe auf einer Veranstaltung zur Eurokrise in Brüssel im April 2011 (*Spiegel Online* vom 9. Mai 2011).

Ebenfalls Juncker, und zwar im Jahr der Euro-Einführung: »Wir beschließen etwas, stellen das dann in den Raum und warten einige Zeit ab, was passiert. Wenn es dann kein großes Geschrei gibt und keine Aufstände, weil die meisten gar nicht begreifen, was da beschlossen wurde, dann machen wir weiter – Schritt für Schritt, bis es kein Zurück mehr gibt.« (*Der Spiegel* vom 27. Dezember 1999.)

Der *Neuen Westfälischen* vom 20. August 2020 verriet CDU-Senior Wolfgang Schäuble: »Die Corona-Krise ist eine große Chance. Der Widerstand gegen Veränderung wird in der Krise geringer. Wir können die Wirtschafts- und Finanzunion, die wir politische bisher nicht zustande gebracht haben, jetzt hinbekommen.«

Dass Juncker und Schäuble den Blick in ihre Handwerkskisten freigaben, ist ihnen hoch anzurechnen. Es waren Akte der Ehrlichkeit. Zugleich fällt auf, dass demokratische Prozeduren und die Wünsche der Völker diesem Denken fremd sind. Sie gelten nur als lästige, zu überwindende Widerstände. Dass die europäischen Bürger an dem, was in Brüssel geschieht, kein besonderes Interesse haben, wird stillschweigend hingenommen. Es hat sogar den Vorteil, dass sie sich so leichter regieren und täuschen lassen.

Unmittelbar nach den Wahlen zum 8. Europäischen Parlament am 25. Mai 2014 ergab eine Meinungsumfrage des britischen Instituts Advanced Market Research, dass nur 8 Prozent der europäischen Wähler Juncker als Spitzenkandidaten der Europäischen Volkspartei (EVP) kannten. 90 Prozent der Wähler in der EU waren nicht in der Lage, nur eine einzige der mit ihren Steuern finanzierten europäischen Parteien wie etwa die EVP zu benennen. Dazu passte – wieder einmal – die erschreckend niedrige Wahlbeteiligung. In der Slowakei gingen nur 13 Prozent zur Urne, in Polen wenig mehr als 20 Prozent, in den traditionell sehr »proeuropäischen« Niederlanden nur 37 Prozent und in Deutschland 47,9 Prozent. Von Letzteren fielen 75 Prozent kein Name ein, als sie nach den Spitzenkandidaten der beiden großen Parteien – Jean-Claude Juncker für die EVP und Martin Schulz für die Sozialisten – gefragt wurden, obwohl sie bis zu den Wahlen auf zahlreichen Plakaten zu sehen waren.

Der betrübliche Zustand hielt Jürgen Habermas, den Chefideologen der Bundesrepublik Deutschland, nicht davon ab, in einem vielbeachteten Aufsatz in der FAZ vom 30. Mai 2014 die Europawahlen auf seine Weise zu interpretieren. Er sprach von einem »Demokratisierungsschub«, von einer »europaweit erkennbaren Alternative zwischen Juncker und Schulz« und schwärmte: »Zum ersten Mal erfährt das Europäische Parlament eine tatsächliche Legitimation.« Nicht anders als manche Journalisten, denen von der Kommission nachweislich Geld zugeschoben wird, behauptete Habermas Dinge, die nur in seinem Kopf existierten. Erstens bestand zwischen Juncker und Schulz keine Alternative, sie kandidierten beide als Zentralisten. Zweitens war europaweit überhaupt nichts erkennbar. Und drittens durfte nicht einmal Manfred Weber 2019 Kommissionspräsident werden, weil Frankreich Ursula von der Leyen vorzog, obwohl sie für das Amt nicht kandidiert hatte. Das neugewählte und gleich wieder entmachtete Parlament war erwartungsgemäß empört.

Der Vorgang erhellt einerseits die schwache Position des Europäischen Parlaments und andererseits das nicht immer einfache Verhältnis zwischen der Kommission und den im EU-Rat vertretenen maßgeblichen Regierungen, zu denen Paris, Berlin und Rom zu rechnen sind. Die kleinen Länder haben sich zu fügen und werden mit Geldüberweisungen ruhiggestellt, oder es wird ihnen – wie im Falle Ungarns – mit Geldentzug gedroht, wenn sie nicht parieren. Die Kommission hat durchaus Spielraum und den Vorteil eines großen Apparats, der unermüdlich arbeitet, Gesetze ausbrütet, Stellungnahmen abgibt, überwacht, zensiert und auch mal lobt. Sie darf nur bei den entscheidenden Fragen den führenden Regierungen nicht in die Quere kommen, vor allem nicht der französischen. Die Kommission kann so tun, als sei sie die Regierung eines souveränen Bundesstaates und damit für praktisch alles zuständig. Sie ist es aber nicht. Geopolitisch bleibt sie ein Papiertiger.

Ihr Einfluss hängt natürlich ab vom Format, das der Präsident in das Amt mitbringt. Der erste Kommissionspräsident der damaligen Europäischen Wirtschaftsgemeinschaft, der Deutsche Walter Hallstein (1901–1982), war ein kompetenter, hart arbeitender, humorloser Technokrat. Dass er Erfahrungen aus seiner Tätigkeit im Dritten Reich mitbrachte, störte niemanden. Jacques Santer, der harmlose Luxemburger mit stets rosigem Teint, musste im März 1999 zurücktreten, weil seine Kommission in Korruptionsskandale verwickelt war. Der Franzose Jacques Delors war nicht zuletzt aus Pariser Sicht eine hervorragende Besetzung. Kompetent, zielstrebig und machtbewusst betrieb er seine Agenda einer immer engeren Union. Und Ursula von der Leyen? Machtbewusst ist auch sie, dazu ehrgeizig und eine Meisterin der Worthülsen. Zugleich die erste Kommissionspräsidentin, der genug nie genug ist, die mit Billionen hantiert, wo sich Hallstein noch mit mageren Millionen zufriedengeben musste. Sie ist die unbescheidenste Chefin, die Brüssel je hatte.

Im Rausch der Billionen: Der Etikettenschwindel des Wiederaufbaufonds

Ursula von der Leyen war keine 14 Tage im Amt, da trat sie mit einem fantastischen Vorstoß für einen »Green Deal« an die Öffentlichkeit. Europa solle bis 2050 der erste klimaneutrale Kontinent der Welt und ein Vorbild für andere sein, proklamierte sie, obwohl sich die Regierungen auf ein derartiges Ziel noch gar nicht geeinigt hatten. Sie verglich ihr Vorhaben mit dem früheren ambitionierten Plan der USA, dereinst auf dem Mond zu landen. Kostenpunkt ihres Projekts: 1000 Milliarden Euro. Woher das noch nicht bewilligte Geld kommen und wo genau der Nutzen liegen sollte, blieb unklar. Es klang gut, und damit war es gut für die Frau aus Deutschland.

Aus der Kommission war damals im Dezember 2019 zu hören, die Krisenjahre seien zwar vorbei, jedoch könne Europa eine Phase geringen Wachstums und geringer Inflation bevorstehen. Deswegen müsse die EU ein neues »Wachstumsmodell« entwickeln und damit Europa eine globale Führungsrolle verschaffen, nicht nur politisch, auch wirtschaftlich. Nichts davon wurde wahr, abgesehen von dem geringen Wachstum. 2023 wäre die EU schon froh, wenn die Wirtschaft überhaupt wachsen würde. Die NZZ vom 13. Dezember 2019 nannte den »Green Deal« ein »Fest für die Bürokratie«. Er werde nur zu mehr Staatseinfluss führen und sei ein Korb voller Zankäpfel.

Wenige Monate später kam mit Corona eine neue Krise dazwischen und lieferte endlich den Vorwand für eine gewaltige, nicht nur halluzinierte Kompetenzerweiterung der EU, verbunden mit einer wundersamen gesamteuropäischen Schuldenvermehrung, die dazu den Vorteil hat, dass den begünstigten Regierungen viel frisches Geld zufließt, ohne dass deren Schuldenstand steigt: Genuss ohne Reue.

Frankreich und seine südeuropäische Gefolgschaft bekamen die lang ersehnten Eurobonds in Gestalt von Coronabonds, nur mit etwas anderen Modalitäten und anders verpackt. Merkels kompromissloses Veto gegen die in Deutschland verhassten EU-Anleihen war vergessen. Und die Regierung aus Linksparteien und FDP, die ihr nachfolgte, war ohnehin angetan vom letzten entscheidenden Schritt in die Schulden- und Fiskalunion. Wolfgang Schäuble von der CDU war es auch, wenn auch manche in der Partei murrten. Sie erinnerten sich an die Grundsätze, die das Land und die Partei Adenauers und Erhards einst groß gemacht hatten.

Offiziell gegründet wurde der sogenannte Wiederaufbaufonds am 12. Februar 2021. Unter dem Stichwort »Next Generation EU« wird sich die Kommission am Kapitalmarkt verschulden, aber nicht dafür haften. Die Haftung wird von den Mitgliedstaaten übernommen und damit von der nächsten Generation. Wie schön muss es sein, nach langer Wanderung die beste aller Welten erreicht zu haben: Die Kommission darf zum ersten Mal in ihrer Geschichte in richtig großem Stil Schulden machen. Sie entkommt dem engen Rahmen ihres regulären Budgets und kann jetzt wirklich viel Geld verteilen. Die nationalen Regierungen können problemlos noch mehr Anleihen aufnehmen – es sind Schulden einer anderen Sphäre, die beim nationalen Schuldenstand nicht sichtbar werden. Dass wegen Corona nichts wiederaufgebaut werden muss, weil nichts kaputtging, tut nichts zur Sache. Und vor allem: Nachdem die Tür in die große Transferunion erst einmal aufgestoßen wurde, können künftig weitere Pakete dieser Art geschnürt werden. Die Beteuerung, der Wiederaufbaufonds sei einmalig, glaubt niemand ernsthaft. Das war seit der ersten Griechenland-Rettung 2010 schon mehrmals zu hören. Viel wurde versprochen und gebrochen.

Der europäische Vorrat an Euphemismen und Etikettenschwindel ist unerschöpflich. Zum Instrument »Next Generation EU« wurde doch tatsächlich ein sogenannter Eigenmittelbeschluss gefasst, obwohl es sich bei den 750 Milliarden nicht um Eigen-, sondern um Fremdmittel handelt. Der Trick wurde notwendig, weil sich die Kommission laut Europavertrag eben nur über Eigenmittel, das sind Zölle und Beiträge der Mitgliedstaaten, finanzieren darf. Das ist ungefähr so, als würde ein Unternehmen Fremdkapital, also Schulden, zum Eigenkapital erklären.

Unermüdlich, wie sie ist, ließ von der Leyen auch den Ukrainekrieg nicht ungenutzt verstreichen. Im Sommer 2022 folgte mit »Rebuild Ukraine« eine Art von EU-Marshallplan für den Wiederaufbau des Landes. Die Verteilung der Gelder wird der ukrainischen Verwaltung obliegen, die 2021 im weltweiten Korruptionsindex von Transparency International ganz weit unten auf Platz 122 landete, nur knapp vor dem völlig verarmten afrikanischen Wüstenstaat Niger. Im Herbst 2022 kündigte von der Leyen dann auch noch einen »Europäischen Souveränitätsfonds« an, dazu ein neues Rohstoffgesetz und eine »Europäische Wasserstoffbank«. Nicht zu vergessen das Projekt »Repower EU«, das irgendetwas mit der Energieversorgung zu tun hat.

Um zu verstehen, wie die EU vorgeht und was auf Deutschland zukommt, bleibt der Wiederaufbaufonds bis auf Weiteres das beste Studienobjekt. An ihm lässt sich zudem demonstrieren, wie leicht die deutsche Öffentlichkeit zu täuschen ist. Als die Coronabonds in der akuten Phase der Pandemie vorgeschlagen wurden, hielt dies laut Meinungsumfragen die Mehrheit der Bürger für eine gute Idee. Dabei waren sie von Anfang an überflüssig. Denn die Kommission und der Rat der EU-Regierungschefs hatten schon im März 2020 die sogenannte Ausweichklausel aktiviert und damit die Verpflichtung auf einen soliden Staatshaushalt ausgesetzt. Die Regierungen selbst konnten die Schulden aufnehmen, die sie für nötig hielten, um die wirtschaftlichen Auswirkungen der Pandemie zu bekämpfen. Außerdem beschloss die EZB am 24. März 2020 ein Pandemie-Notfallankaufprogramm im Gesamtvolumen von 1850 Milliarden, um Staatsschulden zu übernehmen und damit die klammen Regierungen zu entlasten. Das hätte reichen müssen.

Inzwischen hat sich herausgestellt, dass der Wiederaufbaufonds mit Corona und Wiederaufbau nichts zu tun hat. Erst im April 2022 wurde die erste Italien zustehende Tranche ausbezahlt, im September 2022 die zweite. Das waren jeweils 21 Milliarden an Zuschüssen und Darlehen, und bis Italien die Gesamtsumme von grob geschätzt knapp 200 Milliarden abgerufen hat, wird noch viel Zeit vergehen. Verwendet werden die Mittel für Zukunftsprojekte wie Ultrabreitband und G5, deren Bezug zu Corona sich auch bei näherem Hinsehen nicht erschließt. Voraussichtlich bis zu 6 Jahre wird es dauern, bis der Wiederaufbaufonds vollständig verteilt ist. Und bei jeder einzelnen Tranche wird die Kommission mitreden und überwachen, was aus ihrer Sicht die Sache höchst attraktiv macht.

Für Deutschland ist daran nichts attraktiv. Im Gegenteil, es trägt mit uneingeschränkter Zustimmung der Bundesregierung wieder einmal die Hauptlast. Um das zu verstehen, müssen wir uns die Modalitäten etwas genauer ansehen. In den 750 Milliarden, die auf den Tisch gelegt werden, sind verlorene Zuschüsse in Höhe von

390 Milliarden und Darlehen in Höhe von 360 Milliarden enthalten. Das Geld besorgt sich die EU als Emittent am Kapitalmarkt, das heißt, sie verschuldet sich. Die Zuschüsse müssen nicht zurückgezahlt werden, die damit verbundenen Schulden werden über den EU-Haushalt getilgt. Die Darlehen muss der jeweilige Empfänger selbst tilgen. Über die Rückzahlungsverpflichtungen der einzelnen Regierungen soll, so ist vorgesehen, erst in den kommenden Jahren verhandelt werden – ein für Kredite unübliches Verfahren. Die EU selbst wird sich mit der Rückzahlung der Anleihen über 750 Milliarden Zeit lassen. Für deren Tilgung ist der Zeitraum 2028–2058 vorgesehen.

Wer von der komplizierten Prozedur profitiert und wer nicht, lässt sich dennoch leicht herausfinden. Die Darlehen sind für die solideren Länder wenig interessant, solange sie sich problemlos selbst verschulden können. Sie haben allerdings den Vorzug, dass sie den nationalen Schuldenstand nicht in die Höhe treiben. Wenig überraschend hat Italien bei den ersten beiden Tranchen auch bei den Darlehen zugelangt, denn Rom muss für neue Schulden, sofern sie in eigener Regie am Kapitalmarkt aufgenommen werden, höhere Zinsen zahlen als Deutschland. Da ist ein weicher Kredit, den man der EU schuldet und nicht irgendwelchen hartgesottenen Bankern in London oder New York, hochwillkommen.

In einem Bericht vom 11. März 2021 hat der Bundesrechnungshof eine Tabelle erstellt, die ähnlich aufgebaut ist wie die früher von der Kommission veröffentlichten Angaben über Nettozahler und Nettoempfänger. Auch hier ist Deutschland wie gewohnt der größte Nettozahler, allerdings mit einem Abstand zu den anderen, der verwundert. Nach der vorläufigen Berechnung wird Deutschland von den 390 Milliarden Euro an Zuschüssen 28,4 Milliarden bekommen und dafür 94,3 Milliarden zurückzahlen müssen. Daraus ergibt sich eine Nettoposition und damit ein Verlust von 65,9 Milliarden Euro.

Warum ein Land derart bescheidene Zuschüsse bekommt, um dann so viel mehr zurückzahlen zu müssen, erschließt sich dem gesunden Menschenverstand nicht ganz. Aber so funktioniert EU-Umverteilung eben. Da könnte die Bundesregierung gleich 65,9 Milliarden an Steuergeldern an Brüssel überweisen. Das würde der Kommission den Verwaltungsaufwand ersparen, käme aber zu Hause nicht gut an. Es wäre zu transparent.

Der zweitgrößte Nettozahler ist Frankreich mit vergleichsweise bescheidenen 22,7 Milliarden, der drittgrößte die Niederlande mit 15 Milliarden. Die Zahlenmagie klärt sich auf, wenn wir auf die Profiteure schauen, die die Gegenposten bilden müssen. Spitzenreiter ist Spanien. Madrid bekommt 73,8 Milliarden und muss für den Darlehensanteil 36,2 Milliarden zurückzahlen, womit 37,6 Milliarden übrig bleiben. Italien profitiert netto mit 32,6 Milliarden, gefolgt von Griechenland mit 15,1 Milliarden und Polen mit 12,8 Milliarden. Bei den Summen handelt es sich ausschließlich um Zahlungen außerhalb der regulären Transfers des EU-Haushalts. Fällt Ihnen etwas auf? Bis auf Spanien sind die drei größten Nutznießer des Wiederaufbaufonds Länder, die immer wieder Reparationsforderungen an Berlin stellen – zuletzt Polen in Höhe von 1,3 Billionen Euro.

Garantien, um die Rückzahlung der Darlehen abzusichern, musste niemand geben. Garantie und Haftung für die Rückzahlung an die Gläubiger liegen allein beim EU-Haushalt, und für den wiederum ist die Bundesrepublik der größte Geldgeber. Damit wird ein ganz neues Haftungsregime etabliert, das bis 2058 in Kraft bleibt. Wenn etwa Italien oder Griechenland nicht zahlen wollen oder können, werden die zur Kasse gebeten, die noch können. Und zwar automatisch, denn eines neuen Beschlusses und einer neuen Einwilligung bedarf es nicht. »Ein solches Haftungsregime«, schreibt der Bundesrechnungshof in seinem Bericht, »setzt die falschen Impulse und schwächt die Wirtschafts- und Währungsunion, da es ein unsolides und unsolidarisches Verhalten begünstigt.«

Im Bericht des Rechnungshofes findet sich dann noch ein erschreckender Hinweis, der auch für intime Kenner der Materie neu sein dürfte: Das Garantievolumen des Wiederaufbaufonds beläuft sich nicht etwa auf die oft zitierten 750 Milliarden, sondern auf mindestens 4000 Milliarden! Das könnte Begehrlichkeiten wecken, schreiben die Rechnungsprüfer. Hinter der horrenden Summe steckt die Erwartung einer künftig hohen Inflation. Denn wenn die 750 Milliarden real, das heißt nach Abzug der Geldentwertung, beispielsweise um 10 Prozent pro Jahr schrumpfen, muss die nominale Auszahlung eben entsprechend angehoben werden.

Die EU im Schuldensumpf, und die armen Deutschen, die so gerne solidarisch sind, merken nicht einmal, wie sie ausgenommen werden. Um das unschöne Bild zu vervollständigen, zitiert der Bundesrechnungshof aus einer Erhebung der Europäischen Zentralbank über das mittlere Nettovermögen der privaten Haushalte. Es lag in Deutschland bei 70 000 Euro und damit weit unter dem italienischen, dem spanischen, dem belgischen und immer noch deutlich unter dem französischen.

Die Kunde vom reichen Land ist ein Märchen, ihr Nutzwert Realität.

Kapitel 7

Falschgeld

Das Euro-Drama: Eine Aufführung in drei Akten

Wer die Macht erst einmal verloren hat, neigt dazu, leise aufzutreten. So war es auch am Montag, dem 12. September 2022, als die Deutsche Bundesbank zu einer Pressekonferenz in Frankfurt rief, um ein von ihrem Vorstandsmitglied Johannes Beermann herausgegebenes Buch vorzustellen und zu würdigen. Der Titel: *20 Jahre Euro. Zur Zukunft unseres Geldes.* Ein etwas verspäteter Termin, denn als Buchgeld auf den Konten hatte der Euro die D-Mark bereits am 1. Januar 1999 ersetzt und als Bargeld zum 1. Januar 2002. Jedenfalls waren es gut 2 Jahrzehnte, die seit der Ausgabe der bunten Scheine vergangen waren – ein Anlass für Otmar Issing, den früheren Chef-Volkswirt von Bundesbank und Europäischer Zentralbank und späteren EZB-Kritiker, nach Frankfurt zu kommen und von seiner Frau zu erzählen. Die hatte den Euro schon vor 20 Jahren als »Teuro« bezeichnet, und jetzt – bei einer Inflation von zuletzt 9,1 Prozent im Euroraum – hatte sie endlich und vollumfänglich recht bekommen.

Volker Wieland, ein Frankfurter Wirtschaftsprofessor, und Bundesbankvorstand Beermann kamen auf der Konferenz auch zu Wort. Nur traf ihre Interpretation der Lage, die sie in diesem September vorfanden, den Nagel nicht auf den Kopf. Um genau zu sein: Sie traf weit daneben. Wieland meinte milde, die EZB habe noch »einiges zu beweisen«. Aber es sei »nicht primär die Schuld der EZB«, dass die Inflation jetzt so hoch sei. Und Beermann versprach einerseits, dass die EZB das Bargeld nicht abschaffen werde, und behauptete andererseits: »Der Euro ist ein Spiegel der Zeit.«

Wäre er nur ein Spiegel der Zeit, dann wäre der EZB tatsächlich wenig vorzuwerfen. Sie hätte sich, indem sie ihn nach innen und außen abwertete, doch nur dem Diktat der Zeit gebeugt – den Um-

ständen, an denen sie nicht schuld war. Warum hat dann Bundesbankpräsident Jens Weidmann gut ein Jahr vor der Frankfurter
Pressekonferenz seinen Rücktritt angekündigt, weil er die fatale
Geldpolitik der Europäischen Zentralbank nicht mehr mittragen
und mitverantworten wollte und weil er sich gegen die Mehrheit im
EZB-Rat längst nicht mehr durchsetzen konnte? Mit diesem Schritt
war er Bundesbankpräsident Axel Weber und EZB-Chefvolkswirt
Jürgen Stark gefolgt, die 10 Jahre zuvor nach Ausbruch der Eurokrise aufgegeben hatten. Schon damals ging die Epoche einer EZB
und einer europäischen Geldpolitik, die halbwegs in der Tradition
der Deutschen Bundesbank gestanden hatte, zu Ende. Weidmanns
Kapitulation besiegelte spät und endgültig das Ende einer alten und
die Herrschaft einer neuen Geldkultur.

Hinter dem, was Beermann den Spiegel der Zeit nannte, verbergen
sich unbequeme Wahrheiten: dass der Euro nie ein Projekt der Völker Europas war, sondern ein solches der finanzkapitalistischen, su-
pranationalen und bürokratischen Eliten; dass er von Anfang an
ein Projekt der herrschenden Klasse war, das sich gegen das Selbstbestimmungsrecht der Nationen richtete; dass das Schuldenregime
des Eurosystems aus dieser Sicht kein Konstruktionsfehler war,
sondern notwendiger Zement der Macht; und dass der Marsch in
die totale Transferunion in der Logik des Plans lag, den Euro un-
umkehrbar zu machen. Tatsächlich kreuzen und decken sich die
Spuren der Macht und des Geldes nirgendwo so schön wie in der
Geschichte des Auf- und Abstiegs dieser multinationalen und multikulturellen Kunstwährung. Und zugleich ist dies eine Geschichte
der Täuschung und Selbsttäuschung, eine Geschichte von Verrat,
gebrochenem Versprechen und einer erst schleichenden, dann ga-
loppierenden Enteignung der Sparer.

Das Drama, das sich 1991 zu entfalten begann, lässt sich in drei Akte einteilen. Zunächst in die Inkubationszeit der 90er-Jahre, als die technischen Vorbereitungen für den Euro getroffen wurden und als er gegen den Widerstand der Bundesbank und der deutschen Öffentlichkeit durchgesetzt werden musste.

Dann in das Jahrzehnt nach der Jahrtausendwende, als der Euro zu funktionieren schien, als das Kapital in die Staaten an der Peripherie der Eurozone strömte und dort einen Wirtschaftsboom entfachte, als Deutschland unter hoher Arbeitslosigkeit litt und als »kranker Mann« Europas gehandelt wurde, als der Euro dennoch an den Devisenmärkten gefragt war und schließlich im Jahr 2008 einen Höchststand von 1,60 Dollar erreichte.

Und schließlich in einen dritten Akt, der zur Aufführung kommt, seitdem der Euro – beginnend mit der bevorstehenden Insolvenz Griechenlands 2010 – mit Hilfe von Transfers, Krediten, Aufkäufen von Staatsanleihen und künstlich tiefgehaltenen nominalen und realen Zinsen »gerettet« werden muss. Gerettet wurde natürlich nicht der Euro als solcher, sondern die Mitgliedschaft schwacher Volkswirtschaften, die der Währungsunion nie hätten beitreten dürfen. Zusammen mit den Niederlanden und Österreich, um zwei Beispiele zu nennen, wäre das Eurogeld eine ordentliche Währung geblieben. Aber dann hätte man es genauso gut bei festen Wechselkursen belassen können.

Der Vorhang nach diesem dritten Akt im Zeichen der Krise war 2022, dem Jahr der geopolitischen und monetären Zeitenwende, noch nicht gefallen. Der vierte Akt, in dem Gewinner und Verlierer neu sortiert werden, steht noch aus. Dass das Ende wie in jedem guten Kriminalstück überraschen wird, darf erwartet werden.

Junktim I: Kohl gab zu, dass die Währungsunion gegen deutsche Interessen ging

Ein grundlegendes Missverständnis besteht in der Annahme, dass es sich beim Euro vornehmlich um ein ökonomisches Projekt gehandelt habe. Das war nicht der Fall, und bekanntlich warnte die Crème de la Crème der deutschen Ökonomen in den 1990er-Jahren mehr als einmal vor der Währungsunion und ihren Gefahren. In Wirklichkeit standen politische Motive und Ziele hinter dem Plan. Deutschland lief in die Eurofalle, weil der deutschen Europapolitik gravierende Denkfehler zugrunde lagen und weil der damalige Bundeskanzler Helmut Kohl glaubte, einen Preis für die Wiedervereinigung zahlen zu müssen – aber auch wegen haarsträubender taktischer Fehler bei den Verhandlungen.

Als Kohl am 12. Dezember 1989 den US-Außenminister James Baker in Berlin traf, gestand er ihm, dass die Europäische Währungsunion, die damals schon angedacht, aber noch nicht beschlossen war, »gegen deutsche Interessen« gehe. Ein Indiz dafür, dass er nicht so sehr naiv, als vielmehr damit überfordert war, deutsche Europapolitik in den Rahmen deutscher Interessen einzufügen. Unter Adenauer waren beide noch vereinbar. Unter Merkel wurden nationale Interessen nur noch mühsam definiert, unter der seit 2021 amtierenden Koalition wurden sie »Europa« und dem Bündnis mit den USA untergeordnet.

Die Grundidee, dass ein europäischer Zusammenschluss die geopolitische Schwäche Deutschlands kompensieren und das weltpolitische Gewicht des alten Kontinents vergrößern würde, war damals so richtig wie heute. Schon der alten Bundesrepublik fehlte ein primäres Souveränitätsattribut, nämlich die atomare Bewaffnung –

ein Defizit, das von keinem deutschen Politiker klarer gesehen wurde als von Franz Josef Strauß. Nicht zufällig ließ er seinen Berater Marcel Hepp eine – vergebliche – publizistische Kampagne gegen den Atomsperrvertrag führen. Nicht zufällig beruft sich Frankreichs Präsident Emmanuel Macron auf den Status Frankreichs als Atommacht, wenn er – nach dem Austritt Großbritanniens – für sein Land die Führungsrolle in der EU beansprucht.

Atomwaffen blieben der Bundesrepublik verwehrt, ein Umstand, der auch nach der Wiedervereinigung die Fortdauer der US-Hegemonie garantierte. Zum Ausgleich hatten die Deutschen ihre Mark, ihre Bundesbank und (schon vor dem Euro!) ein Europäisches Währungssystem, das sich de facto zu einer »deutschen Zone« entwickelt hatte, wie der französische Präsident François Mitterrand (1916–1996) im Mai 1989 beklagte.

Worauf er es abgesehen hatte, wurde schon vor der Wiedervereinigung deutlich. Anfang 1988 kam Jacques Attali, der außenpolitische Berater Mitterrands, zu einer deutsch-französischen Konsultation nach Bonn. Als die Deutschen die Bildung eines gemeinsamen Verteidigungsrates anregten und über den Einsatz französischer Atomwaffen auf deutschem Boden mitentscheiden wollten, bemerkte Attali maliziös: »Um eine Balance zu erhalten, möchten wir über die deutsche Atombombe reden.« »Sie wissen doch«, erhielt er zur Antwort, »wir besitzen gar keine Atombombe.« Darauf Attali. »Ich meine die D-Mark.«

Eine Sicht, die sein Präsident teilte. »Die Deutsche Mark ist gewissermaßen ihre Atomstreitmacht«, sagte Mitterrand am 17. August 1988 vor seinem Ministerrat. Frankreich stand eine solche zu, dachte er sich wohl, den Deutschen nicht einmal ein Äquivalent.

Einen frühen Vorstoß, um Paris entgegenzukommen, unternahm Außenminister Hans-Dietrich Genscher im Februar 1988. Ohne Absprache mit Kohl oder mit dem zuständigen Finanzminister Gerhard Stoltenberg (1928–2001) entwarf er ein fünfseitiges Memorandum, in dem er sich für eine Europäische Zentralbank und für einen ECU »zunächst als Parallel- und später als Gemeinschaftswährung« aussprach. Den ECU, die »European Currency Unit«, gab es damals schon, ebenso Anleihen in ECU, die man als Bankkunde kaufen konnte und die höher rentierten als DM-Anleihen. Insofern war der ECU schon eine Parallelwährung – nur ohne EZB und ohne die spätere Demontage der Bundesbank.

Genschers Konzept lief darauf hinaus, die D-Mark zu opfern, aber nur im Tausch gegen eine Politische Union der EG, wie die EU damals hieß, möglichst verbunden mit einer Verteidigungsgemeinschaft – was allerdings auf Kosten der USA und der NATO gegangen wäre. Kohl folgte dieser Linie, indem er ein Junktim formulierte. Als die Berliner Mauer schon gefallen war, einigte er sich mit Mitterrand darauf, »parallel« über Währungsunion und Politische Union zu verhandeln. Als er wenige Tage vor der Maastrichter Konferenz im Dezember 1991 gefragt wurde, was er tun werde, wenn am Ende zwar eine Einigung über die Währungsunion, aber nur ein Minimalkompromiss über die Politische Union herauskäme, gab er zur Antwort: »Dann gibt es Krach.«

Junktim II: Der Preis der Wiedervereinigung

Der Krach blieb aus, Kohl ließ das Junktim fallen. In Maastricht waren es die Franzosen, unterstützt von den Italienern, die sich durchsetzten. Kohl und Genscher täuschten sich, wenn sie glaubten, Paris werde einer Politischen Union zustimmen und damit französische Souveränität opfern sowie französische Atomwaffen und womöglich auch noch den ständigen Sitz im UN-Sicherheitsrat europäisieren. Als er noch Kanzleramtsminister war, sprach Wolfgang Schäuble einmal expressis verbis von einer »Politischen Union mit nuklearer Komponente«. Mitterrand war dazu nicht bereit, Macron ist es auch nicht. Offenbar argwöhnte Paris, Deutschland werde im Laufe der Zeit einen solchen europäischen Staat dominieren. Stattdessen gelang es Mitterrand, ein anders geartetes Junktim durchzusetzen: die französische Zustimmung zur Wiedervereinigung gegen die Entmachtung der Bundesbank und das Ende der Deutschen Mark.

Allerdings war dies ein Handel, welcher der Öffentlichkeit verborgen bleiben sollte. Am 23. April 1998 behauptete Außenminister Genscher vor dem Deutschen Bundestag: »Die Legende, die deutsche Zustimmung zur Währungsunion sei der Preis für die Zustimmung Frankreichs zur deutschen Einheit gewesen, ist Gift für das künftige Zusammenleben in Europa.« Im Interview mit der Illustrierten *Stern* vom 13. Dezember 2012 sprach er gar von einer gefährlichen »Dolchstoßlegende« wie derjenigen nach dem Ersten Weltkrieg. Auch Schäuble und Kohl bestritten, dass es ein solches Geschäft zu Lasten der Mark jemals gegeben habe. Was hätten sie auch anderes sagen sollen? Es hätte ein schlechtes Licht auf die oft beschworene deutsch-französische Freundschaft geworfen.

Inzwischen liegen genug Beweise dafür vor, dass die angebliche Legende der Wahrheit entsprach. Im November 1989 wurde Außenminister Genscher in Paris von Mitterrand empfangen. »In diesem Gespräch wurde das Tauschgeschäft für den Euro geschmiedet«, schreibt Professor Roland Vaubel in seinem vorzüglichen Buch *Das Ende der Euromantik.*

Für Vaubels Version lassen sich mindestens zwei französische Zeugen und ein deutscher aufbieten. In einem Interview mit dem Fernsehsender *Arte* vom 26. März 1998 verriet Elisabeth Guigou, die Mitarbeiterin Mitterrands, wie massiv ihr Präsident Genscher unter Druck setzte:»Er war sogar ziemlich brutal. Er sagte: Ich werde in Straßburg die Fixierung eines Datums fordern. Wenn wir uns da nicht einig sind, kann ich (in der Frage der Wiedervereinigung) nichts tun.« Der Präsident bezog sich dabei auf eine Regierungskonferenz, die in Straßburg über den Vertrag zur Währungsunion beraten sollte. Mit dem Datum, das fixiert werden sollte, meinte er den Zeitpunkt des unwiderruflichen Beginns der Währungsunion, der dann genau auf den 1. Januar 1999 festgelegt wurde. Guigou war als Assistentin Mitterrands bei dem Gespräch mit Genscher anwesend.

Kohl selbst machte die entscheidende Konzession vermutlich am 4. Januar 1990, als er Mitterrand auf dessen Landsitz Latché bei Biarritz besuchte. Eine Niederschrift der Unterredung wurde später veröffentlicht. Zwar wurden einige heikle Passagen nicht freigegeben, aber das Junktim zwischen Wiedervereinigung und Einheitswährung lässt sich auch so herauslesen. Bestätigt wurde die Existenz des Junktims auch von Kohls außenpolitischem Berater Joachim Bitterlich und von Jacques Attali in der bereits erwähnten *Arte*-Sendung. »Die Einheitswährung wäre ohne François Mitterrands Zurückhaltung hinsichtlich der deutschen Wiedervereinigung nicht geschaffen worden«, so Attali. Mit »Zurückhaltung« meinte er, dass Mitterrand damals gegen die deutsche Wiedervereinigung opponierte und dass er als Gegenleistung die deutsche Einwilligung in den Euro verlangte und bekam.

Hubert Védrine, der spätere französische Außenminister, fixierte Kohls Zustimmung gar auf Ende 1989 und nicht erst auf den Janu-

ar 1990. Damit wäre der Deal in Latché nur noch einmal abgeseg-
net worden. 10 Jahre später, 1999, bekannte Védrine, wie knapp die
Sache damals aus französischer Sicht ausging: »Sechs Monate später [das heißt Mitte 1990, Anm. d. Autors] wäre es zu spät gewesen:
Kein französischer Präsident hätte dann noch von einem deutschen Bundeskanzler die Zustimmung zur Einheitswährung bekommen können.« Recherchiert wurde das Zitat von Vaubel, nachzulesen in dessen Euro-Buch.

Warum wäre es Mitte 1990 zu spät gewesen? Weil dann auch Kohl
und Genscher begriffen hätten, dass der Weg zur Einheit ausschließlich von Russland und den USA freigegeben wurde und ein
Veto Frankreichs oder Englands ins Leere laufen würde. Der größere Schlüssel lag in russischen Händen: Ohne Abzug der Roten
Armee keine Wiedervereinigung. Die französische Verhandlungs-
macht wäre zu schwach gewesen, um die Wiedervereinigung zu
blockieren, aber auch, um den Euro gegen deutschen Willen zu er-
zwingen. Genau genommen, war sie das von Anfang an.

Konvergenzkriterien:
Was Mitterrand und Andreotti unter vier Augen ausheckten

Wie hoch der Preis war, den Deutschland zahlte, wurde in Pariser
Kreisen ganz klar gesehen. Der Chefredakteur von *Le Figaro* ver-
glich den Vertrag von Maastricht mit dem von Versailles. Laut
Hans-Werner Sinn hat auch Mitterrand höchstpersönlich bei einer
Ansprache vor französischen Kriegsveteranen sich nicht gescheut,
für den Vertrag von Maastricht mit dem Argument zu werben, die-
ser sei für Frankreich besser als der Versailler Vertrag, nämlich ein
»Super-Versailles«.

Vor dem Hintergrund solcher französischer Freundlichkeiten mussten Kohl, Genscher und Finanzminister Theo Waigel nach der offiziellen Unterzeichnung des Vertrages am 7. Februar 1992 erst noch den Widerstand der deutschen Öffentlichkeit und der Deutschen Bundesbank brechen. Die Schlacht um den Euro, die mit wechselnden Erfolgsaussichten jahrelang zwischen Anhängern und Gegnern der Währungsunion tobte, kam erst 1998 zum Abschluss, als die Bundesbank endgültig ihr Plazet gab und der Bundestag zustimmte.

Um das deutsche Publikum zu beeindrucken, hatten die Unterhändler in Maastricht strenge Konvergenzkriterien in den Vertrag eingebaut. Die Bundesregierung wurde denn auch nicht müde, auf die Beitrittsbedingungen hinzuweisen. Um die wichtigsten zu nennen: Erstens durfte das jährliche Haushaltsdefizit der Beitrittskandidaten nicht mehr als 3 Prozent des Bruttoinlandsproduktes (BIP), das heißt des Wertes aller produzierten Güter und Dienstleistungen, ausmachen. Zweitens durfte die aufgelaufene Staatsverschuldung 60 Prozent des BIP nicht überschreiten. Und drittens wurde eine gegenseitige Haftung für die Staatsschulden ebenso ausgeschlossen wie deren Finanzierung durch die künftige Europäische Zentralbank.

Wären die Konvergenzkriterien ernst genommen worden, dann hätte die letzte, entscheidende Stufe der Währungsunion mit der Einführung des Euro als Buchgeld unter der Regie der EZB nicht zum 1. Januar 1999 starten können. Dass der Termin nicht verschoben wurde, lag daran, dass sich Kohl auf das Datum unwiderruflich festgelegt hatte. Zugleich Bedingungen aufzustellen und den Euro-Beginn frühzeitig festzulegen war ein Widerspruch in sich. Die Logik hätte geboten, den Start so lange aufzuschieben, bis die Konvergenzkriterien erfüllt waren.

Kohl hatte sich in Maastricht hereinlegen lassen. Am 8. Dezember 1991, am Sonntagabend noch vor Eröffnung der Gipfelkonferenz, traf sich Mitterrand in einem außerhalb von Maastricht gelegenen Hotel mit dem italienischen Ministerpräsidenten Giulio Andreotti. Die beiden schlossen einen machiavellistischen Pakt. Sie würden die ziemlich strengen deutschen Vertragsbedingungen zum Schein akzeptieren, obwohl sie Italien weder erfüllen wollte noch konnte, und dafür die deutsche Verpflichtung verlangen, spätestens 1999 automatisch und unwiderruflich mit der Währungsunion zu beginnen. Die anderen Südeuropäer und Irland sollten mit der Zusage neuer Umverteilungsgelder geködert werden. Die Hartwährungsländer, allen voran die Bundesrepublik, nahmen den Vertrag ernst oder taten zumindest so – und für die anderen war er eine leicht zu knackende Pastetenkruste.

Letztes Gefecht: Waigels Propaganda, Biedenkopfs Standhaftigkeit und das Manifest der 160 Professoren

Da die Bundesregierung wusste, wie sich die deutschen Wähler entscheiden würden, wurden sie nie per Referendum befragt. Stattdessen wurden sie mittels einer jahrelangen Propagandakampagne weich geklopft. So behauptete Bundeskanzler Kohl am 13. September 1991 vor dem Bundestag: »Die Kriterien für die Qualifikation zur Währungsunion lauten: strikte Preisstabilität, unbedingte Haushaltsdisziplin.« Er besaß auch noch die Unverfrorenheit hinzuzufügen, dass die »enge und vertrauensvolle Zusammenarbeit« mit der Deutschen Bundesbank zum Erfolg bei den Verhandlungen entscheidend beigetragen habe. Auch davon war kein Wort wahr. Kohl hatte die Bundesbank in Maastricht vielmehr überrumpelt. Als sein Presseamt dann auch noch teure Zeitungsanzeigen schaltete, in denen sich die Regierung auf Bundesbankpräsident Helmut Schlesinger berief, waren einige Mitglieder des Frankfurter Zentralbankrates über Kohls Heuchelei so empört, dass sie Protestbriefe nach Bonn schickten, die freilich nie veröffentlicht wurden.

Die krasseste in einer langen Reihe von Eurolügen verbreitete Finanzminister Theo Waigel. Am 8. Oktober 1992 trug er vor dem Bundestag ganz dick auf und tönte: »Die starke Deutsche Mark wird auch durch die Währungsunion nicht abgeschafft.« Da es selbst von Bundestagsabgeordneten, geschweige denn von den Wählern zu viel verlangt ist, hochkomplizierte völkerrechtliche Verträge zu lesen, glaubte er wohl, damit durchzukommen.

Selbst in Bayern wurden Kritiker wie der Finanzminister Georg Freiherr von Waldenfels oder der Umweltminister Peter Gauweiler ausgegrenzt. Gefährlicher war, dass auch der bayerische Ministerpräsident Edmund Stoiber wenig vom Euro hielt und verbal opponierte. Er soll eingeknickt sein, als Waigel mit Rücktritt drohte. Am Ende stimmte nur der Freistaat Sachsen unter Kurt Biedenkopf (1930–2021) im Bundesrat gegen die Währungsunion, nicht aber Bayern.

Die widerstrebende Bundesbank wiederum versuchte Waigel zur Räson zu bringen, indem er dafür sorgte, dass in den 1990er-Jahren nur noch Freunde des Euro in den maßgebenden Frankfurter Zentralbankrat geschickt wurden. Politiker und Publizisten, die gegen den Euro Stellung bezogen, wurden als »antieuropäisch« diffamiert. Die Anti-Euro-Partei Bund Freier Bürger, gegründet von dem FDP-Politiker Manfred Brunner (1947–2018), wurde von Springers *Bild* bekämpft und vom nordrhein-westfälischen Verfassungsschutz unter Beobachtung gestellt. Die 62 Wirtschaftsprofessoren, die am 11. Juni 1992 auf Initiative von Renate Ohr und Wolf Schäfer das »Erste Manifest gegen den Vertrag von Maastricht« veröffentlichten, wurden ignoriert. Ebenso die über 160 Professoren, die am 9. Februar 1998 mit einem zweiten Manifest vor dem Euro warnten. Beide Manifeste stellten sich als klarsichtig heraus. Dass sie 1992 und 1998 nicht zur Kenntnis genommen wurden, belegt die bekannte These von der Torheit der Regierenden und die Wirkung von Propaganda, solange sie oft genug wiederholt wird und sich auf das Momentum der Macht stützen kann.

Es stimmt zwar, dass Vorhersagen schwierig sind, vor allem, wenn sie die Zukunft betreffen. Das heißt aber nicht, dass ökonomische Entwicklungen nicht prognostizierbar sind, wenn sie auf einer sauberen Analyse der Realitäten beruhen. Das Manifest der 62 von 1992 ist der Beweis dafür.

Dort heißt es, dass eine funktionsfähige Währungsunion als Vorbedingung eine dauerhafte Angleichung der relevanten wirtschaftlichen Strukturen der Mitgliedsländer erfordert – diese war 1992 ebenso wenig gegeben wie 2022. Sodann war im Manifest zu lesen: »Die ökonomisch schwächeren europäischen Partnerländer werden bei einer gemeinsamen Währung einem verstärkten Konkurrenzdruck ausgesetzt, wodurch sie aufgrund ihrer geringeren Produktivität und Wettbewerbsfähigkeit wachsende Arbeitslosigkeit erfahren werden. Hohe Transferzahlungen im Sinne eines ›Finanzausgleichs‹ werden damit notwendig.«

Richtig war auch die Feststellung, dass der EG-Binnenmarkt keineswegs eine gemeinsame Währung benötige und dass die überhastete Einführung des Euro zu einer politischen Zerreißprobe führen und ein konfliktarmes Zusammenwachsen in Europa gefährden werde. Der Binnenmarkt kam 1993, 6 Jahre vor dem Euro. Er erlaubte den freien Waren-, Dienstleistungs- und Kapitalverkehr innerhalb der EG, die ebenfalls 1993 in EU umbenannt wurde.

Völlig korrekt war schließlich der Hinweis der Ökonomen auf einen fatalen Verhandlungsfehler Helmut Kohls, nämlich auf die starre Fixierung des Euro-Beginns auf den 1. Januar 1999. Das Datum werde eine »politische Eigengesetzlichkeit« gegenüber den vereinbarten Konvergenzkriterien nach sich ziehen. Will sagen: die Kriterien, besonders die Schuldenobergrenzen, würden missachtet werden, um den Termin einzuhalten.

Immerhin gelang es Manfred Brunner bereits ein Jahr nach dem Aufruf der Wirtschaftsprofessoren, vor dem Bundesverfassungsgericht in Karlsruhe ein Urteil zum Maastrichter Vertrag zu erwirken, das eines Tages als juristische Grundlage für einen Euro-Austritt Deutschlands herangezogen werden könnte. Es ist zu Unrecht in Vergessenheit geraten. Im Urteil vom 12. Oktober 1993 erklärten die Richter den Vertrag zwar für verfassungskonform, akzeptierten ihn jedoch nur mit einer strikten Interpretation seines Inhaltes – mit einer Interpretation, die längst verletzt und von den politischen Realitäten überrollt wurde.

Die Richter lieferten den Gegnern des EU-Zentralismus Argumente, die bis heute gelten. Sie befanden, dass der EU-Vertrag zwar einen europäischen »Staatenverbund« begründe, aber »keinen sich auf ein europäisches Staatsvolk stützenden Staat«. Eine vom deutschen Volk ausgehende Legitimation müsse gesichert sein. Vor allem aber: Die Auslegung des Maastrichter Vertrages dürfe »in ihrem Ergebnis nicht einer Vertragserweiterung gleichkommen«. Eine solche würde für Deutschland »keine Bindungswirkung« entfalten.

Während in einem Protokoll zum Maastrichter Vertrag von der »Unumkehrbarkeit« der Währungsunion die Rede war, wollten die Verfassungsrichter einen Austritt Deutschlands, sozusagen als Ultima Ratio, nicht ausschließen. Denn: Die Nationen blieben »Herren der Verträge« und könnten die Zugehörigkeit zur EU »letztlich durch einen gegenläufigen Akt auch wieder aufheben«.

Wertloser Stabilitätspakt: 120 Verstöße, keine einzige Strafe

Um den Euro-Gegnern, die in den Umfragen die Mehrheit des deutschen Volkes hinter sich hatten, den Wind aus den Segeln zu nehmen, ließ sich Finanzminister Waigel einiges einfallen. Im Dezember 1995 setzte er durch, dass der ECU in Euro umgetauft wurde – ein eigenartiges Kunstwort, schließlich kam auch noch niemand auf die Idee, den Dollar »Ami« zu nennen oder die D-Mark »Deutscher«. Vielleicht irritierte es ihn, dass es einmal eine französische Goldmünze mit der Bezeichnung Ecu gegeben hatte.

Als kleinen Sieg verbuchte es Waigel auch, dass das Europäische Währungsinstitut als Vorläufer der Europäischen Zentralbank sowie 1998 die EZB selbst nach Frankfurt geholt wurden. Die Geldkultur der Bundesbank konnte sich bei der EZB dennoch nicht durchsetzen. Der Unterschied zwischen beiden könnte nicht größer sein. Ebenfalls trog die Hoffnung, Frankfurt werde wegen des EZB-Sitzes zum führenden Finanzplatz Europas aufsteigen.

Auch ein anderer Vorstoß Waigels wurde statt zum Befreiungsschlag zum Rohrkrepierer. Im November 1995 schlug er einen »Stabilitätspakt für Europa« vor, so, als sei nicht das Wichtigste schon im Maastrichter Vertrag geregelt worden. Der Pakt, um den viel Aufhebens gemacht wurde, wurde im Juni 1997 vom Europäischen Rat beschlossen, allerdings erst, nachdem man ihm die Zähne gezogen hatte. Waigels Forderung, bei Überschreiten der Defizitobergrenze von 3 Prozent des BIP »automatisch Geldstrafen zu verhängen«, wurde vom zuständigen französischen Kommissar in Brüssel umgehend abgelehnt. Warum auch sollten die Weichwährungsländer, nachdem sie den Vertrag in Maastricht unter Dach und Fach gebracht hatten, neue Zugeständnisse machen.

Jedenfalls sollte laut Stabilitäts- und Wachstumspakt ein Überschreiten der 3-Prozent-Grenze Geldstrafen nach sich ziehen – es sei denn, das betreffende Land rutschte in eine Rezession mit einem Rückgang des Bruttoinlandsproduktes um mindestens 0,75 Prozent pro Jahr. Nur dann war eine Neuverschuldung von mehr als 3 Prozent des BIP erlaubt. Es gab demnach erlaubte und verbotene Überschreitungen. Letztere summierten sich von 1999 bis 2020, dem Jahr der Coronakrise, auf sage und schreibe 120. Rekordhalter mit dreizehn vertragswidrigen Überschreitungen war Frankreich, was ein bezeichnendes Licht auf die Machtverhältnisse in der EU wirft. Frankreich zu bestrafen war in Brüssel stets undenkbar.

Danach folgten Griechenland, Portugal und Polen mit jeweils zehn nicht erlaubten Verstößen gegen den Stabilitätspakt. Italien schaffte sieben, Spanien fünf und Deutschland immerhin drei. Dass man auch solide wirtschaften kann, bewiesen Schweden, Finnland und Estland. Sie verzeichneten nur jeweils eine Übertretung der 3-Prozent-Marke, noch dazu eine erlaubte. Interessant ist nun die Frage, wie oft Strafen gegen die 120 verbotenen Überschreitungen verhängt wurden. Antwort: Kein einziges Mal.

Besser lässt sich nicht demonstrieren, wie wertlos EU-Verträge sein können. Dabei wäre die 3-Prozent-Regel, ein normales Wirtschaftswachstum vorausgesetzt, eine wirksame Sperre gegen staatliche Überschuldung gewesen. Die Eurozone hätte sich einen Großteil ihrer Krisen erspart – einmal abgesehen von Spanien und Irland, wo sich die kreditfinanzierten Immobilienblasen rächten, als die 2008 von den USA ausgehende Finanzkrise Europa erreichte. Was die Spanier vor 2008 an staatlicher Aufschuldung versäumt hatten, holten sie später nach.

Nur auf die Maastrichter Schuldenregeln zu schauen, greift dennoch zu kurz. Die 2010 offen zutage tretende Misere des Euro war systemimmanent, die aufeinanderfolgenden Krisen in der Existenz des Euro als solchem begründet. Ohne die ungewöhnlich tiefen Zinsen, die der Euro den früheren Schwachwährungsländern bescherte, wäre der ungesunde Immobilienboom in Spanien und Irland nicht möglich gewesen. Zugleich erlaubte es die Mitgliedschaft in der Währungsunion den Ländern an der Peripherie, Leistungsbilanzdefizite anzuhäufen, die sich in den Zeiten vor dem Euro früher und schneller von selbst korrigiert hätten. In Portugal belief sich das Leistungsbilanzdefizit in den Jahren von 2001 bis 2008 auf durchschnittlich 9 Prozent der Wirtschaftsleistung! 2010 war die spanische Leistungsbilanz mit rund 4,6 Prozent im Minus und die deutsche mit gut 5 Prozent im Plus. Wegen des Euro hatten die südeuropäischen Länder die Option verloren, mittels Abwertung der eigenen Währung den Export anzukurbeln.

Durchbruch in Dublin 1996: Die Times spricht von Deutschlands dritter Kapitulation, die Bundesbank protestiert, Waigel baut Potemkinsche Dörfer

Man kann darüber streiten, ob Kohl und Waigel jemals ernsthaft glaubten, der Euro werde zu einem Wiedergänger der Deutschen Mark werden. Falls ja, wurden sie spätestens auf dem europäischen Gipfel in Dublin im Dezember 1996 eines Besseren belehrt. Die Franzosen setzten sich auf der ganzen Linie durch. Sie lehnten es ab, französische Souveränitätsrechte abzugeben. Vor allem sagten sie kategorisch Nein zu einem Automatismus »bei Verstößen gegen den Stabilitätspakt«. Waigel war wütend.

Die *Financial Times* fasste am 16. Dezember 1996 das Ergebnis der 17-stündigen Marathonsitzung in Dublin zusammen: »Am Ende willigten die Deutschen ein, aber nur, weil Kohl schon mehrere Tage vorher entschieden hatte, dass die Risiken der Verschiebung einer Einigung zu hoch seien.« Die Deutschen willigten ein, gaben nach, kapitulierten – ein Muster, das sich im Verlauf der Eurokrise ab 2010 ständig wiederholen sollte.

Während die deutschen Politiker zu Hause dem Publikum Sand in die Augen streuten, wurde im Ausland klar erkannt, wohin der Hase lief. Die Londoner *Times* schrieb am selben Tag: »Es ist jetzt mehr als wahrscheinlich, dass Italien und Spanien an der Einheitswährung von Anfang an teilnehmen können. Der Euro wird keine germanische und unabhängige Währung sein, sondern eine lateinische und eine politisierte – weniger ein Ersatz für die Deutsche Mark als ein Ersatz für den Franc.«

Ebenfalls in der *Times* hatte der prominente Kommentator Anatole Kaletsky das Debakel von Dublin bereits am 19. November kommen sehen: »Die Deutschen könnten anfangen zu denken, dass der Vertrag von Maastricht in der Geschichte als Deutschlands dritte Kapitulation vor Frankreich in weniger als einem Jahrhundert beurteilt werden wird: als natürlicher Nachfolger der Verträge von Versailles und Potsdam.«

»Wenn es ernst wird, muss man lügen«, verkündete Kommissionspräsident Juncker 2011, ein Jahr nach Ausbruch der Eurokrise. Kohl, Waigel und die CDU hatten es in der Kunst schon in den 1990er-Jahren zur Meisterschaft gebracht. In einer Broschüre der CDU zur Europawahl 1999 wurde die Frage gestellt: »Was kostet uns der Euro? Muss Deutschland für die Schulden anderer Länder aufkommen?« Beruhigende Antwort der CDU: »Ein ganz klares

Nein! Der Maastrichter Vertrag verbietet ausdrücklich, dass die Europäische Union oder die anderen EU-Partner für die Schulden eines Mitgliedstaates haften ... Die Euro-Teilnehmerstaaten werden daher auf Dauer ohne Probleme ihren Schuldendienst leisten können. Eine Überschuldung eines Euro-Teilnehmerstaats kann daher von vornherein ausgeschlossen werden.«

Das letzte Hindernis auf dem Marsch in das Unheil war die Deutsche Bundesbank. Sie wusste, was gespielt wurde. Sie machte sich keine Illusionen. Noch 1997, kurz vor Toresschluss, suchte Bundesbankpräsident Hans Tietmeyer nach einer Möglichkeit, den Termin 1999 doch noch zu kippen. »Wir müssen«, so zitierte ihn der *Spiegel* vom 16. Juni 1997 aus internen Gesprächen, »einen Plan vorbereiten für eine geordnete Euro-Verschiebung.« Er telefonierte deswegen mit dem CDU/CSU-Fraktionschef Wolfgang Schäuble, und er traf Finanzminister Waigel. Tietmeyer fand kein Gehör. Denn, so erkannte Kohl, »wer einmal verschiebt, verschiebt möglicherweise auf immer«.

Am 26. März 1998 tagte der Frankfurter Zentralbankrat von 9:00 Uhr morgens bis kurz nach Mitternacht – und gab schließlich doch sein von der Regierung Kohl verlangtes Plazet. Wie hart um den Beschluss gerungen wurde, hat Philip Plickert in der FAZ vom 26. März 2018 anhand von vertraulichen Dokumenten enthüllt, die ihm zugespielt wurden.

Die 32-seitige Vorlage hatte Bundesbank-Chefvolkswirt Otmar Issing ausgearbeitet. Sie steckte voller Bedenken bezüglich der Haushaltsdefizite und der zu hohen Staatsschulden gewisser EU-Länder. Besonders bei Italien gebe es wegen der »außerordentlich hohen Schuldenquote«, so die Vorlage, »erhebliche Zweifel an der dauerhaften Tragfähigkeit der Finanzlage«. Noch deutlicher wurde Professor Olaf Sievert, der Landeszentralbankchef von Sachsen und Thüringen, auf der Sitzung. Er warnte vor einer »Schicksalsgemeinschaft«, die zu einer Transferunion führen könne.

Aus den Unterlagen der Sitzung geht hervor, dass der entscheidende Satz, der den Euro absegnete, in Issings Vorlage nicht enthalten war – was die Vermutung nahelegt, dass Issing, inzwischen einer der härtesten Eurokritiker, die Papiere der FAZ zugänglich gemacht hat. Erst nach langem Hin und Her wurde das Plazet der Bundesbank in den Beschluss eingefügt. Es lautete – im Widerspruch zu den vorgetragenen Bedenken –, die Währungsunion sei »stabilitätspolitisch vertretbar«.

Das Verdikt hatte, so Plickert, eine durchschlagende politische Wirkung. »Waigel reichte die beiden Worte aus der Bundesbank-Stellungnahme wie eine Trophäe herum.« Und der bayerische Ministerpräsident Edmund Stoiber, der so lange hartnäckig opponiert hatte, drehte sich um 180 Grad. »Alle hätten mich sonst ausgelacht«, rechtfertigte er sich. Bayern stimmte im April 1998 im Bundesrat für die Einführung des Euro im darauffolgenden Jahr. Nur Sachsen unter Ministerpräsident Kurt Biedenkopf blieb beim Nein.

Kurz vorher, am 23. April, votierte auch der Deutsche Bundestag mit überwältigender Mehrheit für die dritte und letzte Stufe der Europäischen Währungsunion. Damit war der Weg frei für die Entmachtung der Bundesbank, für die Beerdigung der D-Mark und für die Einführung des Euro zunächst als Buchgeld zum 1. Januar 1999. Die Geldscheine mit ihren fiktiven, nirgendwo in Europa auffindbaren Brücken und Gebäuden folgten 3 Jahre später.

An diesem 23. April 1998 baute Theo Waigel noch einmal Potemkinsche Dörfer. Er rühmte Italien für die – wertlose – Verpflichtung, den Schuldenstand auf unter 100 Prozent des Bruttoinlandproduktes zu senken – kein Wort von der »kreativen Buchführung« in Rom. Waigel beteuerte, dass es in der Währungsunion »keine zusätzlichen Finanztransfers« geben werde: »Jedes Land haftet allein für seine Schulden.« Und er genierte sich nicht, die größte aller Euro-Lügen noch einmal aufzutischen: »Wir geben die D-Mark nicht auf, sondern setzen ihre Erfolgsgeschichte auf der europäischen Ebene fort.«

Ausgerechnet Gregor Gysi von der PDS war es, der vor dem Bundestag mit den regierungsamtlichen Fiktionen abrechnete. Er bezweifelte, dass man einen Kontinent über das Geld einen könne – das habe in der Geschichte noch nie funktioniert. Er bestritt, dass der Euro Arbeitslosigkeit abbauen werde – er berge im Gegenteil viele Gefahren für Arbeitsplätze, was sich in Südeuropa längst bewahrheitet hat. Und er prophezeite: »Es wird eine andere Regierung sein, die den Euro auszubaden hat.«

Am Ende stimmten von der Union nur drei Abgeordnete gegen den Euro. Es war dasselbe Hohe Haus, das am 2. Dezember 1992 hoch und heilig versprochen hatte, sich »jedem Versuch« zu widersetzen, die Stabilitätskriterien aufzuweichen. Versprochen, gebrochen.

Mai 2010: Ein Anruf von Präsident Obama und der Auftakt zur endlosen Euro-Rettung

Es sollte 18 Jahre dauern, bis der Bundestag sein hehres Versprechen an die Wähler sang- und klanglos beerdigte – und 12 Jahre, bis Theo Waigels Garantie, dass jedes Land selbst für seine Schulden haften werde, zur Makulatur wurde. Der Beginn der Umwandlung der Währungsunion in eine Schuldengemeinschaft lässt sich genau datieren: auf den 2. Mai 2010. Alles, was seitdem passierte,

was von der EZB, der EU und eben auch vom deutschen Gesetz-
geber auf den Weg gebracht wurde, lässt sich bis zum Sündenfall im
Frühjahr 2010 zurückverfolgen. Aus dem Leck wurde ein Damm-
bruch, aus der vermeintlichen Ausnahme die Regel.

Weil Griechenland vor dem Bankrott stand, beschlossen die Euro-
Regierungen am 2. Mai 2010, Athen bis zu 70 Milliarden Euro be-
reitzustellen, davon 30 Milliarden im ersten Jahr. Die 22,4 Milliarden, die auf die Bundesrepublik entfielen, entsprachen dem
deutschen Anteil am Kapital der EZB. Am 7. Mai, einem Freitag,
unternahmen fünf deutsche Professoren den verzweifelten Versuch, die finanzielle Integrität Deutschlands zu sichern. Sie reichten
Verfassungsbeschwerde in Karlsruhe ein und beantragten den Erlass einer einstweiligen Anordnung, mit der der Bundesrepublik
untersagt werden sollte, der hellenischen Republik Finanzhilfe zu
gewähren.

Als Professor Karl Albrecht Schachtschneider um die Mittagszeit
das Schriftstück am Eingang des Verfassungsgerichtes ablieferte,
hatte der Bundestag das Ermächtigungsgesetz über die 22,4 Milliarden gerade verabschiedet. Noch am selben Tag lehnten die Richter den Antrag auf einstweilige Anordnung ab. Damit war vorge-
zeichnet, dass die Verfassungsrichter der Regierung auf ihrem
europapolitischen Irrweg auch künftig nicht in den Rücken fallen
würden. Es folgte eine lange Reihe von derartigen Verfassungsbe-
schwerden. Zu mehr als einer *reservatio mentalis* konnte sich Karlsruhe nie aufraffen. Jedes Mal äußerten sie Bedenken und Kritik –
und winkten das Ganze dann doch durch.

Obwohl mit dem ersten Griechenland-Paket die drohende Staats-
pleite abgewendet war, blieben die Finanzmärkte nervös und die
griechischen Anleihen unter Druck. Angela Merkel, die Bundes-

kanzlerin, musste wohl oder übel ein zweites Mal einknicken. Am Sonntag, dem 9. Mai, meldete sich der amerikanische Präsident Barack Obama zuerst bei Merkel und dann bei dem französischen Präsidenten Nicolas Sarkozy am Telefon. Er forderte ein noch größeres, ein wirklich massives Rettungspaket. Europa lieferte in Form eines Beschlusses der Euro-Finanzminister schon am 10. Mai.

Jetzt wurde nicht mehr gekleckert, sondern geklotzt. Aus dem Gemeinschaftshaushalt der EU wurden zusätzlich zu den von den Euro-Regierungen bereits bewilligten 70 Milliarden weitere 60 Milliarden bereitgestellt. Die mussten als Anleihen am Kapitalmarkt aufgenommen werden, weil sie im regulären Haushalt nicht verfügbar waren – ein Präjudiz für die kommende vertragswidrige und schließlich zügellose Verschuldung der EU am Haushalt vorbei.

Überdies wurde eine Zweckgesellschaft namens European Financial Stability Facility (EFSF) gegründet, deren Funktion als Euro-Rettungsschirm später vom European Stability Mechanism (ESM) übernommen wurde. Außerdem wurde der amerikanisch kontrollierte Internationale Währungsfonds ins Boot geholt. Und zugleich stützte die EZB schon 2010 die wackligen Euroländer mit dem Kauf von Staatsanleihen, allerdings nur mit zweistelligen Milliardenbeträgen und nicht mit Billionen, wie später geschehen.

Die direkte deutsche Beteiligung an der Eurorettung belief sich bereits 2010 inklusive Haftung für Kredite auf 215 Milliarden Euro. Das waren damals zwei Drittel des Bundeshaushaltes. Und dies in einer Währungsunion, in der – so war es vereinbart – jeder für seine eigenen Schulden haften sollte. Weil sich die Problemländer am freien Kapitalmarkt nicht mehr zu erträglichen Zinsen finanzieren konnten, musste ihnen aus anderen Quellen geholfen werden, sonst wäre die Währungsunion auseinandergefallen und auf einen harten Kern abgeschmolzen. Das war 2022 nicht anders als 2010. Nur dass 2010 und auch in späteren Jahren genau genommen nicht Griechenland gerettet wurde, sondern französische und andere europäische Banken, die leichtsinnigerweise Geld an Athen verliehen hatten. Auf deren Konten flossen damals die frischen Gelder aus Brüssel.

2012 OMT, 2022 TPM:
Christine Lagarde in den Fußstapfen Mario Draghis

Der komplette Verlauf der seit 2010 an- und abschwellenden Eurokrise muss hier nicht nacherzählt werden. Alles steht seitdem unter dem Diktat der von Angela Merkel propagierten, durch nichts belegbaren Gleichung: »Scheitert der Euro, scheitert Europa.« Damit er nicht scheiterte, senkte die EZB beginnend mit dem Jahr 2011 ihren Leitzins nach und nach auf null und beließ ihn dort bis 2022.

Damit der Euro nicht scheiterte, pumpte die EZB die Zentralbankgeldmenge seit der Finanzkrise 2008 bis zum Herbst 2021 von 900 Milliarden auf 6 Billionen auf, obwohl die Realwirtschaft für ihre Transaktionen nur 1,1 Billionen benötigt hätte – ein atemberaubender Geldüberhang von 4,9 Billionen am Vorabend der großen Inflation von 2022. Die Zentralbankgeldmenge, auch Geldbasis genannt, umfasst den Bargeldumlauf und die Reserven der Kreditinstitute, die diese bei der Notenbank geparkt haben.

Damit der Euro nicht scheiterte, gab EZB-Präsident Mario Draghi am 26. Juli 2012 auf einer Investmentkonferenz in London die legendäre Garantie ab: »Die EZB steht bereit, alles zu tun, was nötig ist, um den Euro zu erhalten. Und glauben Sie mir, es wird genug sein.« Zwei Aussagen (»whatever it takes« und »it will be enough«) genügten, um den Euro über das schwierige Jahr 2012 zu bringen.

Das Instrument, das Draghi ins Schaufenster stellte, nannte er Outright Monetary Transactions, abgekürzt OMT.

10 Jahre später trat Draghis Nachfolgerin Christine Lagarde endgültig in dessen Fußstapfen und ließ sich ein neues Werkzeug zu einem fast identischen Zweck einfallen: das »Antifragmentierungsinstrument«. Es wurde am 21. Juli 2022 unter der offiziellen Bezeichnung Transmission Protection Mechanism (TPM) eingeführt. Es soll verhindern, dass die Zinsen vor allem auf italienische Staatsanleihen auf ein Niveau steigen, das für Rom nicht mehr verkraftbar ist. Als Richtschnur dient dabei der Spread, das heißt der Abstand zwischen deutschen und italienischen 10-jährigen Zinsen. Wo der gerade noch akzeptable Zins-Spread gezogen wird, blieb zunächst geheim. Vermutet wird eine Grenze bei 3 Prozent. Würde diese überstiegen, weil die Investoren italienische Anleihen abstoßen, müsste das Eurosystem eingreifen, die Anleihen aufkaufen und noch mehr italienische Papiere als bisher auf die Bücher nehmen.

Bereits in den Jahren vor dem Inflationsschock von 2022 hatte das Eurosystem, je nach Land, bis zu 75 Prozent der europäischen Neuverschuldung absorbiert und monetarisiert, das heißt in Geld verwandelt und damit die eigene Bilanz inflationsträchtig aufgeblasen. Dabei spielt es keine Rolle, ob die EZB selbst als Käufer auftritt oder eine nationale Notenbank wie zum Beispiel die Banca d'Italia. Alle Notenbanken zusammen bilden das Eurosystem, das meistens gemeint ist, wenn in den Zeitungen von der EZB die Rede ist.

Hinter dem Kürzel TPM verbirgt sich nichts anderes als die Absicht, langfristige Zinsen zu verhindern, die sich am Kapitalmarkt durch Angebot und Nachfrage bilden und an der Kreditwürdigkeit eines Staates orientieren würden. Der Ankauf solcher zweifelhafter Staatsanleihen soll seit 2022 unter bestimmten Bedingungen in unbegrenzter Höhe möglich sein. Christine Lagarde, das ist die einzige Erklärung, hatte Angst vor einer neuerlichen Eskalation der Eurokrise. Sie kann zwar den (kurzfristigen) Leitzins in eigener Regie steuern, nicht aber beliebig die langfristigen Sätze. In diesen spiegeln sich immer auch Inflation und Inflationserwartungen sowie die Bonität eines Staates und damit die Einschätzung, ob seine Schulden zurückgezahlt und bedient werden können oder nicht.

Die EZB konnte zwar, indem sie mehr als 10 Jahre lang Staatsanleihen und zudem Unternehmensanleihen akkumulierte und dafür den Banken neues Geld überwies, die langfristigen Zinsen insgesamt drücken, sie konnte die Spreads aber nicht aus der Welt schaffen. Der Finanzmarkt ließ sich nicht täuschen. Im Sommer 2022 hatten 10-jährige niederländische und finnische Staatsanleihen mit weniger als 0,5 Prozent den geringsten Aufschlag auf die deutschen Renditen. Die höchsten hatte Griechenland mit mehr als 2,5 Prozent, gefolgt von Italien, Spanien und Portugal. Gäbe es den Euro nicht, wären sowohl die Spreads als auch die nationalen Zinsen höher gewesen. Die EZB kann die Eurozone nicht sanieren. Sie kann natürliche Zinsen nicht zulassen. Sie ist einer Fehlkonstruktion ausgeliefert, für die die Architekten der Währungsunion in den 1990er-Jahren die Verantwortung tragen.

Schon hinter der ersten kleinen Zinserhöhung im Juli 2022 (nach über 6 Jahren Nullzinspolitik) stand ein Kompromiss zwischen Falken und Tauben im EZB-Rat. Die einen bekamen einen etwas höheren Leitzins, die anderen das neue Antifragmentierungsinstrument. Zugleich wurden die Käufe von Anleihen nach dem alten Programm eingestellt, allerdings ohne die Bilanz des Eurosystems zu verkürzen. Sie belief sich im August 2022 auf 8746 Milliarden. Während die EZB auslaufende Anleihen durch neue zu ersetzen versprach, beendete die amerikanische Notenbank diese Praxis. Sie entzog damit im Gegensatz zur EZB dem System Geld. Zudem stellte die EZB, wie geschildert, neue Stützungskäufe zugunsten Südeuropas in Aussicht, um eine drohende Fragmentierung, das heißt Zersplitterung, zu verhindern. Unabhängig davon versprach die EZB im Dezember 2022, ab März 2023 ihren Bestand an Anleihen minimal zu reduzieren.

Enteignung der Sparer: Der entscheidende Unterschied zwischen nominalen und realen Zinsen

Beim Leitzins, der bis Dezember 2022 in vier Schritten auf 2,5 Prozent angehoben wurde, handelt es sich um den Hauptrefinanzierungssatz, über den die EZB den Geschäftsbanken Geld zur Verfügung stellt. Auch hier dient die EZB als Synonym für das Eurosystem, denn solche Geschäfte werden von den nationalen Zentralbanken abgewickelt. Über die September-Maßnahme jubelte die Presse: »Rekord-Zinserhöhung der EZB«.

Das war nicht falsch, aber lückenhaft. Ob eine Zentralbank ernsthaft die Geldentwertung bekämpft oder nicht, ob die Sparer enteignet werden oder nicht, lässt sich nur an den realen Zinsen ablesen. Der Nominalzins ist in dieser Hinsicht ohne Bedeutung. Als der Leitzins im September 2022 auf magere 1,25 Prozent stieg, lag die Inflation in Estland bei 25,2 Prozent, in den Niederlanden bei 13 Prozent, in Deutschland bei 8,8 Prozent und im Durchschnitt der Eurozone bei 9,1 Prozent. Der durchschnittliche Realzins belief sich demnach auf minus 7,85 Prozent. Er war negativ wie nie zuvor in der Geschichte des Euro oder der D-Mark. Nur bezogen auf die Renditen von Staatsanleihen sah es etwas besser aus. Die tragen allerdings das Risiko von Kursverlusten.

Damit erhalten wir eine erste Antwort auf die Frage, was der Euro die Deutschen kostet und bisher gekostet hat. Dazu müssen wir noch einmal rechnen. Zum Ende des ersten Quartals 2022 verfügten die privaten Haushalte in Deutschland nach Angaben der Bundesbank über Bargeld und Sichteinlagen, wozu vor allem das Girokonto zählt, in Höhe von 2161 Milliarden Euro. Mit den Termin- und Spareinlagen erhöhte sich die Summe auf rund 3000 Milliarden. Wenn wir beispielsweise mit einem negativen Realzins von 5 Prozent kalkulieren, schrumpft dieses Geldvermögen auf 2850 Milliarden schon innerhalb eines Jahres. Und zwar unabhängig davon, wie hoch der nominale Zins ist. Mit dem rechnen fast alle, aber er sagt über reale Vermögenszuwächse oder -verluste und damit über Änderungen der Kaufkraft nichts aus.

Mit Bezug auf die Staatsanleihen sieht es etwas besser aus. Betrüblich ist dennoch der langfristige Trend seit Einführung des Euro. In den 1970er-Jahren, als die Geldpolitik noch in den Händen der Bundesbank lag, rentierten deutsche Staatsanleihen trotz hoher Inflation im Durchschnitt real mit knapp 3 Prozent. In den 1980er-Jahren waren es über 4 Prozent, in den 1990er-Jahren vor Euro-Beginn rund 4 Prozent. Im ersten Jahrzehnt des neuen Jahrhunderts wurde die Marke von 3 Prozent unterschritten, im zweiten Jahrzehnt sank sie auf null, im laufenden Jahrzehnt bisher auf minus 3 Prozent. Allein daraus resultieren für die Anleger reale Vermögensverluste in Milliardenhöhe.

Fast 3 Prozent plus in den 1970er-Jahren unter der Regie der Bundesbank und 3 Prozent minus unter der Verantwortung der EZB illustrieren perfekt den immensen Qualitätsunterschied zwischen D-Mark und Euro, zwischen Bundesbank und EZB. Denn die inflationären 1970er-Jahre sind gut vergleichbar mit den inflationären 2020er-Jahren. Die Bundesbank war souverän, die EZB ist Gefangener und Nothelfer der hoch verschuldeten Eurostaaten. Dass sie die Geldentwertung entschlossen mit positiven Realzinsen bekämpft, ist so gut wie ausgeschlossen. Selbst mit der ersten kleinen Zinserhöhung wartete sie zu lange. Noch 2021 wollte Christine Lagarde nicht wahrhaben, wie sich die bereits stark steigenden Erzeugerpreise auf die Verbraucherpreise auswirkten. Letztere lagen schon im September 2021 bei einer Inflation von 3,4 Prozent deutlich über den von der EZB gewünschten 2 Prozent – und im Dezember bereits bei 5 Prozent.

Der Krieg in der Ukraine, der am 24. Februar 2022 mit dem russischen Einmarsch begann, musste als bequemes Alibi herhalten. Kriege und Sanktionen können die Geldentwertung tatsächlich beschleunigen, die eigentliche Ursache aber sind sie nicht. Inflation ist immer und überall ein monetäres Phänomen. Die fortdauernde Aufschuldung der Eurostaaten und – in Reaktion darauf – die Nullzinspolitik der EZB und die Monetarisierung der Staatsschulden, um die Eurozone zusammenzuhalten, mussten sich früher oder später inflationär entladen. Erst trieben sie die Aktienkurse und Immobilienpreise nach oben, dann die Erzeuger- und schließlich die Verbraucherpreise.

Eben diese Geldpolitik hat auch die Renten- und Lebensversicherungen sowie die Riester-Rente ruiniert. In den Versicherungen allein waren 2022 rund 2600 Milliarden Euro gebunden. Über den langen Zeitraum von 2009 bis zum ersten Quartal 2022 war mit den Versicherungsansprüchen immerhin noch eine durchschnittliche reale Rendite von knapp 2 Prozent zu erzielen. Sie lohnen sich nicht mehr, seitdem der Kaufkraftverlust durch die bescheidenen nominalen Zinserträge nicht mehr ausgeglichen werden kann. Dies selbst unter der Annahme, dass die Inflation irgendwann auf 5 Prozent sinkt und die EZB ihren Leitzins länger als bis 2023 anhebt.

Schon in den 1970er-Jahren ließen sich die Marktteilnehmer und Sparer täuschen: Erst sorgte die Rezession für eine nachlassende Geldentwertung, dann nahm sie in der zweiten Hälfte des Jahrzehnts wieder Fahrt auf – dramatisch in den USA, nicht so sehr in Deutschland, wo die Inflationsraten dank Bundesbank einstellig blieben.

In der Realität wird der Realzins auch bei vorübergehend rückläufiger Inflation negativ bleiben. Damit wird das Geschäftsmodell der Versicherungen, abgesehen von der Absicherung gegen Schäden und Risiken, zerstört. Jahrelang profitiert von der inflationären Geldpolitik haben die Aktienbesitzer, allerdings bei hohen Schwankungen und Risiken, sowie die Häuslebauer, deren reale Zinsbelastung laut Bundesbank 2021 bis auf minus 2,7 Prozent fiel. Da schien es attraktiv, sich hohe Hypotheken aufzubürden. Nur waren gleichzeitig die Immobilienpreise aufgrund der Geldpolitik der EZB auf schwindelerregende Höhen gestiegen.

Die bisherigen und künftigen Vermögensverluste, für welche die EZB verantwortlich ist, lassen sich nicht annähernd vollständig berechnen. Dazu müsste man auch den natürlichen Zins kennen, der sich am Markt ohne die massiven Eingriffe der Notenbank gebildet hätte. Er hätte mit Sicherheit höher gelegen.

Fest steht auch, dass nicht nur die Spareinlagen gelitten haben. Im August 2021 hat die Deutsche Aktuarvereinigung (DAV), ein Zusammenschluss von Versicherungs- und Finanzmathematikern, eigene Berechnungen veröffentlicht. Sie stützte sich dabei auf Angaben der EZB, wonach die Anleihenkäufe, vulgo: das Gelddruckprogramm, den Zins für 10-jährige Papiere um bis zu 1,4 Prozent gedrückt haben. Ergebnis: Ohne Berücksichtigung anderer Faktoren zahlt ein 30-Jähriger auf lange Sicht für seine Krankenversicherung 8 Prozent mehr, für die Risikolebensversicherung 9 Prozent mehr, für die Erwerbsunfähigkeitsversicherung 12 Prozent und für die Pflegeversicherung 34 Prozent mehr.

Anders gerechnet: Allein den Kunden von Lebensversicherern in Deutschland sind laut DAV im Zeitraum 2015–2020 aufgrund des Public Sector Purchase Program (PSPP) Zinsen in Höhe von 78 Milliarden Euro entgangen. (PSPP steht für den Kauf von öffentlichen Anleihen.) Einschließlich anderer Versicherungen, auch der betrieblichen Altersvorsorge, ergeben sich laut DAV-Studie Verluste von deutlich über 100 Milliarden Euro. Und das bezieht sich wohlgemerkt nur auf bisherige nominale Zinsen und Verluste, nicht auf die realen.

Bescheidener und dafür umso absurder waren die Folgen der jahrelangen Strafzinsen, die im Sommer 2022 ausliefen. So zahlte die Rentenkasse auf ihre Rücklagen bei den Banken allein 2020 106 Millionen Euro an Strafzinsen, die Pflegeversicherung immerhin 11,6 Millionen Euro. Ein Verstoß gegen die Verfassung, urteilte der frühere Karlsruher Richter Paul Kirchhof in einem Gutachten, das er ebenfalls im August 2021 vorlegte. Zitat: »Mit dem Negativzins wird der Sparer enteignet, obwohl der Staat prinzipiell nicht auf Privateigentum zugreifen darf.«

Nebenbei bemerkt: Auch bei positiven Nominalzinsen, die weit unter der Inflation liegen, enteignet der Staat, wenn er die mageren Zinsen auch noch besteuert. Eine Reform müsste so aussehen, dass real negative Zinsen und Dividenden überhaupt nicht besteuert werden, damit private Altersvorsorge möglich wird. An dieser ist die Politik offenbar nicht interessiert, die Leute sollen von den staatlichen Transferleistungen abhängig bleiben.

Das deutsche Auslandsvermögen, die Target-Forderungen der Bundesbank und ein Einkommenstransfer von 650 Milliarden zugunsten der Mittelmeerländer

Schlechte Aussichten für den angeblichen Reichtum der Deutschen, schlechte Aussichten auch für das Auslandsvermögen Deutschlands. Es wurde zum Ende des ersten Quartals 2022 von der Bundesbank auf netto 2,6 Billionen Euro und damit auf 70 Prozent des BIP beziffert. Bedauerlicherweise besteht es zum großen Teil aus den Target-Forderungen der Bundesbank, die eine Art von Überziehungskredit zugunsten Südeuropas darstellen. Im Juli 2022 belief sich die Target-Position der Bundesbank auf 1166 Milliarden Euro. Spiegelbildlich waren Italien mit 640 Milliarden und Spanien mit 495 Milliarden im Minus. Zu Zeiten des Wirtschaftswunders in den 1950er-Jahren sorgten die Handelsbilanzüberschüsse noch für den Aufbau der deutschen Gold- und Devisenreserven. Diese stagnieren, weil Deutschland mit der Einführung des Euro seinen monetären Erfolgsausweis verloren hat. Die rund 1,2 Billionen an Target-Forderungen in Gold, Dollar, Franken oder Yuan einzutauschen wäre verlockend, ist jedoch praktisch nicht möglich.

Nicht nur die EU mit ihren von Brüssel gesteuerten Transfers, auch das Eurosystem hat eine »gewaltige Umverteilungsaktion zugunsten des Mittelmeerraumes« in Gang gesetzt, so Hans-Werner Sinn in seinem 2021 erschienenen Buch *Die wundersame Geldvermehrung*. Er hat ausgerechnet, wie viel die südeuropäischen Krisenländer Griechenland, Italien, Portugal, Spanien und Zypern (die GIPSZ) auf Basis der durchschnittlichen Zinsen von 2007 auf ihre negativen Nettoauslandsvermögen hätten zahlen müssen – und wie viel Geld tatsächlich geflossen ist. Daraus ergibt sich von 2007 bis 2020 ein Zinsgewinn zugunsten der Krisenländer von 650 Milliarden Euro. »Dieser Betrag ist riesig«, schreibt Sinn, »denn er stellt keinen Kredit, sondern einen echten Einkommenstransfer durch die Staatengemeinschaft dar.«

Die Erklärung für diese wenig beachtete, geräuschlose Umverteilung: Als 2012 die entscheidenden Weichen gestellt wurden, hatten die im Ausland verschuldeten Eurostaaten mit 71 Prozent der Sitze im EZB-Rat eine satte Mehrheit. Zuletzt hatten sie diese mit 68 Prozent immer noch. Es ist eine Mehrheit, die auch in Zukunft eine Geldpolitik durchsetzen wird, die in ihrem Interesse liegt. Die Schuldner profitieren, die Gläubiger verlieren. So ist das in Inflationszeiten auf Ebene der Bürger ebenso wie im Verhältnis zwischen den Staaten. Der Euro macht es möglich. Erst wurde die Macht umverteilt, dann das Geld.

Der Weg aus der Euro-Falle: Die Neue Deutsche Mark als marktwirtschaftliche Konkurrenzwährung

Das Fazit nach mehr als 20 Jahren Währungsunion kann nur lauten, dass der heutige Euro nichts mehr mit dem zu tun hat, was in den 1990er-Jahren vertraglich vereinbart und von der Politik versprochen wurde. Fakt ist, dass die D-Mark gegen eine Schwachwährung eingetauscht wurde, dass der Euro auf Kosten der Länder im Norden Europas geht, dass er wegen der Machtverhältnisse in der EU und im Eurosystem nicht reformierbar ist und dass sich die südeuropäische Wirtschafts- und Geldkultur durchgesetzt hat. Da liegt der Gedanke nahe, das misslungene Experiment abzubrechen, aus der Währungsunion auszutreten und zur D-Mark zurückzukehren.

Grundsätzlich wäre das möglich, in der Praxis jedoch mit erheblichen Risiken und Schwierigkeiten verbunden – abgesehen davon, dass die Verträge paradoxerweise den Austritt aus der EU und damit automatisch aus der Eurozone erlauben, nicht jedoch den Austritt aus der Währungsunion allein.

In meinem 2018 erschienenen Buch *Dexit* habe ich im Detail geschildert, wie Deutschlands Austritt ablaufen könnte. Ich bin damals zu dem Schluss gekommen, dass die elegantere und einfachere Lösung darin bestünde, eine deutsche Parallelwährung ins Leben zu rufen, ohne den Euro deswegen abzuschaffen. Die Unternehmen und Privatpersonen könnten dann wählen, ob sie in Euro oder in der Neuen Deutschen Mark sparen und zahlen wollen. Der Euro bekäme Konkurrenz, er wäre endlich auch innerhalb der EU dem Wettbewerb ausgesetzt. Zugleich entfiele für Deutschland der Zwang, ihn per Haftungsübernahme und Geldtransfers über Wasser zu halten.

In einem Aufsatz vom 22. Oktober 2021 hat Professor Thomas Mayer, Gründungsdirektor des Flossbach von Storch Research Institute, die »Liraisierung« des Euro konstatiert: die Unterstützung illiquider und insolventer Staaten, die monetäre Finanzierung der Staaten durch Anleihenkaufprogramme, die gemeinsame Schuldenaufnahme in der EU, die Verschmelzung von Geld- und Fiskalpolitik. Die lateineuropäische Wirtschaftskultur habe die deutsche komplett verdrängt. Eine Rückkehr zum »Maastricht-Modell« sei unrealistisch. Und es helfe auch nicht, wenn Deutschland eisern spart und seine Staatsschulden wieder abbaut. Denn: »Mit für sie neu geschaffenem Geld eignen sich die Bürger der ausgabefreudigen Staaten die Güter an, auf die Sparer in den ›frugalen‹ Staaten verzichten.«

Die Lösung: Mayer schlägt vor, eine »Bürgergesellschaft Deutschland« zu gründen, in welche das noch vorhandene Staatsvermögen von netto rund 1,5 Billionen Euro eingebracht wird. Diese wäre damit von Anfang an großzügig mit Eigenkapital ausgestattet. Für die Gesellschaft würde der Staat haften, sie würde aber rechtlich nicht zum Staatssektor gehören. In einem zweiten Schritt würde die Bürgergesellschaft gegen ihr vorhandenes und – zum Beispiel durch Aktienkäufe – neu zu erwerbendes Anlagevermögen Anleihen mit unbegrenzter Laufzeit, sogenannte Konsols nach englischem Vorbild, ausgeben. So könnte sich der Bürger am Staatsvermögen beteiligen. Die Verzinsung würde sich am Wachstum des Produktionskapitals orientieren.

Damit bekämen die Deutschen ein Äquivalent zu reichen und erfolgreichen Staatsfonds wie dem norwegischen. Und die Überschüsse dieser Bürgergesellschaft könnten in den Aufbau eines kapitalgedeckten Rentenfonds fließen, eine vernünftige Antwort auf die ständig größer werdende Rentenlücke.

Um dann in einem weiteren Schritt eine harte Parallelwährung einzuführen, schlägt Mayer vor, dass die Gesellschaft zusätzliche Konsols in Stückelungen von einem Euro ausgibt. Er nennt sie »Bürger-Euros«, was weniger schön klingt als »Neue Deutsche Mark«. Jedenfalls würde deren Kurs vom Markt bestimmt und gegenüber dem Euro schwanken.

Damit das neue Parallelgeld zur Hartwährung wird, müsste seine Menge begrenzt werden. Mayer denkt an eine Obergrenze von 1,8 Billionen. So groß wäre im Sommer 2022 die deutsche Geldmenge M1 (Bargeld und Sichteinlagen) gewesen, wenn sie seit 2015 nicht schneller gewachsen wäre als vorher seit Gründung des Euro. In Wirklichkeit lag sie dank EZB um eine gute Billion höher, nämlich bei 2,81 Billionen – ein gewaltiger inflationärer Aufschlag, den die deutsche Realwirtschaft nicht benötigte. In Zukunft dürfte das Parallelgeld, damit es stabil bleibt, über die anfängliche Obergrenze von 1,8 Billionen nicht schneller zunehmen als das potenzielle Wachstum des Bruttoinlandsproduktes. Anders als beim Euro folgt die Menge des Parallelgeldes der Realwirtschaft – eine zuverlässige Sperre gegen permanente Inflation.

Mit dieser Geldreform bekämen die Deutschen eine Hartwährung vergleichbar mit dem Schweizer Franken, dessen Inflationsrate 2022 weit unter der deutschen notierte. Dies auch deswegen, weil der Euro gegen den Franken seit 2008 im Trend immer nur abwertet: von damals 1,72 Franken bis auf weniger als einen Franken im Sommer 2022. Und anders als der Franken wäre die neue deutsche Parallelwährung sogar gedecktes Geld, gedeckt durch real existierendes Vermögen.

Dass eine derartige Deckung Wunder bewirken kann, konnten die Deutschen zuletzt inmitten der Hyperinflation von 1923 erleben. Am 15. Oktober 1923 wurde als Institut neben der Reichsbank die Deutsche Rentenbank gegründet. Am 15. November begann sie mit der Ausgabe von Rentenbankscheinen. Gedeckt war die sogenannte Rentenmark durch eine Grundschuld der Landwirtschaft und der Industrie zugunsten der Rentenbank. Eben deswegen wurde das neue Geld, obwohl kein gesetzliches Zahlungsmittel, von der Bevölkerung sofort akzeptiert. Es genoss Vertrauen, es erwies sich als stabil. Die Hyperinflation war wie ausgeblasen, auf die wertlose Papiermark folgte mit dem Währungsgesetz vom 30. August 1924 die Reichsmark, ohne dass die Rentenmark deswegen abgeschafft wurde.

Soll man über den Euro lachen oder weinen? Am besten beides. »Der Mensch ist das einzige Tier, das lacht und weint«, erkannte der englische Schriftsteller William Hazlitt (1778–1830). Er fügte hinzu: »Denn er ist das einzige Tier, das den Unterschied erkennt zwischen dem, was ist, und dem, was sein könnte.« Alternativlos ist der Euro nicht. Währungsunionen kommen und gehen. Ein Ausweg aus der Euro-Falle ist möglich und machbar.

Kapitel 8
Geschichte

Deutsche Epochen: Nach dem Wiederaufbau eine zweite Entnazifizierung und die Entdeckung des Schuldbewusstseins als Herrschaftsinstrument

Am 28. Oktober 2022 hielt Bundespräsident Frank-Walter Steinmeier im Schloss Bellevue eine Rede an die Nation, um Deutschland auf »härtere, raue Jahre« einzustimmen. Den »Epochenbruch«, mit dem die Welt eine andere geworden sei, konnte er auf den Tag genau datieren: auf den 24. Februar 2022, als russische Truppen in die Ukraine einmarschierten.»Im Angesicht des Bösen«, so seine Bezeichnung für die in Moskau lauernde Macht, seien die künftigen Einschränkungen hinzunehmen.

Bis dahin war es eine ziemlich konventionelle Rede. Schließlich lässt es sich mit der Verbreitung von Angst und der Identifizierung eines Feindes besser durchregieren. Warum aber musste Steinmeier dann auch noch von der »dunklen Geschichte« des Landes sprechen, das er repräsentiert? Wo lag der Zusammenhang mit dem Krieg, der Energiekrise, der drohenden Deindustrialisierung Deutschlands? Es gab keinen. Steinmeier befolgte nur das obligatorische Ritual der Vergangenheitsbewältigung.

Fast 8 Jahrzehnte nach dem Ende von Krieg und Diktatur darf die Figur Hitler nicht sterben. Er bleibt der Untote im deutschen Diskurs. Er wird gebraucht, um das Schuldbewusstsein eines Volkes wachzuhalten, das wahrlich andere Sorgen und Probleme hat. Betroffenheit und Schuldpflege in der Endlosschleife. Es ist dies die Reduktion der mehr als 1000 Jahre langen deutschen Geschichte – sie lässt sich auf die Krönung Konrads I. im Jahre 911 zurückführen – auf 12 Jahre.

Noch Ende der 1950er-Jahre schien die juristische und politische Aufarbeitung der Hitler-Herrschaft so gut wie abgeschlossen. Sie hatte per Fragebogen alle Deutschen erfasst. Wer durch die Mitgliedschaft in der NSDAP oder anderen Organisationen des Regimes belastet war, konnte aus Gründen, die sich aus seinem praktischen Verhalten ergaben, entlastet werden. Im Nürnberger Tribunal und in den Nachfolgeprozessen wurden die Hauptverantwortlichen abgeurteilt. Auf sie warteten der Strick oder die Haft. Dann machten sich die besiegten Deutschen daran, das zerbombte Land wieder aufzubauen. Es folgten die Jahre des Wirtschaftswunders. Die Vergangenheit war nicht vergessen, sie trat nur in den Hintergrund. Das Land war gegenwarts- und zukunftsorientiert. Bis dann mit der Kulturrevolution der 1960er-Jahre eine Art von zweiter Entnazifizierung in Gang gesetzt wurde, eine Vergangenheitsbewältigung, die bis heute nicht abgeschlossen ist.

Immer noch sehen sich Firmen und Regierungsstellen genötigt, in ihren Archiven zu wühlen, einschlägige Historiker zu beschäftigen und untersuchen zu lassen, was die Vorfahren und Vorgänger in den Jahren des Nationalsozialismus getan haben. Selbst die Rolle des Keksfabrikanten Bahlsen im Dritten Reich sorgte für »Wirbel«, wie die FAZ am 18. Mai 2019 meldete. Mitglieder der Familie seien offenbar in der NSDAP gewesen. Umgehend gab Bahlsen »Fehler im Umgang mit seiner Geschichte« zu und versprach Aufarbeitung.

Ja, es waren seinerzeit viele in die NSDAP eingetreten: 10,2 Millionen bis Kriegsende. Davon waren bis 1945 760 000 wieder ausgetreten, 520 000 verstorben, und 80 000 wurden ausgeschlossen. Der Andrang war so groß, dass die Partei zwischen Mai 1933 und April 1937 und ab Februar 1942 für die Allgemeinheit geschlossen wurde. Die Motive müssen sehr unterschiedlich gewesen sein – Überzeugung und Opportunismus gehörten sicherlich dazu. Nur wäre die junge Bundesrepublik damit überfordert gewesen, ihr Personal im großen Stil auszuwechseln. Im ersten Kabinett Willy Brandt saßen vier SPD-Minister und drei FDP-Minister, die aus welchen Gründen auch immer der NSDAP beigetreten waren: Horst Ehmke im Kanzleramt, Erhard Eppler als Minister für Wirtschaftliche Zusammenarbeit, Lauritz Lauritzen als Minister für Städtebau und Wohnungswesen und Wirtschaftsminister Karl Schiller. FDP-Minister mit NS-Parteibuch waren Walter Scheel (Auswärtiges Amt), Hans-Dietrich Genscher (Inneres) und Josef Ertl (Landwirtschaft). Nazis waren sie nicht mehr, sie hatten längst mit dem Dritten Reich abgeschlossen. Was hätten sie denn noch bewältigen sollen? Nicht einmal von jüdischer und israelischer Seite wurden Vorwürfe laut. Heute kann nahezu jeder, der gegen links Stellung bezieht, bei Bedarf als Nazi verbellt werden. Das Wort wurde inflationiert, es wirkt mehr denn je.

Es ist gespenstisch, wenn sich mehr als 3 Jahrzehnte alte Bücher lesen lassen, als seien sie gerade erst erschienen. *Phoenix in Asche* aus dem Jahr 1989 von Johannes Gross ist ein solcher Titel. Gross (1932–1999) war Chefredakteur der Deutschen Welle, Leiter der ZDF-Sendung *Bonner Runde*, brillanter Publizist und »ein Mann von Welt«, wie der *Spiegel* 1999 in einem Nachruf schrieb. In seinem Buch wunderte er sich darüber, dass die Bundesrepublik ihren unerhört raschen Aufstieg aus der totalen Niederlage des Reiches viel eher an den Rand der Erinnerung geschoben habe als die Jahre der Hitler-Herrschaft. Nichts komme dem Erfolg des Wiederaufbaus in der langen Geschichte Deutschlands gleich. Die Bundesrepublik Deutschland habe sich aus der Asche des Reiches gebildet, »aber sich nicht in die Lüfte gehoben, sondern in der Asche Platz genommen wie in einem Nest«. Über die politischen Moden der Bonner Republik urteilte Gross: »Wenn der Staat Flagge zeigt, tut er es halb-

mast, seine Feiertage sind Trauertage, die Bekundungen der Staats-
männer triefen von Betroffenheiten. Seine Geschichte ist in Wahrheit die des NS-Regimes und der Gedenktage seiner Gräuel.«

Dann fragte Gross nach den Gründen dafür, dass die Gräuel nicht
konkreten Verantwortlichen zugeordnet, sondern als Kollektiv-
schuld dem ganzen Volk aufgebürdet würden und dass der Schatten Hitlers über Deutschland immer düsterer geworden sei. Ein
Grund, der »nur angedeutet« werden dürfe, sei dieser: »Die Verwaltung der deutschen Schuld und der Pflege des deutschen Schuld-
bewusstseins sind ein Herrschaftsinstrument. Es liegt in der Hand
aller, die Herrschaft über die Deutschen ausüben wollen, drinnen
wie draußen.«

29 Jahre später konstatierte Alfred de Zayas, dass in Deutschland
seit den 1980er-Jahren eine geistige Demontage stattgefunden habe, »charakterisiert durch eine Pseudo-Moral, Pseudo-Geschichte,
Pseudo-Identität«. De Zayas, Staatsbürger der Schweiz und der
USA, hat als Völkerrechtler und spezialisiert auf Fragen der Men-
schenrechte und der Friedenssicherung für die UNO und andere
internationale Organisationen gearbeitet. Wortschöpfungen wie
Relativierung, Aufrechnung und Einzigartigkeit hält er für proble-
matisch. Die »Megalomanie der Reue und die ganze Kollektiv-
schulddogmatik« nennt er menschenverachtend. Rückblickend auf
den Historikerstreit von 1986/87 (Habermas gegen Hillgruber)
spricht er von Denunziantentum und einer »Verkrampfung und
Verarmung der Geschichtswissenschaft«. Mit wachsender zeitli-
cher Distanz zur Kriegszeit werde deren Geschichte immer undif-
ferenzierter gehandhabt.

Vergleich: Versailles und der Friedensvertrag von Brest-Litowsk

Die Geschichte der letzten 100 Jahre kann auf diesen Seiten selbstverständlich nicht chronologisch erzählt werden. Stattdessen soll das eine oder andere herausgegriffen werden, von dem die Politiker nicht sprechen, das in den Schulbüchern nicht vorkommt, das in einer historisch korrekten Debatte unter den Tisch fällt – und das schon deswegen neugierig und nachdenklich macht.

Beginnen muss der Rückblick mit dem Versailler Vertrag von 1919, der mit seiner rachsüchtigen Zuteilung der Kriegsschuld die Rechtfertigung dafür liefern sollte, den besiegten Gegner mit maßlosen Reparationen auszubluten. Weil mit der deutschen Delegation in Versailles nicht einmal verhandelt wurde, kann der Vertrag als Diktat bezeichnet werden.

Die endgültige Höhe der Reparationen wurde in Versailles noch nicht festgelegt. Erst im Juni 1920 und dann noch einmal im Januar 1921 forderten die Alliierten von der Weimarer Republik 269 Milliarden Goldmark. Als der Betrag im Mai 1921 auf 132 Milliarden Goldmark reduziert wurde, blieb der Regierung Wirth nichts anderes übrig, als zu akzeptieren. Die Siegermächte hatten mit der Besetzung des Ruhrgebietes gedroht. Wie maßlos und irreal die Forderungen waren, wird erst deutlich, wenn man sie in Tonnen Gold umrechnet. Die 269 Milliarden entsprachen 96 610 Tonnen, die 132 Milliarden entsprachen 47 708 Tonnen.

Zum Vergleich: Die Goldreserven der Deutschen Bundesbank, die zweitgrößten nach denen der USA, belaufen sich auf 3358 Tonnen, wovon rund die Hälfte in Frankfurt liegt, 36,6 Prozent in New York und der Rest in London. Per Oktober 2022 wurde das deutsche Gold in der Bilanz der Bundesbank mit 184 Milliarden Euro bewertet. Fazit: Die Versailler Rechnung war unbezahlbar, vergiftete das Klima, nährte Hitlers Propaganda und desavouierte die junge deutsche Demokratie. Die horrende Summe wurde schließlich doch nicht bezahlt, weil sie nicht bezahlt werden konnte.

Zwei andere Vergleiche: Im Friedensvertrag von Brest-Litowsk zwischen den Mittelmächten und Sowjetrussland vom 3. März 1918 verzichteten das Deutsche Kaiserreich und Österreich-Ungarn sowohl auf Reparationen als auch auf Annexionen. Im Frieden von Frankfurt 1871 machten die Reparationen von 5 Milliarden Goldfrancs, die Berlin dem besiegten Frankreich auferlegte, lediglich 1,5 Prozent der 1920 von den Alliierten von Deutschland verlangten Goldsumme aus.

Nach dem Zweiten Weltkrieg zogen die Siegermächte ihre Lehren aus dem Versailler Desaster. Einerseits wurden die Reparationen anders verpackt und etikettiert, andererseits konnte aus Westdeutschland und der Sowjetischen Besatzungszone mehr herausgeholt werden als aus der Weimarer Republik. Im 2016 erschienenen Buch *Beuteland* finden sich die Einzelheiten. Dass die Amerikaner den genozidalen Morgenthau-Plan schon bald nach Kriegsende ad acta legten, war der Angst vor Stalins Sowjetunion, dem Ausbruch des Kalten Krieges und der Umkehr der Kriegsallianzen zu verdanken.

John Maynard Keynes (1883–1946), der einflussreichste Ökonom des Jahrhunderts und Mitglied der britischen Delegation in Versailles, war nicht der Einzige, der erkannte, dass mit dem Versailler Vertrag der Grundstein für einen neuen Krieg gelegt wurde. Er verließ die Delegation unter Protest, denn er hielt die auferlegten Reparationen für widersinnig. Es war vorhersehbar, dass Deutschland die Revision des Versailler Vertrags betreiben würde, auch die territoriale. Franzosen und Engländer hätten in einer vergleichbaren

Situation nicht anders gehandelt. Selbst Außenminister Gustav Stresemann suchte zwar die Verständigung mit Frankreich, war aber nicht bereit, sich mit den Grenzen im Osten abzufinden. Die künstliche Regelung um Danzig, die Unterdrückung von Millionen Deutschen in Polen und Böhmen waren auch für die Weimarer Republik nicht hinnehmbar. Hitler hätte die Zustimmung der Westmächte zum Münchener Abkommen nicht bekommen, wenn seine Forderungen nicht als legitim angesehen worden wären. In Österreich und dem Sudetenland wurde dem Selbstbestimmungsrecht der Völker Geltung verschafft. Was die Westmächte der Weimarer Republik verweigert hatten, billigten sie dem Diktator innerhalb weniger Jahre zu.

Es ist unhistorisch, die europäische Geschichte der 1930er- und 40er-Jahre ausschließlich unter dem Aspekt der Verbrechen des Nationalsozialismus zu sehen. Das ergäbe nur einen kleinen Ausschnitt aus dem Gesamtbild. Wie jeder Krieg hatte auch der von 1939 bis 1945 diplomatische, militärische, wirtschaftliche und ideologische Aspekte. Wie der Ausbruch fast jeden Krieges wurde auch sein Beginn von den Zielen, Motivationen, Irrtümern und Unterlassungen vieler Seiten bestimmt. Alle Faktoren objektiv zu gewichten ist Sache der Historiker, nicht von Politikern. Eine politisierende Geschichtsschreibung sollte man totalitären Regimes überlassen. Geschichtsschreibung erzählt, wie es gewesen ist, oder sie ist keine.

Rückblick: Der Zivilisationsbruch des Dritten Reiches

Der Massenmord an den Juden, obwohl während des Krieges und unter seinem Deckmantel begangen, war weder ein Kriegsverbrechen in konventionellem Sinne, noch spielte er in der Strategie der Westmächte eine herausgehobene Rolle. Die Rechtlosigkeit der Juden in Deutschland schon vor 1939 wurde von den Alliierten nicht zum Kriegsgrund gemacht. Man kann oder sollte sich wünschen, dass die Rettung der Juden ihr vornehmstes Kriegsziel gewesen wäre. Aber sie war es nicht.

Mit der systematischen Ermordung der europäischen Juden begannen die Nationalsozialisten erst im Verlauf des Krieges, sie war nur unter Kriegsbedingungen möglich. Die Vernichtungslager lagen außerhalb des Reichsgebietes, sonst hätten die Vorgänge nicht vor der Bevölkerung geheim gehalten werden können. Der vulgäre Antisemitismus der Nationalsozialisten war jedoch schon erkennbar, bevor sie überhaupt in die Nähe der Macht kamen. Man brauchte nur Hitlers Buch zu lesen. Die Theorie vom »Lebensraum« wurde auf ein paar Seiten abgehandelt, die Judenfeindschaft aber durchzog *Mein Kampf* wie ein roter Faden.

Dennoch wurde der Diktator im Ausland während der Friedensjahre akzeptiert, selbst ein Winston Churchill zollte ihm Respekt. Noch am 5. Mai 1940 wunderte sich Propagandaminister Goebbels: »1933 hätte ein französischer Ministerpräsident sagen müssen (wäre ich französischer Ministerpräsident gewesen, ich hätte es gesagt): ›Der Mann ist Reichskanzler geworden, der das Buch *Mein Kampf* geschrieben hat, indem das und das steht. Der Mann kann nicht in unserer Nachbarschaft geduldet werden. Entweder er verschwindet, oder wir marschieren.‹ Das wäre durchaus logisch gewesen. Man hat darauf verzichtet. Man hat uns gelassen, man hat uns durch die Risikozone ungehindert durchgehen lassen, und wir konnten alle gefährlichen Klippen umschiffen, und als wir fertig waren, gut gerüstet, besser als sie, fingen sie den Krieg an.«

Mit dem Antisemitismus in Deutschland nach 1933 fand sich die Welt zunächst vielleicht auch deswegen ab, weil er dort zwar besonders virulent auftrat, aber keine deutsche Spezialität war. Selbst in den westlichen Demokratien war Judenfeindlichkeit in Form von gesellschaftlicher Diskriminierung salonfähig. Noch in den 1930er-Jahren gab es an den beliebten Badeständen der New Yorker besondere Abschnitte für Juden. In Osteuropa hatte die rabiate Spielart des Antijudaismus eine lange Tradition. Am zaristischen Hof des 19. Jahrhunderts und unter den herrschenden Klassen des Zarenreiches war er besonders ausgeprägt. Als der deutsche Kaiser gegen Russland marschierte, war dies für viele Juden ein Krieg gegen den Unterdrücker.

Aus Russland stammte auch die Verschwörungstheorie, die zusammen mit sozialen Neidkomplexen und primitiven rassistischen Theorien die Basis für Hitlers Antisemitismus bildete. Die sogenannten »Protokolle der Weisen von Zion« wurden im zaristischen Russland fabriziert und dort 1905 von einem Sergei Alexandrowitsch Nilus publiziert. Er behauptete, einem jüdischen Komplott zur Beherrschung der Erde und zur Errichtung einer jüdischen Weltregierung auf die Spur gekommen zu sein. Erst 1921 konnte Philip Graves, Korrespondent der Londoner *Times* in Konstantinopel, nachweisen, dass die angeblichen Dokumente gefälscht waren. Zum selben Schluss kam ein Gerichtsurteil im Jahre 1934 in Bern.

Damit war die Legendenbildung dennoch nicht aus der Welt geschafft. Noch 51 Jahre später behauptete die sowjetische Nachrichtenagentur TASS: »Zionisten waren Partner des Naziregimes. Eine jüdische Bank in Amsterdam lieh Hitler 1929 10 Millionen Dollar. Eine jüdische Bank in Köln diskutierte mit Hitler die Wünschbarkeit des Holocaust. Israel betreibt amerikanisch geförderten Imperialismus. Zionisten sind der Feind der Sowjetunion.«

Schon vor dem Ersten Weltkrieg machten die Juden in Deutschland nur eine kleine Minderheit aus. Ihre Zahl stieg bis 1910 auf 615 500 und sank wegen der ungünstigen Altersstruktur schon in den 1920er-Jahren. Mitte 1933 lebten 502 299 Juden im Deutschen Reich. Im Kaiserreich hatten sie als Ratgeber im Umfeld Wilhelms II. und als Kämpfer an der Front eine herausragende patriotische Rolle gespielt. Ein prominenter jüdischer Reeder beging aus Gram über Deutschlands Niederlage Selbstmord. Die Juden, die auf dem Boden der österreich-ungarischen Monarchie und in Russland lebten, sprachen einen deutschen Dialekt: das Jiddische. Sie lasen deutsche Literatur, sie waren Exponenten deutscher Kultur in den Weiten Osteuropas. In Elias Canettis Autobiographie kann man nachlesen, mit welcher Bewunderung die Sepharden im nördlichen Bulgarien, Untertanen des Sultans von Konstantinopel, nach Deutschland blickten.

Hitler hat diese deutsch-jüdische Kultur in Osteuropa vernichtet, er war alles andere als ein deutscher Nationalist. Die Vernichtung der Juden war nicht zuletzt auch ein deutscher Suizid. Den Rest besorgte Stalin, der die deutsche Kolonisierungsarbeit von Jahrhunderten auslöschte und ganz Osteuropa einem totalitären Regime unterwarf, dessen letzte Bastion erst im Dezember 1989 in Rumänien fiel.

Der Weg in die Tragödie begann mit einem allgemeinen »Judenboykott« im April 1933. Im September 1935 verloren die deutschen Juden durch die Nürnberger Gesetze ihre Reichsbürgerrechte. Bis etwa 1938 zielte die offizielle Politik darauf ab, sie aus dem bürgerlichen und wirtschaftlichen Leben zu verdrängen und sie zur Auswanderung zu veranlassen. Die Pogrome von 1938, die Einführung des J-Stempels in den Pässen im selben Jahr und der Erlass einer sogenannten Reichsfluchtsteuer machte die Lage der Zurückgebliebenen immer unerträglicher.

Nachdem das Regime sie entrechtet hatte, wurden sie auch noch enteignet. Von den 39 932 jüdischen Betrieben, die am 1. April 1938 registriert waren, wurden innerhalb von 12 Monaten 14 403 liquidiert und 5976 »entjudet«, wie es im Jargon der Machthaber hieß. Nachdem sie die Reichsfluchtsteuer und die erste Rate einer sogenannten Kontribution in Millionenhöhe bezahlt hatten, besaßen selbst vermögende Juden Anfang 1939 kaum noch Bargeld.

1938 und 1939 liefen zwischen Berlin und einem dafür zuständigen zwischenstaatlichen Komitee Verhandlungen über die Auswanderung der Juden. 1939 lebten noch 219 999 von ihnen im Reichsgebiet. Die Behandlung der deutschen Juden vor dem Krieg war so schändlich, dass schon vor den Massenmorden während des Krieges von einem in der deutschen Geschichte beispiellosen Zivilisationsbruch gesprochen werden muss.

Verdrängt und fast vergessen: Die nationale Opposition gegen Hitler

In wesentlichen Teilen ausgeblendet wird auch die Geschichte der nationalen Opposition gegen Hitler. Sie muss vollständig erzählt werden, um ihrer Tragik gerecht zu werden. Es waren die Alliierten, die auf keines der Angebote vonseiten des deutschen Widerstandes eingingen, Hitler zu stürzen. Sie führten den Krieg nicht gegen Hitler, sondern gegen Deutschland. Umgekehrt kämpfte die Wehrmacht, Mannschaften wie Offiziere, nicht für Hitler. Die Soldaten glaubten, für ihr Land zu kämpfen. Sonst hätte der Krieg nicht so lange gedauert.

Die Chance, den Diktator zu beseitigen, ergab sich nicht erst 1944, sie wurde schon 1938 nicht wahrgenommen. Während der Sudetenkrise gab es in Deutschland Absprachen für einen Staatsstreich. Beteiligt waren Generäle wie Erwin von Witzleben, Graf von Brockdorff-Ahlefeldt, Erich Hoepner und der Berliner Polizeipräsident Wolf-Heinrich von Helldorff. Generalstabschef Franz Halder versicherte 1938, alles sei »bis auf den letzten Gamaschenknopf vorbereitet«.

Die Verschwörer warteten auf ein positives Signal aus London. Ohne britische Rückendeckung wollten sie nicht losschlagen. Sie verlangten eine dramatische Sitzung des Unterhauses und eine Erklärung des Premiers, wonach London einen Gewaltakt Hitlers in der Tschechoslowakei mit Gewalt beantworten würde. Er sollte außenpolitisch bloßgestellt und konfrontiert werden. Seine erste große diplomatische Niederlage sollte als Anlass für den Putsch dienen.

Die Vorschläge wurden in London von Carl Friedrich Goerdeler unterbreitet, der damals führenden Figur des Widerstandes. Goerdeler war 1937 von seinem Amt als Oberbürgermeister in Leipzig zurückgetreten, weil die Nationalsozialisten das Denkmal des jüdischen Komponisten Felix Mendelssohn Bartholdy abgerissen hatten. Seitdem organisierte er unermüdlich den Widerstand. Er sollte nach dem Staatsstreich als Reichskanzler die Regierung übernehmen.

Seine Vorschläge, seine Analysen über Hitlers Außenpolitik und die Verfolgung der Juden ließ Goerdeler über den britischen Industriemanager Arthur P. Young der Regierung in London zukommen. »Wir müssen uns vergegenwärtigen«, so warnte er die Engländer, »dass wir es mit Gangstern schlimmster Sorte zu tun haben.« Mit dem Verbindungsmann Young, der ihm freundschaftlich verbunden war, traf sich Goerdeler von 1937 bis 1939 fünfmal – in der Schweiz, in Großbritannien und Deutschland.

Die britische Regierung aber weigerte sich, mit Goerdeler und den Generälen zusammenzuspielen. Die vielleicht letzte Chance, den

Krieg zu verhindern, wurde vertan. Der diplomatische Chefberater der englischen Regierung, Robert Vansittart, den Goedeler unter vier Augen sprach, meinte, zwischen den »expansionistischen Vorstellungen« der deutschen Armee und denen der Nationalsozialisten bestehe »nur ein sehr geringer Unterschied«.

Goerdeler hatte in seinen Denkschriften verlangt: »England erkennt an, dass der polnische Korridor eine Quelle dauernder Störung der berechtigten nationalen Gefühle und Interessen des deutschen Volkes ist. Es ist daher mit der Beseitigung des Korridors einverstanden und wird hierbei jede zweckdienliche Unterstützung gewähren.« Goerdeler hatte ebenfalls den Anschluss Österreichs und des Sudetenlandes befürwortet – nach dem Prinzip des Selbstbestimmungsrechtes, für das die Amerikaner angeblich in den Ersten Weltkrieg gezogen waren. Jedenfalls war es für die Verschwörer lebenswichtig, nach dem Sturz Hitlers außenpolitische Erfolge vorweisen zu können.

Von Danzig abgesehen, zog es London vor, dem Diktator eben das zu geben, was man der Weimarer Republik verweigert hatte und was man auch der Opposition um Goerdeler nicht zugestehen wollte. Die Gründe dafür sind nicht eindeutig verifizierbar – so, wie die gesamte diplomatische Vorgeschichte des Weltkrieges erst dann abschließend geschrieben werden kann, wenn alle Archive geöffnet sind.

Die Tatsache bleibt aber, dass nirgendwo energischer, und noch dazu unter permanenter Lebensgefahr, daran gearbeitet wurde, den Krieg zu verhindern, als in Deutschland – und zwar in Kreisen der Wehrmacht und des zivilen Widerstandes. Und nachdem der Krieg längst begonnen hatte, existierte unter allen beteiligten Parteien nur eine Gruppierung, die sich ernsthaft um die Beseitigung Hitlers und um einen Waffenstillstand bemühte, nämlich deutsche Offiziere. Die Alliierten spielten nicht mit, sie wünschten Krieg bis zur bedingungslosen Kapitulation Deutschlands.

An dieser Stelle soll ein persönlich betroffener und gleichwohl objektiver Zeuge zu Wort kommen: der Österreicher William S. Schlamm (1904–1978). Er übernahm 1933 von Karl von Ossietzky die Chefredaktion der *Weltbühne*, emigrierte 1938 in die Vereinigten Staaten und gründete in den 1970er-Jahren in Deutschland die *Zeitbühne*, der ich als Autor verbunden war.

Schlamm machte in seinem Bestseller *Die Grenzen des Wunders* eine Kalkulation auf, die man in den Reden deutscher Politiker gerne einmal wiederfinden würde: »Zunächst zu den Statistiken. Die Nazi-Tribunale fällten Todesurteile gegen 12 200 ›arische‹ Deutsche, für Taten, die das Regime ›Verrat an der Sicherheit des Dritten Reiches‹ nannte. Mehr als 600 000 ›arische‹ Häftlinge der Konzentrationslager wurden nach dem Ende des Nazismus als ›politisch Verfolgte‹ anerkannt. Mit anderen Worten, die Gestapo hat mit mehr als zwei von je hundert erwachsenen ›arischen‹ Deutschen zu tun gehabt, und zwar weil sie Feinde des Nazismus waren. Viele dieser Leute sind fraglos recht unschuldige Opfer von Denunziation und wahrscheinlich gar nicht sehr entschiedene Opponenten gewesen. Aber mindestens eine halbe Million ›arischer‹ Deutscher haben die Verfolgung der Unterwerfung vorgezogen […] Mehr als das: Sie hatten die zusätzliche Courage und außergewöhnliche Reife, gegen ein nationales Regime zu handeln, das von einem politischen Erfolgsrausch zum anderen taumelte – gegen eine sieghafte ›nationale Revolution‹«.

Schlamm weiter: »Ich weiß nicht, wie die statistische Information über andere Völker lauten würde, wenn sie je durch vergleichbare Erfahrungen durchzugehen hätten. Ich hoffe, dass es mehr als

2 Millionen Amerikaner gäbe (d. h. mehr als 2 Prozent der erwachsenen Bevölkerung), die bereit sein würden, gegen eine perverse Regierung von Übeltätern ›Verrat‹ zu begehen; ich weiß jedoch nicht, wie viel es wirklich wären. Immerhin weiß ich, dass weit weniger als 2 Prozent der erwachsenen Tschechen (die nicht nur von Verbrechern, sondern von fremden Verbrechern unterdrückt wurden) gegen die Nazi-Okkupation von 1939 bis 1945 aktiven Widerstand geleistet haben. Und ich weiß auch, dass die Widerstandsbewegung Frankreichs niemals – das heißt niemals, bevor die Deutschen den Krieg sehr eindeutig verloren hatten – imstande war, mehr als 2 Prozent der erwachsenen Bevölkerung Frankreichs gegen die Nazi-Macht zu mobilisieren.«

Schlamm zur Rolle der Wehrmacht: »Die erste Tatsache – dass zwei von je einhundert erwachsenen Deutschen aktiv die regierende Gemeinheit bekämpft haben – wurde von einer noch eindrucksvolleren Tatsache begleitet: Fast 10 Jahre hindurch blieben Kommandanten der deutschen Armee in verschwörerischer Opposition zum Hitler-Regime. Die Generäle, die der deutschen Heeresleitung von 1933 bis 1938 vorstanden, Generaloberst Ludwig Beck, Generaloberst von Hammerstein-Equord und General Halder, waren an ›verräterischen Verhandlungen‹ mit ausländischen Regierungen beteiligt, vor allem mit der englischen Regierung, die unter Neville Chamberlain leider weder den Verstand noch die Courage hatte, ihre Politik mit der tapferen Bereitschaft von Ludwig Beck, Hammerstein-Equord und Halder zu koordinieren. Die ungeheure Tatsache ist eindeutig klargestellt: Hitler konnte der deutschen Armee bis an sein Ende nicht vertrauen. Während der ersten 5 Jahre seines Regimes waren führende Generäle bereit, die ›legale Regierung‹ zu stürzen, wenn sie nur ein Minimum von Einsatzbereitschaft im Auslande zugesagt bekommen hätten; das von ihnen verlangte Minimum war nichts anderes als eine entschlossene Bereitschaft der

westlichen Regierungen, Hitler die fantastisch billigen außenpolitischen Triumphe zu verweigern. Es gibt in der neueren Geschichte
keine ähnliche Situation: Die Heeresleitung einer Großmacht kons-
piriert gegen das Regime, nicht etwa nur für einen Augenblick des
enthusiastischen Idealismus, sondern während Jahren; und sie will
nichts anderes, als dass das Ausland gegen dieses Regime stark
bleibt, damit die daraus folgende Niederlage in der Außenpolitik die
Gelegenheit schaffe, das verhasste Regime im Inland zu stürzen.«

William S. Schlamm wunderte sich im Übrigen darüber, dass im
Nürnberger Prozess Richter vorsaßen, die Staaten vertraten, welche
allesamt irgendwann Angriffskriege geführt hatten. Er schrieb, dass
die Unterscheidung zwischen Angriffskriegen, Verteidigungskrie-
gen und Präventivkriegen Sache der ideologischen Propaganda
bleiben müsse und ganz gewiss kein Thema der Jurisprudenz sei.
»Das Erstaunlichste an den Nürnberger Prozessen scheint mir die
preziöse Themenauswahl zu sein, wenn man bedenkt, dass die Alliierten viele der aufgegriffenen Angeklagten nach dem gültigen
deutschen Strafrecht hätten hängen können.«

Hitlers Krieg und seine Vorgeschichte

Im Rückblick scheint es offensichtlich zu sein, dass mit dem Angriff
auf Polen am 1. September 1939 der Zweite Weltkrieg begann. Der
Angriff löste aber nicht den Weltkrieg aus, sondern setzte eine Reihe von Ereignissen in Gang, die schließlich in den Weltkrieg mün-
deten. Zwangsläufig war diese Entwicklung nicht. Aus dem Polen-
feldzug musste zuerst der europäische Krieg entstehen, und auch
dieser war kein Weltkrieg, solange die USA, Japan und die Sowjetunion abseits standen. Noch am 7. November 1939 riefen die niederländische Königin und der belgische König zum Frieden auf
und boten beiden Seiten ihre Vermittlung an. Die Westmächte

lehnten am 12. November ab, und am 14. November wurde die An-
gelegenheit von Berlin als erledigt bezeichnet. Am 10. Mai 1941
sprang Hitlers Stellvertreter Rudolf Heß in der Nähe von Glasgow
mit dem Fallschirm ab, um Friedensverhandlungen anzubahnen.
Die Hintergründe seiner Mission sind bis heute ungeklärt.

Es ist eigenartig, wie oft bundesdeutsche Politiker – als handele es
sich um eine Staatsdoktrin – die Beteuerung abgeben, Hitler habe
den Zweiten Weltkrieg (nicht etwa nur den Krieg gegen Polen) geplant und gewollt und das Dritte Reich sei »allein schuldig« an diesem Krieg. Das kann schon deswegen nicht stimmen, weil auch
Japan, die USA und die Sowjetunion mitmischten – auch Italien
war Kriegspartei. Hitler stand nicht allein auf der internationalen
Bühne, er hatte Gesellschaft. Nach mehr als 8 Jahrzehnten sollte es
möglich sein, Geschichte *sine ira et studio* zu schreiben und ganz
einfach zu schildern, was geschehen ist und warum.

Das geschieht auch längst, vor allem im Ausland, und zwar seitens
Autoren, die nicht den geringsten Grund haben, Deutschland zu
entlasten. Bereits 1961 erschien das Standardwerk *The Origins of
the Second World War* (dt.: *Die Ursprünge des Zweiten Weltkriegs*)
des Oxford-Historikers Alan J. P. Taylor, das in England wegen seiner Ausgewogenheit und stilistischen Brillanz hervorragende Kri-
tiken erhielt. Der liberale *Observer* nannte es »ein fast fehlerloses
Meisterwerk«. Taylor schrieb im Vorwort: »Historikern missfällt
oft etwas, das geschehen ist, oder sie wünschen sich, es wäre anders
geschehen. Sie können aber nichts daran ändern. Sie haben die
Wahrheit festzustellen, wie sie sie sehen, ohne sich darum zu küm-
mern, ob dies bestehende Vorurteile erschüttert oder bestätigt.«

»Mein Buch«, so Taylor weiter, »hat eigentlich wenig mit Hitler zu
tun. Die entscheidende Frage, so scheint mir, betrifft Großbritan-

nien und Frankreich. Sie waren die Sieger des Ersten Weltkrieges. Sie hatten die Entscheidung in ihren Händen. Es war ganz offensichtlich, dass Deutschland danach streben würde, wieder eine große Macht zu werden. Und es war nach 1933 offensichtlich, dass die deutsche Vorherrschaft von einer besonders barbarischen Art sein würde. Warum leisteten die Sieger keinen Widerstand? Und warum am Ende doch?«

Über Hitler sind, so zählt Taylor auf, zwei Versionen im Umlauf, die sich eigentlich gegenseitig ausschließen. Nach der einen wollte er den Krieg um des Krieges willen; er war ein zweiter Attila. Die andere Version sieht in ihm einen rationalen Politiker, der einen langfristigen Plan unbeirrt verfolgte. »Wenn Hitler also einen großen Krieg gegen die Sowjetunion geplant hat«, so Taylor, »dann war sein Krieg gegen die Westmächte ein Fehler. Hier muss offensichtlich etwas vorliegen, was ich nicht verstanden habe.«

Anhand von zahlreichen Quellen belegt Taylor, dass Hitler 1939 keinen Weltkrieg anstrebte. »Weit entfernt davon, Krieg zu wollen, war ein allgemeiner Krieg das Letzte, was er wünschte [...] Die Unfähigkeit Deutschlands, einen langen Krieg durchzuhalten, war eines seiner ständigen Themen. Er zielte weniger auf den Krieg ab, als dass er seinen Ausbruch erwartete – falls er ihn nicht mit einem genialen Trick verhindern konnte, so wie er dem Bürgerkrieg zu Hause entkommen war.« Woran der Diktator aber nach Taylors Meinung von den ersten Anfängen in München bis zu seinem Selbstmord im Bunker festhielt, waren seine antisemitischen Wahnvorstellungen.

Die oft kolportierte Behauptung von einer beispiellosen deutschen Aufrüstung vor dem Krieg ist nicht ganz richtig. Das Reich war 1939 (und danach ohnehin) seinen Gegnern in der Rüstung quantitativ unterlegen. Die Reichsregierung gab von 1933 bis 1939 knapp 62 Milliarden Reichsmark für die Wehrmacht aus, also 51,9 Prozent der Gesamtausgaben. 1938/1939, bevor der Krieg begann, beliefen sich die Rüstungsausgaben Deutschlands auf 15 Prozent seines Bruttosozialprodukts. Der Prozentsatz allein in England war fast derselbe.

Beim Anspringen der deutschen Konjunktur zwischen 1933 und 1935 hatte die Aufrüstung eine untergeordnete Rolle gespielt. Auch nach dem 1. September 1939 wurde keineswegs total auf Kriegswirtschaft umgestellt. Die zivile Friedensproduktion sollte möglichst aufrechterhalten werden. Von 1939 bis 1940 stieg die deutsche Rüstungsproduktion im Jahresvergleich um knapp 50 Prozent, im Winter 1940/41 wurde sie jedoch wieder reduziert. Noch unmittelbar vor dem Einmarsch in Russland gab es den Beschluss, die Rüstungsfertigung zu senken. Und im Herbst 1941 konnte der Reichswirtschaftsminister Hitler die Zusage für eine baldige Belebung der Verbrauchsgüterproduktion abringen. Das Fazit ist auch aus anderen Gründen zwingend, dass das Deutsche Reich keineswegs auf einen langen Krieg, geschweige denn auf einen Weltkrieg vorbereitet war. Erst im Juni 1944 erreichte die Kriegsproduktion ihren Höhepunkt.

Dass Hitler Anfang September 1939 von der Kriegserklärung Frankreichs und Englands überrascht wurde, ist hinlänglich belegt. Er hatte sich zum ersten Mal verkalkuliert, diesmal mit unabsehbaren Folgen. Es ist nicht einmal sicher, dass er 1939 den Krieg gegen Polen unbedingt wollte. Seine konkreten Forderungen betreffs Danzig waren, wie viele Quellen belegen, auch aus englischer Sicht diskutabel. Die Probe aufs Exempel fand aber nicht statt, weil die polnische Regierung es ablehnte, mit Berlin zu verhandeln. Sie sperrte sich, weil sie davon ausging, dass ein Nachgeben in der

Danzig-Frage Polen zur Rolle eines deutschen Satelliten verurteilt hätte. Und London war 1939 dem Krieg nicht mehr abgeneigt, weil man dort zu der Einsicht gelangt war, ein dauerhafter Interessenausgleich mit dem Dritten Reich sei nicht mehr möglich.

»Entlastet« das Hitler? Mitnichten. Den Deutschen gegenüber hatte er und kein anderer den Krieg zu verantworten. Er hätte 1938 davon ablassen können, mehr zu fordern. Stattdessen verfolgte er – geblendet von den Anfangserfolgen – eine Politik, die den Kriegseintritt Englands provozieren musste. Sein Platz in der deutschen Geschichte ist der einer dämonischen Figur. Nachdem er – wahrscheinlich in einem frühen Stadium – erkannt hatte, dass der Krieg so gut wie verloren war, verfiel er dem Realitätsverlust und schließlich dem Wahnsinn. Sein Bild kann nicht dadurch mehr verdüstert werden, dass man ihm Weltherrschaftspläne unterstellt, die er nicht hatte. Kriege haben nicht nur moralische Aspekte, sondern auch eine diplomatische Vorgeschichte. Historische Forschung darf sich nicht an dem orientieren, was volkspädagogisch erwünscht ist.

In der Zeitschrift *Foreign* Affairs, die vom amerikanischen Council on Foreign Relations herausgegeben wird, schrieb der Historiker John Lukacs im Herbst 1989: »Hitlers primäres außenpolitisches Anliegen war das Vasallentum der Nachbarländer, weniger die tatsächliche Annexion ihrer Territorien. Von den Österreichern und Tschechen bekam er, was er wollte. Aber die Polen waren anders. Ihre Weigerung, aufzugeben, löste den Zweiten Weltkrieg aus. Das verzieh ihnen Hitler nie. Es war wahrscheinlich – sogar über seine rassistischen Antagonismen hinaus – der Hauptgrund für seine grausame Unterdrückung des polnischen Volkes; eine brutale Behandlung, die keinem anderen Volk außer den Juden Europas zuteilwerden sollte.«

Unrichtig ist auch die Annahme, das nationalsozialistische Deutschland habe 1939 ein demokratisches und friedliebendes Polen überfallen. Die deutsch-polnischen Spannungen waren nicht auf die Person Hitlers angewiesen. Sie hätten auch ohne ihn eines Tages zum Krieg führen können. Polen, das ursprünglich mit deutscher Hilfe aus den Trümmern des Ersten Weltkrieges wiedererstanden war, behandelte seine Minderheiten miserabel. Nach dem Krieg gegen Russland von 1920, der die polnischen Grenzen noch einmal nach Osten (über die Curzon-Linie hinaus) verschob, lebten 6 Millionen Ukrainer und 2 Millionen Weißruthenen unter polnischer Oberhoheit. 1922 wurde ein Aufstand der Ukrainer unterdrückt. Anfang der 20er-Jahre versuchte Polen, deutsches Territorium in Oberschlesien gewaltsam zu annektieren – die Angreifer wurden von deutschen Freiwilligen zurückgeschlagen. Nach Angaben des Nachschlagewerkes Ploetz wurden in Polen vor 1939 12 200 Deutsche entweder ermordet oder als vermisst gemeldet. Maßgebliche Kreise in Warschau träumten 1939 von einem Sieg über Deutschland. Der polnische Kriegsminister Edward Rydz-Śmigły sagte 1939 kurz vor Kriegsausbruch, Deutschland werde den Krieg bekommen, selbst wenn es ihn nicht wolle. Polnische Offiziere prahlten im Sommer 1939 damit, bald in Berlin einzumarschieren und dort eine Siegesparade zu veranstalten. Das erste Gemetzel des Krieges, das unter Zivilisten veranstaltet wurde, ging auf polnisches Konto. Laut Wehrmacht-Untersuchungsstelle wurden am 3. und 4. September 1939 in Bromberg rund 1000 Volksdeutsche ermordet und in ganz Polen rund 5400, bevor die Waffen schwiegen. Die NS-Propaganda verzehnfachte später die Zahl der Opfer, um daraus Kapital zu schlagen.

Das alles muss erwähnt werden, weil es von den Medien der Bundesrepublik unterschlagen wird. Man will nicht von der Vorstellung abgehen, der Krieg habe ohne jede Vorgeschichte aus heiterem

Himmel am 1. September 1939 begonnen. Dass die Polen ein ebenso chauvinistisches wie tapferes Volk waren, dass auch die Westmächte prinzipiell im Krieg ein Mittel der Politik sahen und dass Stalin eine entscheidende Mitverantwortung trug, wird verdrängt, weil es nicht in die gängigen Klischees passt. Ist die Annahme so abwegig, der Hauptprofiteur des Krieges – nämlich Stalin – müsse mit seinem Ausbruch etwas zu tun gehabt haben?

Die Großmacht im Osten und Stalins Pläne

Moskau selbst hat nacheinander die verschiedensten Versionen über den Kriegsbeginn verbreitet. Im September 1939 erklärte die Sowjetregierung, die Schuld am Krieg treffe die Regierung in Polen. Im November 1939 lastete Stalin die Verantwortung Frankreich und England an, weil sie Deutschland den Krieg erklärt hätten. In seiner berühmten Geheimrede vom 5. Mai 1940 benannte Stalin plötzlich einen anderen Urheber: das Dritte Reich. Und nach dem Krieg erklärte er, alle kapitalistischen Staaten hätten den Krieg begonnen.

Niemand aber hatte sich politisch und militärisch gründlicher und vorausschauender auf den Krieg vorbereitet als Stalin. Schon 1927 hatte der Diktator erklärt, dass ein zweiter imperialistischer Krieg ebenso unvermeidbar sei wie der Eintritt der Sowjetunion in eben diesen. Das entsprach ganz dem, was er am 19. Januar 1925 vor dem Zentralkomitee gesagt hatte: »Wir werden eingreifen, aber wir greifen als Letzte ein. Wir greifen ein, um das entscheidende Gewicht in die Waagschale zu werfen, das Gewicht, das den Ausschlag geben wird.«

Dementsprechend rüstete die Sowjetunion auf. Als im September 1939 der polnische Krieg begann, verfügte Deutschland über nicht mehr als 3195 Panzer. Das war weniger als eine einzige sowjetische Fabrik – die Charkower Lokomotivenfabrik – unter Friedensbedingungen in einem halben Jahr produzierte. Am 22. Juni 1941, als die Wehrmacht angriff, war die sowjetische Überlegenheit erdrückend. Die Sowjetunion besaß 14 400–15 500 Panzer, 35 500 Geschütze und 8000–9000 Kampfflugzeuge. Die Deutschen verfügten über 3648 Panzer, 7146 Geschütze und 2510 Kampfflugzeuge. Das Deutsche Reich war 1941 ebenso wenig wie 1939 für einen langen Krieg gerüstet. Hitler spielte Vabanque und setzte wieder einmal auf einen Blitzsieg.

Die Führung in Moskau war sich über den Zeitpunkt eines deutschen Angriffes nicht sicher, weil aus den Berichten ihres Geheimdienstes klar hervorging, dass die Wehrmacht für einen Feldzug im Osten nicht gerüstet war. Es fehlte an Winterkleidung für die Soldaten, das Waffenöl war für tiefe Kältegrade nicht geeignet, die deutschen Raffinerien produzierten noch keinen Kraftstoff, der im russischen Winter verwendbar war. Was die sowjetischen Geheimdienstler nicht wissen konnten, war, dass Hitler den Krieg vor Einbruch des Winters zu gewinnen gedachte.

Wenn Stalin keinen Krieg eingeplant hätte, ergäbe der Nichtangriffspakt zwischen Moskau und Berlin vom 23. August 1939 keinen Sinn. In einem geheimen Zusatzprotokoll, dessen Existenz Moskau erst 1989 zugab, wurde ganz Osteuropa vom Baltikum bis nach Rumänien aufgeteilt. Als der Pakt unterschrieben war, triumphierte Stalin: »Ich habe Hitler hinters Licht geführt.« Der Krieg begann im September 1939 mit der Besetzung Polens durch deutsche und sowjetische Truppen. Er wurde fortgesetzt, als Stalin die drei baltischen Staaten und Teile Rumäniens annektierte und Finnland angriff. Schon dies macht es unmöglich, von einer »Alleinschuld Deutschlands« zu sprechen.

In Osteuropa standen sich zwei aggressive Großmächte gegenüber, die Sowjetunion und das Deutsche Reich. Beide waren darauf eingestellt, dass ein Krieg zwischen ihnen unvermeidbar war. Beide sahen politische und taktische Vorteile in der Atempause, die ihnen der Nichtangriffspakt vom August 1939 verschaffte. Zugleich aber beseitigte das Abkommen die Pufferzone neutraler Staaten zwischen Deutschland und Russland, schuf eine gemeinsame Grenze und ermöglichte erst damit einen direkten Angriff Deutschlands gegen die Sowjetunion – oder der Sowjetunion gegen Deutschland.

Dass Stalin schon vor 1941 plante, gegen das Deutsche Reich zu marschieren, kann seit 1988 als hinreichend belegt gelten. Die Version vom »heimtückischen faschistischen Überfall auf die nichts ahnende friedliebende Sowjetunion« hatte Joachim Hoffmann, Wissenschaftlicher Direktor am Militärgeschichtlichen Forschungsamt in Freiburg, schon vorher in dem Sammelband *Der Angriff auf die Sowjetunion* widerlegt. Den Indizienbeweis dafür, dass die Russen 1941 angreifen wollten, lieferte aber erst ein Russe, Viktor Suworow.

Suworow ist das Pseudonym eines nach dem Zweiten Weltkrieg geborenen sowjetischen Generalstäblers, der 2006 zu den Engländern überlief, unter dem Schutz des britischen Secret Service stand und von Moskau zum Tode verurteilt wurde. Sein Buch *Der Eisbrecher* ist wissenschaftlich sauber recherchiert, es revidiert ein entscheidendes Kapitel der europäischen Geschichte des 20. Jahrhunderts, aber es gelangte nicht auf die deutschen Bestsellerlisten.

Suworow weist unter Aufzählung aller Details nach, dass die Sowjetunion im Juni 1941 die größte Truppenmassierung der Weltgeschichte nahezu abgeschlossen hatte. 5 Heeresgruppen, 13 Armeen in erster und 8 weitere Armeen in zweiter Staffelung, mindestens

247 von 303 vorhandenen sowjetischen Divisionen standen bereit zum Angriff. Alle Maßnahmen, die unter Militärexperten als Vorbereitung für einen Angriffskrieg gelten, waren getroffen worden. Defensive Sperranlagen und Minenfelder waren abgebaut worden, weil sie eine sowjetische Offensive behindert hätten; die Pläne für einen Partisanenkrieg gegen eine einmarschierende deutsche Armee wurden aufgehoben; riesige Vorräte an Munition, Treibstoff und Material (einschließlich Eisenbahnschienen) lagen in unmittelbarer Grenznähe; die sowjetischen Bomber und Schlachtflieger (die kampfstärkste Angriffsgruppierung in der Geschichte des Luftkrieges) füllten dicht gedrängt, Flügel an Flügel, die sowjetischen Grenzflugplätze; die Pioniere waren ausschließlich für die Offensive, nicht für defensive Maßnahmen wie Brückensprengungen ausgerüstet; allein in den beiden Frontbögen von Bialystok und Lemberg waren rund 7000 sowjetische Panzer zusammengezogen – fast doppelt so viele, wie die Wehrmacht insgesamt besaß; die Konzentration von Gebirgsjägern und Luftlandetruppen an der Grenze konnte ebenfalls nicht mit defensiven Absichten erklärt werden. Suworow weist nach, dass der sowjetische Hochgeschwindigkeitspanzer BT gezielt für den Einsatz in Mitteleuropa und Deutschland konstruiert worden und für die Defensive auf russischem Boden »völlig wertlos« war.

Nur weil diese gewaltige Offensivstreitmacht auf engstem Raum und ohne Tiefengliederung massiert war, konnten die am 22. Juni 1941 angreifenden Deutschen jene fast unglaublichen Anfangserfolge erzielen. Laut Suworow waren sämtliche Mechanismen für den Krieg gegen Deutschland am 13. Juni 1941 in Gang gesetzt; am 19. Juni wurden auf Beschluss des Politbüros die nur für die Offensive vorgesehenen Fronten (= Heeresgruppen) gebildet, wie sie auch für die Angriffskriege gegen Polen und Finnland aufgestellt worden waren; und mehrere Indizien deuteten darauf hin, dass die

Operation »Gewitter« (= Angriff auf Deutschland) bereits am 6. Juli 1941 starten sollte. Auch die Tatsache, dass die Masse der aufmarschierenden Roten Armee in Zelten oder in den Wäldern kampierte und dass keine Vorsorge für Winterquartiere getroffen wurde, interpretiert Suworow so, dass der Angriff bevorstand.

Die Indizien, die Suworow in erdrückender Fülle vorgelegt hat, sind freilich noch kein Beweis für einen unmittelbar bevorstehenden sowjetischen Angriff. Dass sich Stalin auf einen Krieg gegen das Dritte Reich vorbereitete, kann als gesichert gelten – dass er bereits im Juli 1941 angreifen wollte, nicht. Von einem »Überfall« auf eine nichts ahnende und friedliebende Sowjetunion kann jedenfalls keine Rede sein. Am 15. Mai 1941 informierte Marschall Georgi Schukow Stalin schriftlich über die Lage und über seine Pläne. Er empfahl, »das deutsche Heer schon anzugreifen, wenn es sich im Aufmarschstadium befindet und noch keine Front aufbauen kann«. Schukows Plan sah vor, in 30 Tagen Polen zu durchqueren und nach Oberschlesien, nach Böhmen und an die Ostseeküste vorzustoßen. Ebenfalls im Mai 1941 schrieb das Oberkommando der Wehrmacht, gestützt auf Erkenntnisse des Geheimdienstes Fremde Heere Ost, in einem Bericht an das Auswärtige Amt, dass der russische Aufmarsch »nur noch als Vorbereitung für russische Offensivmaßnahmen größten Umfanges gedeutet werden kann«.

Hitler selbst hat nach den vorliegenden Quellen nicht geglaubt, einem russischen Angriff in letzter Minute zuvorkommen zu müssen. Das Unternehmen Barbarossa kann auch so erklärt werden, dass er das Dritte Reich noch vor dem erwarteten Kriegseintritt der USA mit der Ausschaltung der Sowjetunion faktisch unangreifbar machen wollte. Objektiv einordnen lässt sich das Jahr 1941 nur, wenn man versteht, dass damals alle Großmächte im Krieg ein Mittel der Politik sahen. Ob es heute anders ist, muss leider bezweifelt werden. Dass der deutsche Diktator ein Massenmörder und der Verderber des Reichs war, ist eine Sache – den Weltkrieg nur unter dem Aspekt deutscher Aggressionen zu sehen eine andere, eine nicht überzeugende.

Der Charakter des Krieges änderte sich, je länger er dauerte. In der ersten Phase war es kein globaler Konflikt, sondern eine Serie von schnellen Feldzügen, deren Verluste sich in Grenzen hielten. Eingedenk der Erfahrungen des Ersten Weltkrieges war die deutsche Strategie auf den Blitzkrieg angelegt, nicht auf Stellungskämpfe oder gar auf einen Weltkrieg. Auch der Angriff auf die Sowjetunion begann als Blitzkrieg. Er war auch als solcher geplant. Im November 1942 war die deutsche Strategie gescheitert. Stalingrad markierte die Wende. Sobald Russland, die USA und Japan Konfliktparteien waren, herrschte Weltkrieg – und aus deutscher Sicht Zweifrontenkrieg, der nicht gewonnen werden konnte und der sich schließlich für die Deutschen besonders an der Ostfront als Verteidigungskrieg darstellte. Keinen anderen Krieg führte die Luftabwehr, die sich dem Massenmord an deutschen Zivilisten entgegenstellte. Unter den Spreng- und Brandbomben der alliierten Luftflotten starben Hunderttausende von Zivilisten in deutschen Städten. »Es gibt weniger als 70 Millionen bösartige Hunnen«, hatte Churchill im April 1941 verkündet, »einige davon sind zu heilen, die anderen umzubringen.«

Moralisch drapierte Machtpolitik: Von der Wiedergutmachung zum Ritual der Vergangenheitsbewältigung

Die Vergangenheitsbewältigung, wie sie unschön genannt wurde, war immer eine fragwürdige Übung. Ein Bundespräsident sagte einmal, Vergangenheit könne gar nicht bewältigt werden. Das ist richtig in dem Sinne, dass sie nicht ungeschehen gemacht werden kann. Traumatische Erlebnisse eines Individuums oder eines Volkes können aber durchaus auf eine Weise verarbeitet werden, die die Rückkehr zu einem normalen Leben ermöglicht. Sie abzuleugnen, fördert den Prozess der Heilung nicht.

Wenn die Behandlung aber chronische Neurosen hervorruft, kann sie nicht richtig sein. Eine letzten Endes sehr rationale Art der Bewältigung war die finanzielle Wiedergutmachung, die Konrad Adenauer in den frühen 1950er-Jahren gegen erhebliche innenpolitische Widerstände durchsetzte. Es waren 3,45 Milliarden Mark in 14 Raten in barem Geld und Waren, die gezahlt wurden – für damalige Verhältnisse eine große finanzielle Belastung. Von Mitte der 50er- bis Mitte der 60er-Jahre war die Bundesrepublik und damit der deutsche Steuerzahler Hauptfinanzier des jungen, in seiner Existenz noch bedrohten Staates Israel. Erst später übernahmen die USA diese Rolle. Heute machen deutsche U-Boote, bestückt mit Atomraketen und von Berlin teilfinanziert, Israel praktisch unangreifbar. Auf die Zahlungen, zu denen sich Bonn 1952 im Luxemburger Abkommen verpflichtet hatte, folgten ähnliche Wiedergutmachungsverträge mit zwölf europäischen Staaten sowie 1953 das Bundesergänzungsgesetz (später Bundesentschädigungsgesetz), das die Wiedergutmachung für individuelle Opfer der NS-Verfolgung regelte. 1957 befasste sich das Allgemeine Kriegsfolgengesetz »abschließend« mit den Rechts- und Entschädigungsproblemen aus der Kriegs- und Nachkriegszeit. Wenn es nur ein Abschluss gewesen wäre.

Der Begriff der »Vergangenheitsbewältigung«, in den ersten Jahren der Bundesrepublik völlig unbekannt, stammt aus dem Konferenzbetrieb der Evangelischen Akademien und findet sich offenbar erstmals 1955 auf einer Einladung der Evangelischen Akademie zu Berlin. Dahinter stand die Vorstellung, die Deutschen hätten den Nationalsozialismus verdrängt und würden Widerstand leisten, wenn man sie mit ihrer Vergangenheit konfrontierte. Laut Alexander Mitscherlich war nun »Trauerarbeit« angesagt. Die Aufarbeitung der Vergangenheit wurde, kaum schien sie konkret abgeschlossen, in eine neue Sphäre verlagert, wo sie im Prinzip ad infinitum fortgesetzt werden konnte. Das Thema wurde zur Domäne der politischen Linken, die es vor ihren politischen Karren spannte und sich davon einen moralischen Vorsprung erhoffte. Schon bald hatten sich die Deutschen nicht mehr mit der Vergangenheit, sondern mit der Bewältigung der Vergangenheit herumzuschlagen.

Dass die Wunden wieder aufrissen, war auch eine Glanzleistung sowjetischer Desinformation. In den 1950er-Jahren verfolgte Moskau mit Vorrang das Ziel, die Eingliederung der Bundesrepublik in die westliche Allianz zu hintertreiben. Der Geheimdienst KGB sorgte 1959 dafür, dass Hakenkreuze und antijüdische Parolen auf eine Synagoge und auf jüdische Gräber in Köln geschmiert wurden. Ähnliche Zwischenfälle ereigneten sich in London, Manchester, Mailand, New York, Oslo, Stockholm und Wien. Die sowjetische Propaganda lief auf Hochtouren, um der Welt zu suggerieren, der Nazismus sei nicht tot und den Westdeutschen sei nicht zu trauen.

Der israelische Geheimdienst Mossad durchschaute als einer der Ersten die Täuschung. Die Majore Josef Frolík und Ladislav Bittman, Überläufer aus dem Ostblock, lieferten geheimdienstliche Einzelheiten. So konnte Frolík, der vor einem Senatskomitee in den USA aussagte, sogar die Hintergründe der antisemitischen Vorfälle aufklären, die sich 1962 in Wales ereignet hatten. Als ein westdeutsches Panzerregiment dort Manöver abhielt, besudelte ein tschechischer Geheimagent jüdische Gräber und malte Hakenkreuze. Der psychologische Schaden war enorm. Die amerikanische *Herald Tribune* behauptete, Bonn sei unfähig, »das Nazigift zu eliminieren«.

In den 1960er- und 70er-Jahren lieferten wiederholte Verjährungs-
debatten des Bundestages und neue NS-Prozesse den Aufhänger,
die Vergangenheit umso intensiver zu bewältigen, je länger sie zurücklag. Das Thema wurde zu einer politischen Mehrzweckwaffe
mit enormer Durchschlagkraft. Die Chaoten, die 1968 auf den Straßen randalierten und unliebsame Professoren an den Universitäten
mit SA-Methoden terrorisierten, rechtfertigten sich damit, sie holten den Widerstand nur nach, den ihre Väter versäumt hätten zu
leisten. Meinungsmacher in den Medien, viele von ihnen einst
stramme Nationalsozialisten, verschafften sich moralische Überlegenheit, indem sie selbst harmlose Mitläufer des Dritten Reiches
auf die Anklagebank setzten. Kirchliche Funktionäre übten den
Widerstand, den ihre Institutionen vor 1945 bisweilen versäumt
hatten. Kommunisten wurden nur deswegen politisch akzeptabel,
weil sie einmal an Stalin statt an Hitler geglaubt hatten. Nachdem
die DDR von Anfang an den Antifaschismus zur Staatsdoktrin erhoben hatte, wurde er nun auch zum eigentlichen Daseinsgrund
der Bundesrepublik erklärt.

Die Kampagne, die mithalf, das politische Koordinatensystem weit
nach links zu verschieben, war im Sinne ihrer Urheber überaus erfolgreich. Wie vorher mit dem Kampf gegen den Atomtod und
nachher mit dem Umweltschutz hatte die Linke der Öffentlichkeit
ein Thema präsentiert, das ihr großen politischen Nutzen brachte
und jeden Widerspruch im Keim erstickte. Schließlich konnte kein
vernünftiger Mensch für den Atomtod, für den Nationalsozialismus oder für Umweltverschmutzung sein. Die Mitte war bis weit in
das konservative Lager hinein sprachlos und schwamm auf der
Welle mit. Sie verlor die geistige Offensive, die noch in den 1960er-
Jahren bei ihr gelegen hatte.

Die Politiker der Mitte passten sich dem monopolisierten Meinungsklima an, indem sie zu den immer häufigeren Jahrestagen vergangener Ereignisse ihren verbalen Obolus entrichteten. Die Beschäftigung mit der Vergangenheit erstarrte zum Ritual. Jeder kannte die Formeln und konnte hinlänglich sicher sein, nicht in die Schusslinie zu geraten, wenn er sie bei jedem gebotenen Anlass ungekürzt und zusatzlos aufsagte. Es war zwar gefahrlos, Israel der Unterdrückung der Palästinenser anzuklagen, aber äußerst riskant, sich auch nur einmal zu wenig der NS-Verbrechen zu schämen. Nur starke Persönlichkeiten wie Alfred Dregger oder Franz Josef Strauß konnten es wagen, sich der permanenten Zumutung zu entziehen.

Es ist nur scheinbar paradox, dass die deutsche Vergangenheitsbewältigung umso künstlicher wurde, je länger die Vergangenheit zurücklag. Einer der Ersten, die das klar gesehen haben, war der Journalist Jürgen Busche, und zwar in einem Leitartikel der FAZ vom 26. Januar 1989. Er notierte, dass das Verbrechen der Nationalsozialisten im Abstand von Jahrzehnten »scheinbar« mehr erschüttere, »als es früher die Erinnerung vermochte, die nicht weit zurückzugreifen brauchte«. Busche fuhr fort: »Nur scheinbar – denn das auf die nackte moralische Entrüstung reduzierte Bild von Geschichte wird leer und folgenlos. Den Menschen der 50er- und 60er-Jahre saß der Schreck noch in den Knochen. Heute ist dieser Schrecken bei vielen nur noch Folie für politische Denunziation.« Der Autor schrieb dann von einer »Ersatzreligion der Negativität« und von Mythologisierung: »So erklärte sich, dass tatsächlich heute, 35 Jahre danach, präzise historische Unterrichtung über das Dritte Reich nicht mehr gefragt ist.«

Mit den Auswüchsen der Vergangenheitsbewältigung befasste sich zuletzt der Historiker Michael Wolffsohn in einem ganzseitigen

Beitrag für die FAZ vom 28. November 2022 unter dem Titel »Hinweg mit der deutschen Erinnerungskultur«. Das Modewort sei »pseudointellektuelles Geklingel«, weil man sich nur an selbst Erlebtes erinnern könne. Das bedeute: »Der Volkspädagoge erinnert andere an das, woran er sich, weil vor der eigenen Lebenszeit geschehen, so wenig erinnern kann wie die zuhörenden, zusehenden oder schauenden Zielgruppen.« Die deutsche Gedenkkultur sei im Laufe der Jahre »versteint« und habe als »inflationiertes Ritual« jeglichen Respekt verloren. Wolffsohn befasste sich dann mit dem Dilemma, dass die so praktizierte germanozentrische, also rein deutsche, Gedenk- und Trauerideologie mehr als ein Viertel der Bevölkerung nicht erreichen kann. Nämlich 22 Millionen Menschen mit Migrationshintergrund, von denen 53 Prozent einen deutschen Pass besitzen. Dass Phrasen und Floskeln keine Umkehr beweisen, sondern nur Taten dies tun, ist eine andere Feststellung Wolffsohns.

Eher ungnädig wurde von Wolffsohn ein ebenfalls ganzseitiger Aufsatz des Historikers Wolfgang Reinhard in der FAZ vom 10. Januar 2022 aufgenommen. Der Titel: »Vergessen, verdrängen oder vergegenwärtigen?«. Der Verfasser schrieb, die Holocaust-Kultur sei »machtbesetzt und tabugeschützt« und eine »negative, säkulare Kategorie«. Bei seiner Skepsis konnte er sich auf eine Reihe von jüdischen Autoren beziehen: auf Yehuda Elkana, der schon 1988 gesagt hatte, die Holocaust-Obsession blockiere Gegenwart und Zukunft Israels und das Vergessen wäre besser; auf Avraham Burg, der 2008 in seinem Buch *The Holocaust Is Over: We Must Rise From its Ashes* geschrieben hatte, angesichts der realen Überlegenheit Israels sei die Shoah als Bedrohtheitsszenario kontraproduktiv und müsse von einer Versöhnung mit Palästinensern und Deutschen abgelöst werden; auf David Rieff, der 2016 die Nutzung des Holocaust für moralisch drapierte Machtpolitik abgelehnt hatte; oder auch auf

Alfred Grosser, der 1970 feststellte: »Viel ist getan worden – vielleicht zu viel: Anti-Antisemitismus in zu starker Dosis mag Antisemitismus erzeugen.«

Dabei fällt auf, dass die innerjüdische Debatte vielschichtiger und offener geführt wird als die deutsche – was durchaus nachvollziehbar ist. Viel wäre schon gewonnen, wenn deutsche und ausländische Politiker davon abließen, Kapital aus der Vergangenheit zu schlagen, wenn Geld und Moral nicht vermengt würden, wenn die Rede von kollektiver Schuld oder (gemeint als Synonym) kollektiver Verantwortung aufhörte und wenn die Vergangenheit zuvörderst als das behandelt würde, was sie tatsächlich ist, nämlich Geschichte.

Reparationsforderungen ohne Ende:
Wie sich Namibia und Polen reichrechnen

Typisch für den neudeutschen Umgang mit der Vergangenheit ist auch das Thema der NS-Raubkunst, so als sei bei Kriegsende nicht auch Kunst auf deutschem Boden gestohlen worden. Als die Militärregierungen der drei westlichen Besatzungszonen nach 1945 die Regeln der Restitution gesetzlich formulierten, legten sie noch Fristen fest, innerhalb derer die Ansprüche auf Rückgabe von Eigentum geltend gemacht werden mussten – eine Voraussetzung für Rechtssicherheit und Rechtsfrieden. Auch die Entschädigungsgesetze der Bundesrepublik nach 1949 und nach der Wiedervereinigung für die neuen Bundesländer sahen Fristen vor, die alle längst abgelaufen sind.

Inzwischen aber wird zeitlich unbegrenzt restituiert – und noch dazu mit einer Prozedur ohne gesetzliche Grundlagen. Es darf auch denunziert werden. Seit dem Jahr 2000 existiert eine weltweit zugängliche Datenbank für verlorene Kunst, auf der jedermann ohne vorherige seriöse Prüfung seine Ansprüche auf ein beliebiges Kunstwerk eintragen kann. Ist das Werk erst einmal benannt, steht es unter dem Verdacht, NS-Raubkunst zu sein. Es ist faktisch nicht mehr verkäuflich. Der Frankfurter Rechtsanwalt Hans-Jürgen Hellwig nennt in der FAZ vom 14. Juli 2021 die Abertausenden von bereits eingetragenen Suchmeldungen »rechtswidrige Eigentumsbeeinträchtigungen en masse«. Das Ganze erinnere unwillkürlich an die Zeiten des NS-Unrechts. Dass allein aus praktischen Gründen irgendwann ein Schlussstrich gezogen werden muss, leuchtete den Besatzern nach 1945 ebenso ein wie der Regierung und dem Parlament der alten Bundesrepublik. Erst die Politiker des wiedervereinigten Deutschlands kamen auf die abwegige Idee, dass alles geraubt sein könnte, was nach so langer Zeit von irgendeiner Seite reklamiert wird.

Den kaum überbietbaren Skandal zum Komplex der Raubkunst lieferte der Fall des Kunsthändlers Cornelius Gurlitt. Im Februar 2012 wurde seine Wohnung in München-Schwabing durchsucht. Die Fahnder entdeckten dort 1280 Kunstwerke und beschlagnahmten sie. Zusammen mit den Schätzen in Gurlitts Salzburger Haus waren es mehr als 1500 Objekte, vor allem Gemälde, die Gurlitt weggenommen wurden. Der Fall blieb zunächst geheim, bis das Magazin *Focus* ein Jahr später mit der Geschichte »Nazi-Schatz in Milliardenhöhe« herauskam. Am 6. Mai 2014 starb Gurlitt in seiner Münchener Wohnung im Alter von 81 Jahren, ohne seine Sammlung noch einmal gesehen zu haben. Da hatte sich bereits herausgestellt, dass lediglich 14 der über 1500 konfiszierten Kunstwerke als »NS-Raubkunst« klassifiziert werden konnten.

Wer Schuldgefühle ad infinitum pflegt, darf sich nicht wundern, wenn andere daraus monetären Nutzen ziehen wollen. Jahrzehntelang interessierte sich auch in Südwestafrika und dem späteren Namibia kaum jemand für die Schlacht am Waterberg im August 1904, an die Tragödie der Herero, an ihre Verfolgung durch kaiserliche Kolonialtruppen und an ihre Flucht nach Britisch-Betschuanaland, dem heutigen Botswana. Viele kamen in der Wüste um; ein anderer Teil erreichte zusammen mit dem Oberhäuptling die britische Kolonie, die den Herero schon vorher das Niederlassungsrecht eingeräumt hatte.

Im Mai 2021 beschloss der Bundestag, den Feldzug gegen die Herero als Völkermord einzustufen, obwohl in diesem Fall weder von einem Vorsatz noch von einer Anordnung aus Berlin, noch von einer Billigung von staatlicher Seite die Rede sein konnte. Im Gegenteil: Die Kriegsführung des Generalleutnants Lothar von Trotha wurde von seinen eigenen Offizieren scharf kritisiert, sein Generalstabschef trat aus Protest zurück, und von Trotha wurde seines Postens enthoben. Auch nach von Trothas Abberufung setzten die Nama ihren Partisanenkrieg gegen die Kolonialherren bis 1907 fort. Als der Herero-Führer Samuel Maharero 1923 starb, wurde sein Leichnam in die Heimat überführt. Die Herero aus ganz Südwest strömten zusammen und bereiteten ihm in Okahandja ein Militärbegräbnis nach deutschem Zeremoniell. Unmittelbar vor dem Beginn des Herero-Aufstandes 1904 lebten 200 000 Afrikaner auf dem riesigen Gebiet von 824 400 Quadratkilometern, dazu knapp 5000 Deutsche, Buren und Engländer.

Nach der letzten Zählung leben in Namibia 2,3 Millionen Menschen, von denen die Herero etwa 7 Prozent ausmachen. Nachdem 6 Jahre verhandelt wurde, einigten sich Berlin und Windhuk zuzüglich zur normalen Entwicklungshilfe auf eine Summe von 1,1 Milliarden Euro, die im Verlauf von 30 Jahren ausgezahlt werden soll. Schon bisher floss in kein anderes afrikanisches Land pro

Kopf mehr deutsche Entwicklungshilfe als nach Namibia. Welche Agenda hier wirklich bedient wird, wurde auf einer Veranstaltung des Hamburger Instituts für Sozialforschung im Mai 2020 deutlich. Dort war die Rede von einem »Zusammenhang von kolonialem Genozid und Holocaust«, und der Hamburger Kultursenator Carsten Brosda verstieg sich zu der Behauptung, der Völkermord in Deutsch-Südwest sei von der »Kolonialmetropole« an der Elbe ausgegangen, weil er hier geplant worden sei und die Truppen von hier aus verschickt wurden.

Dass jemand gegen die Herstellung eines so abstrusen Zusammenhangs mit dem Holocaust protestiert hätte, ist nicht bekannt. Unterdessen hat das Versöhnungsabkommen in Namibia selbst zu einem Zerwürfnis zwischen den Herero und den Nama und der Regierung in Windhuk geführt. Beide Volksgruppen fühlen sich von der Zentralregierung übergangen, wollen selbst verhandeln und wollen – vor allem – mehr Geld. Der Paramount Chief der Herero hätte gerne 800 Milliarden Euro, und der Vizegouverneur der Zentralbank hält immerhin gut 70 Milliarden für angemessen. Keine Überraschung war es, dass im November 2022 in Berlin zu hören war, die Bundesregierung werde dem Druck nachgeben und neu verhandeln.

Niemand kam auf die Idee zu fragen, wie es sein kann, dass nach so langer Zeit nur die kleinste der großen Kolonialmächte, nämlich die deutsche, reparationsähnliche Zahlungen leisten soll, und warum nicht, wenn schon, auch sämtliche Kriege des 19. Jahrhunderts aufs Tapet kommen und abgerechnet werden sollten. Immerhin sehen manche Politiker in Berlin bei allem Schuldbewusstsein auch die Gefahr, am Ende mehr zahlen zu müssen, als sie können. Sie fürchten in Sachen Namibia einen Präzedenzfall. Denn auch Reparationsforderungen aus Griechenland, Italien und Polen werden immer wieder einmal erhoben. Die Bundesregierung war denn auch schockiert, als Polen zum 1. September 2022 (83 Jahre nach Kriegsausbruch) eine Rechnung über 6,2 Billionen Złoty an Berlin stellte.

Die FAZ nannte die Forderung »Wahnsinn«. Unbescheiden ist sie in der Tat: Die umgerechnet 1300 Milliarden Euro entsprechen dem Dreifachen des Bundeshaushaltes und könnten theoretisch nur bedient werden, wenn die Bundesbank ihre Target2-Forderungen an das Eurosystem an die Kollegen in Warschau abträte.

Die Bundesregierung lehnte prompt ab, scheut sich aber, eine Gegenrechnung aufzumachen und aufzuzählen, was alles schon geleistet worden war. Am Anfang stand der Potsdamer Vertrag vom Sommer 1945, der genau genommen kein Vertrag war, sondern eine Zusammenfassung von Beschlüssen der Siegermächte zwecks Aufteilung der Beute – ein Abkommen, an dem Deutschland nicht beteiligt war. Die damalige Regelung sah so aus, dass sich jeder aus seiner eigenen Besatzungszone bedienen sollte und dass die Sowjetunion aus ihrem Anteil auch die polnischen Reparationsansprüche befriedigen würde. Vor allem aber kamen die deutschen Ostgebiete und damit ein Viertel des deutschen Staatsgebietes unter polnische »Verwaltung«, womit nichts anderes gemeint war als eine Annexion. Nur den Briten ging eine Grenzziehung entlang der westlichen Neiße zu weit. Churchill wollte, wie er einmal sagte, die polnische Gans nicht überfüttern, konnte sich aber nicht durchsetzen. Damit hatte Polen, obwohl nicht der Aggressor, sein schon vor 1939 angedachtes Kriegsziel erreicht: die Erweiterung seines Territoriums nach Westen. In einem Dekret der polnischen Regierung vom 6. September 1946 war denn auch von der Besiedlung der »wiedererlangten Gebiete« die Rede. In anderen Dekreten fand sich die Formulierung von »verlassenem« oder »herrenlosem« Gut zwecks Rechtfertigung der völkerrechtswidrigen Konfiszierung von deutschem Privateigentum.

Danach war Warschau mit seiner territorialen Kriegsbeute und den Reparationen offenbar zufrieden und saturiert. Neue Ansprüche wurden zunächst nicht gestellt. Im Londoner Schuldenabkommen von 1953 verzichtete der polnische Staat auf weitere Kriegsentschädigung. Und zum 1. Januar 1954 erklärten sowohl Moskau als auch Warschau die Reparationen aus der Sowjetischen Besatzungszone für beendet.

Erst in den 1960er-Jahren stellte sich die polnische Regierung auf den Standpunkt, polnische NS-Verfolgte und Zwangsarbeiter fielen nicht unter den Reparationsbegriff und müssten extra entschädigt werden. Bonn zahlte 1972 und dann noch einmal 1976 und überwies zusätzlich 1975 eine Milliarde D-Mark, an der Kaufkraft gemessen sehr viel Geld, was die Regierung Gomulka mit der Erklärung honorierte, das »Entschädigungsproblem« sei erledigt. Bundeskanzler Willy Brandt zeigte sich großzügig, erinnerte Gomulka aber auch daran, dass Polen ein Drittel (sic!) des deutschen Staatsgebietes bekommen habe und dazu das Eigentum der deutschen Vertriebenen von kaum mehr zu schätzendem Wert – eine Argumentation, die sich Berlin heute nicht mehr zutraut. Nach der Wiedervereinigung wurde wieder gezahlt, zuletzt aufgrund eines Abkommens vom 17. Juli 2000, das die Zwangsarbeiter entschädigte.

Dass Warschau im September 2022 nachtrat, erklärt sich weitgehend, aber nicht vollständig aus der Machtübernahme der nationalkonservativen Kaczyński-Partei Recht und Gerechtigkeit (PiS) im Jahr 2015. Aber schon am 10. September 2004 verabschiedete der Sejm nahezu einstimmig eine Resolution, die die Regierung aufforderte, die Kriegsschäden zu ermitteln. Polen habe noch keine angemessene Entschädigung erhalten. Ebenfalls 2004 erklärte andererseits Ministerpräsident Marek Belka in Richtung Deutschland, die Sache mit den Entschädigungsansprüchen sei »ein für alle Mal« abgeschlossen. Das war sie schon mehrmals und dann doch nicht – eine unendliche Geschichte.

Eine Geschichte, die auch damit zu tun hat, dass die Regierung Adenauer den Friedensvertrag, den sie gerne gehabt hätte, nicht bekam, weil die USA Westdeutschland an der langen Leine halten wollten. Auch 1990 wurde im Zuge der Wiedervereinigung auf einen formellen Friedensvertrag verzichtet, dies durchaus im deutschen Interesse, weil Verhandlungen mit allen 55 Kriegsgegnern lange gedauert hätten und weil dann doch das lästige Reparationsthema wieder auf den Tisch gekommen wäre. Seitdem sieht die Bundesregierung im Zwei-plus-Vier-Vertrag den Ersatz für einen Friedensvertrag. Die jetzige polnische Regierung wiederum kann darauf verweisen, dass sie nicht beteiligt war und nichts unterschrieben hat. Die damalige hat aber auch nicht widersprochen.

Bereits Ende 2021 hatte Bundeskanzler Olaf Scholz in Warschau erklärt, dass die Reparationsfrage rechtlich abgeschlossen sei. Bei anderer Gelegenheit hat er auf die Transfers innerhalb der EU verwiesen. Nach unabhängigen Berechnungen waren es 2021 netto 21,3 Milliarden Euro, die Berlin als mit Abstand größter Einzahler an Brüssel überwiesen hat. Und es waren 12,9 Milliarden, die Warschau als größter Nettoempfänger aus Brüssel und damit indirekt zur Hälfte aus Deutschland verbuchen konnte. Für spätere Jahre sind Rekordbeiträge zu erwarten, nachdem Großbritannien die EU verlassen hat. Außerdem haftet Deutschland für den größten Anteil am Wiederaufbaufonds der EU, der sich auf 750 Milliarden Euro zu Preisen von 2018 beläuft. Auch hier wird Polen üppig bedacht werden. »Die Konzessionen und Geschenke sind eine Speise, die den Appetit reizt, ohne ihn zu befriedigen«, sagte Otto von Bismarck am 24. November 1849 vor dem Preußischen Landtag.

Bleibt die Frage, warum die Warschauer Regierung Reparationsgelder fordert, die sie nicht bekommen wird. Sie verspricht sich offenbar Vorteile davon, das moralisch höhere Gelände zu besetzen, indem sie das Narrativ von den Täter- und Opferrollen zementiert. Die Millionen von Deutschen, die aus Ostdeutschland vertrieben, enteignet und getötet wurden, waren aus polnischer Sicht keine Opfer. Sie wurden ja nur »transferiert«, wie auch von gewissen Politikern in Deutschland zu hören ist. So spielt die Geschichtsverfälschung von deutscher Seite den Geldforderungen der polnischen in die Hände. Der Bundestagsbeschluss zum Völkermord an den Ostdeutschen von 1954 ist schon lange vergessen.

Es gibt mehr als einen Grund, die deutsche Geschichte aufzublättern und schiefe Geschichtsbilder zurechtzurücken. Zum einen ist dem Historiker nichts mehr zuwider als politische Instrumentalisierung – von oben verordnete historische Korrektheit muss ihn zum Widerspruch reizen. Als die französische Regierung die Schulen anwies, die »positiven Aspekte« der Kolonialherrschaft hervorzuheben, reagierten 19 Historiker am 13. Dezember 2005 mit dem Manifest »Freiheit für die Geschichte«. Aus dem Inhalt: »Die Geschichte ist keine Religion. Der Historiker akzeptiert kein Dogma, respektiert kein Verbot, kennt keine Tabus. Er kann stören.« Und weiter: »Die Geschichte ist kein Rechtsgegenstand. In einem freien Staat ist es weder Sache des Parlaments noch der Justiz, geschichtliche Wahrheit zu definieren.« Das würde man gerne einmal von berufener Seite in Deutschland hören.

Zum anderen hat das Studium der Geschichte hohen Nutzwert für Politiker, die Verantwortung tragen, und für den Beobachter, der die Politik der maßgebenden Akteure analysiert. Denn die grundlegenden Motive politischen Handelns, die Interaktion von Macht, Geld, Propaganda und Ideologie, sind dieselben geblieben. Geld lässt sich in Macht verwandeln, Macht kann die Verfügung über Geld bewirken. So stützt die militärische Stärke Amerikas die Leitwährung Dollar, und die dollarbasierte internationale Währungsordnung wiederum erlaubt es den Vereinigten Staaten, über ihre Verhältnisse zu leben, Schulden und Defizite in der Außenbilanz anzuhäufen und sich die Kriege vom Ausland finanzieren zu lassen.

Deutschland konnte dank seiner Handelsüberschüsse finanzielle Macht aufbauen, bis mit der Einführung des Euro die D-Mark-Dividende verloren ging – abzulesen an den enormen, nutzlosen Target-Forderungen der Bundesbank, die fast die Hälfte des deutschen Auslandsvermögens ausmachen, die nicht fällig gestellt werden und weder in Gold noch in werthaltige Auslandsguthaben getauscht werden können.

Mit dem Euro verlor die erfolgsverwöhnte Bundesrepublik ihren monetären Ausweis, ihren Status als Finanzmacht und einen wesentlichen Bestandteil ihrer Souveränität. Sie wurde wieder zum Beuteobjekt, verlor aber nicht ihren Beutewert. Dieser resultiert aus ihrer industriellen Potenz, die mit der Japans vergleichbar ist, und aus ihrer geografischen Lage in der Mitte Europas. Die Japaner blieben geschichtsbewusst und geistig souverän, die Deutschen verkaufen sich unter Wert.

»Durch den Krieg«, sagte der französische Historiker Emmanuel Todd im Interview mit der *Weltwoche* vom 5. Januar 2023, »ist die führende europäische Wirtschaftsmacht wieder zu einem verängstigten, bevormundeten Protektorat geworden.« Die politische Führung kombiniert Servilität mit moralischer Überheblichkeit. Sie wuchert nicht mit den deutschen Pfunden. Sie hat sich in der amerikanischen Hegemonie eingerichtet und übersieht deren Schwächen, Nachteile und Zumutungen. Rohstoffarmut ist immer die Achillesferse eines großen Industrielandes. Die schockierende Zerstörung der Nord-Stream-Pipelines kann nicht anders bewertet werden denn als feindseliger Akt.

Was soll man von einer Außenministerin halten, die (am 21. September 2022 bei *Markus Lanz* im ZDF) von sich gab, der Ukrainekrieg werde nicht allein mit Panzern geführt »wie im 19. Jahrhundert«? Oder die vor dem Europarat die hochgefährliche Behauptung aufstellte, die NATO kämpfe »einen Krieg gegen Russland«? Oder die auf der Klimakonferenz in Ägypten am 6. November 2022 (ebenfalls im ZDF) über den Klimawandel fantasierte und über dessen Folgen »für mein Nachbarland oder ein Land, das Hundertausende von Kilometern entfernt liegt«? Geopolitik ohne Geschichte und Geografie, so agiert Baerbock im Auswärtigen Amt in Berlin. Sein Begründer, Otto von Bismarck, wusste noch, dass Staaten keine Freunde, sondern Interessen haben, dass in allen politischen Verhandlungen, wie er einmal sagte, das »do ut des« (lat. für: »Ich gebe, damit du gibst.«) stets im Hintergrund wirkt und dass zur Politik eines großen Staates »Vorurteilsfreiheit« und »Verzicht auf eigene Überhebung« gehören.

Wenn in der Ukraine die Waffen schweigen, wird ein ehrlicher Makler gefragt sein. Den wird die Außenministerin nicht abgeben können. Bismarcks Bild im Auswärtigen Amt hat sie schon einmal abhängen lassen.

Literatur

Arnim, Hans Herbert von: *Die Hebel der Macht und wer sie bedient – Parteienherrschaft statt Volkssouveränität*, München 2017.

Baader, Roland: *Totgedacht – Warum Intellektuelle unsere Welt zerstören*, Gräfelfing 2002.

Bandulet, Bruno: *Die Rückseite des Wunders – Deutschland und seine Tabus*, München 1990.

Bandulet, Bruno: *Die letzten Jahre des Euro – Ein Bericht über das Geld, das die Deutschen nicht wollten*, Rottenburg 2010.

Bandulet, Bruno: *Beuteland – Die systematische Plünderung Deutschlands seit 1945*, Rottenburg 2016.

Bandulet, Bruno: *Dexit – Warum der Ausstieg Deutschlands aus dem Euro zwar schwierig, aber dennoch machbar und notwendig ist*, Rottenburg 2018.

Baudet, Thierry: *Der Angriff auf den Nationalstaat*, Rottenburg 2015.

Broder, Henryk M.: *Die letzten Tage Europas – Wie wir eine gute Idee versenken*, München 2013.

Brzeziński, Zbigniew: *Die einzige Weltmacht – Amerikas Strategie der Vorherrschaft*, Frankfurt am Main 2002.

Dohnanyi, Klaus von: *Nationale Interessen – Orientierung für deutsche und europäische Politik in Zeiten globaler Umbrüche*, München 2022.

Ellul, Jacques: *Propaganda – Wie die öffentliche Meinung entsteht und geformt wird*, Frankfurt am Main 2021.

Esders, Michael: *Sprachregime – Die Macht der politischen Wahrheitssysteme*, Lüdinghausen/Berlin 2020.

Gärtner, Edgar L.: *Öko-Nihilismus 2012 – Selbstmord in Grün*, Jena 2012.

Gross, Johannes: *Phönix in Asche*, Stuttgart 1989.

Habermann, Gerd: *Freiheit in Deutschland – Geschichte und Gegenwart*, Reinbek 2021.

Hinz, Thorsten: *Das verlorene Land – Aufsätze zur deutschen Geschichtspolitik*, Berlin 2008.

Hoppe, Hans-Hermann: *Demokratie – Der Gott, der keiner ist*, Waltrop und Leipzig, 2004.

Kerber, Markus C.: *Die Draghi Krise – Wie die Europäische Union plant und Deutschland bezahlt*, München 2018.

Kerber, Markus C.: *Der deutsche Selbstmord – Wie unser Land in der Corona-Krise für Europa geopfert wird*, München 2021.

Knütter, Hans-Helmut: *Die Faschismuskeule – Das letzte Aufgebot der deutschen Linken*, Frankfurt am Main 1993.

Kremp, Herbert: *Morgen Grauen – Von den Anfängen des Zweiten Weltkriegs*, Reinbek 2022.

Lewin, Leonard C.: *Verdammter Friede*, Bern/München 1968.

Lomborg, Bjørn: *Klimapanik – Warum uns eine falsche Klimapolitik Billionen kostet und den Planeten nicht retten wird*, München 2022.

Luft, Stefan: *Abschied von Multikulti – Wege aus der Integrationskrise*, Gräfelfing 2006.

Middelaar, Luuk van: *Vom Kontinent zur Union – Gegenwart und Geschichte des Vereinten Europa*, Berlin 2016.

Mosca, Gaetano: *Die herrschende Klasse – Grundlagen der politischen Wissenschaft*, Bern 1950.

Polli, Gert-René: *Deutschland zwischen den Fronten – Wie Europa zum Spielball von Politik und Geheimdiensten wird*, München 2017.

Sarrazin, Thilo: *Deutschland schafft sich ab – Wie wir unser Land aufs Spiel setzen*, München 2010.

Schelsky, Helmut: *Systemüberwindung, Demokratisierung und Gewaltenteilung – Grundsatzkonflikte der Bundesrepublik*, München 1973.

Schubert, Stefan: *Sicherheitsrisiko Islam – Kriminalität, Gewalt und Terror: Wie der Islam unser Land bedroht*, Rottenburg 2019.

Schultze-Rhonhof, Gerd: *Der Krieg, der viele Väter hatte – Der lange Anlauf zum Zweiten Weltkrieg*, München 2012.

Sinn, Hans-Werner: *Die Target-Falle – Gefahren für unser Geld und unsere Kinder*, München 2012.

Sinn, Hans-Werner: *Der Euro – Von der Friedensidee zum Zankapfel*, München 2015.

Sinn, Hans-Werner: *Die wundersame Geldvermehrung – Staatsverschuldung, Negativzinsen, Inflation*, Freiburg 2021.

Suworow, Viktor: *Der Eisbrecher – Hitler in Stalins Kalkül*, Stuttgart 1989.

Taylor, Alan J. P.: *The Origins of the Second World War*, Harmondsworth 1985.

Vahrenholt, Fritz / Lüning, Sebastian: *Unerwünschte Wahrheiten – Was Sie über den Klimawandel wissen sollten*, München 2020.

Vaubel, Roland: *Das Ende der EU-Romantik – Neustart jetzt*, Wiesbaden 2018.

Wagener, Martin: *Kulturkampf um das Volk – Der Verfassungsschutz und die nationale Identität der Deutschen*, Reinbek 2021.

Weber, Max: *Soziologie, weltgeschichtliche Analysen*, Politik, Stuttgart 1964.

Willeke, Franz-Ulrich: *Deutschland, Zahlmeister der EU – Abrechnung mit einer ungerechten Lastenverteilung*, München 2011.

Zayas, Alfred de: »Der geistige Wiederaufbau«, in: Steinbach, Erika / Otte, Max (Hrsg.): *Nachdenken für Deutschland: Wie wir die Zukunft unseres Landes sichern können*, Berlin 2018.

Personenregister

Wie lange soll Deutschland noch zahlen?

Haben Sie sich auch schon gewundert, dass Deutschland zwar wirtschaftlich erfolgreich, aber nicht wirklich reich ist? Dass sogar das mittlere Vermögen der Deutschen laut Bundesbank weniger als halb so hoch ist wie das der Italiener?

Zum ersten Mal wird in diesem Buch umfassend und in allen Einzelheiten erzählt und belegt, welch immense Werte im Verlauf von 7 Jahrzehnten an Sachvermögen, geistigem Eigentum und finanziellen Tributen aus Deutschland herausgezogen wurden:

Wie das Land nach der Niederlage 1945 von den Siegermächten regelrecht ausgeplündert wurde und warum das Ausmaß der Reparationen bis heute krass unterschätzt wird. Was hinter dem Projekt der europäischen Integration steckt und wie dem Steuerzahler die Rolle des EU-Zahlmeisters aufgezwungen wurde. Wie der Euro zum Enteignungsprogramm verkam und warum die Rechnung für die Katastrophenwährung immer noch nach oben offen ist.

Obwohl Deutschland 1990 mit der Wiedervereinigung völkerrechtlich souverän wurde, sind Überreste des Besatzungsrechtes nach wie vor in Kraft, wurden die berüchtigten Feindstaatenklauseln nicht gestrichen, bleibt der Spielraum der deutschen Außenpolitik eng begrenzt. Die Regierung Adenauer kämpfte noch um Souveränitätsgewinne, seit Kohl und Merkel läuft der Film rückwärts.

gebunden
333 Seiten
zahlreiche Abbildungen
ISBN 978-3-86445-307-6

—————

Kopp Verlag
Bertha-Benz-Straße 10
D-72108 Rottenburg
Telefon (0 74 72) 98 06 10
Telefax (0 74 72) 98 06 11
info@kopp-verlag.de
www.kopp-verlag.de